# Schottland

**HIGHLIGHTS | GEHEIMTIPPS | WOHLFÜHLADRESSEN**

»Everybody needs beauty as well as bread,
places to play in and to pray in,
where nature may heal and give strength to body and soul.«

»Jedermann braucht Schönheit ebenso wie Brot,
braucht Orte zum Spiel und zur Andacht,
wo die Natur heilen kann und Kraft gibt für Körper und Geist.«

John Muir (1838–1914), schottisch-amerikanischer Naturforscher
und Vater der Naturschutzbewegung

BRUCKMANN

# Schottland

Zeit für das Beste!

Wilfried Klöpping
Udo Haafke

BRUCKMANN

# INHALT

Culzean Castle an der Küste Ayrshires

Ehrung der Piper beim Braemar Highland Gathering

## MEHR WISSEN

Neist Point auf der Isle of Skye

# MEHR ERLEBEN

## SCHOTTLANDS OSTEN

**Seite 1:** Schottische Souvenirs an der Royal Mile in Edinburgh
**Seite 2/3:** Kilchurn Castle in Argyll & Bute
**Rechte Seite:** Ballathie House Hotel bei Stanley

# SCHOTTLANDS WESTEN

# SCHOTTLANDS NORDEN

Der schottische Schafbock – Freund oder Feind?

# REISEINFOS

# DAS SOLLTEN SIE SICH NICHT ENTGEHEN LASSEN

### ❶ Kirkcudbright (S. 98)

Der gemütliche Ort am nördlichen Ufer des Solway Firth im Südwesten des Landes entwickelte seit Ende des 19. Jahrhunderts eine kreative Kunstszene. Viele Maler und Bildhauer pilgerten hierher und gründeten Kommunen, angeregt von der besonderen Aura und dem speziellen Licht der Region Dumfries und Galloway.

### ❷ Culzean Castle (S. 110)

Dramatischer kann die Lage für ein repräsentatives Herrenhaus kaum sein. Umgeben von einem riesigen Landschaftspark thront die eindrucksvolle Villa über der schroffen Klippenküste Ayrshires. Die obere Etage diente dem US-amerikanischen Präsidenten Eisenhower als Ferienwohnung. Besucher erleben hier aristokratischen Lebensstil.

### ❸ Radeln am Crinan Canal (S. 197)

Ein gemütlicher Familienausflug führt entlang der künstlichen Wasserstraße, die vor gut 200 Jahren angelegt wurde, um die Schifffahrtswege zu verkürzen. Der Kanal verbindet den Atlantik mit Loch Fyne und schafft damit einen Zugang zum Firth of Clyde und nach Glasgow. Die Treidelpfade dienen heute als entspannte Freizeitwege.

### ❹ Charles Rennie Mackintosh (S. 66)

Die revolutionären wie unkonventionellen Gestaltungsideen des Designers, Künstlers und Architekten C. R. Mackintosh machten ihn zum Vorreiter der Jugendstilbewegung in Europa. Seine Akribie und Liebe zum Detail faszinieren und inspirieren in ihrer zeitlosen Eleganz.

### ❺ Kelvingrove Art Gallery & Museum (S. 62)

Kunst für Jedermann präsentiert das Museum bei freiem Eintritt in seinem zum Wahrzeichen gewordenen Museumsgebäude in der westlichen Innenstadt Glasgows. Exotische Tiere sind ebenso zu sehen wie die Werke der Glasgow Boys und Girls, Jugendstil, Gebrauchskunst und Möbeldesign.

### ❻ Bannockburn (S. 126)

Robert the Bruce führte 1314 die zahlenmäßig unterlegenen schottischen Heerscharen zu einem legendären Sieg über englische Truppen am Flüsschen Bannockburn bei Stirling. 700 Jahre spä-

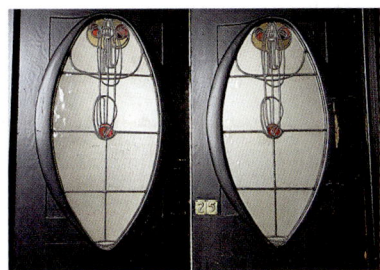

**Oben:** In der Glasgow School of Art
**Links:** Maclellans Castle in Kirkcudbright

ter eröffnete dort unter der Federführung des National Trust for Scotland und Historic Environment Scotland das neue Battle of Bannockburn Besucherzentrum. Hier kann man virtuell das Kampfgeschehen nachstellen und mit beteiligten Personen kommunizieren.

**7 Cromlix House (S. 127)**
Bereits einen Monat nach seiner Eröffnung verbuchte das Hotel des Tennis-Stars Sir Andy Murray bei Dunblane die erste lukrative Auszeichnung als Schottlands Hotel des Jahres. Das historische, sensibel ausgebaute und eingerichtete »Cromlix & Chez Roux« ist eine gelungene Kombination aus Tradition, Moderne und niveauvoller Cuisine.

**8 Mercat Tours (S. 37)**
In verborgene und geheimnisvolle Welten im Herzen der Hauptstadt Schottlands entführen die Ausflüge von Mercat Tours. Sie entdecken Aufregendes und Unheimliches, sie erkunden Hinter- und besonders Untergründe, sie betrachten

Mal sanft, mal rau – das Meer vor Crovie

Edinburgh aus einer gänzlich anderen Sicht – willkommen in den Vaults!

**9 Glamis Castle (S. 150)**
Ein wenig Hollywoodatmosphäre verströmt eines der grandiosesten Schlösser Schottlands allein durch seine einzigartige Lage am Ende einer prachtvollen Allee. Das Märchenschloss war Heimat der Eltern und Großeltern der unvergessenen Queen Mum, die ihre Kindheit hier verbrachte.

**10 Highland Games (S. 158)**
Highland Games sind eine der wichtigsten Säulen im schottischen Sportjahr und gelten gleichzeitig als Inbegriff gelebter Traditionen. Zwischen Mai und Oktober finden die urigen Wettbewerbe zwischen Baumstammwerfen und Tauziehen überall im Land statt, mit dem Höhepunkt des Royal Highland Gathering in Braemar Anfang September, wenn dort die königliche Familie unter den Zuschauern weilt.

**11 Crovie (S. 180)**
Am Fuße einer steilen Serpentine nistet das frühere Fischerdorf Crovie als lang gezogene Reihe kleiner Häuser zwischen Brandung und Klippen der Küste von Banffshire. Ein steinerner Anleger ragt ins Meer hinaus. Wo früher die Fischerboote anlandeten, regieren nun die Möwen und Seevögel – und die Reisenden, die hier Entspannung finden.

**12 Neist Point (S. 214)**
Die Isle of Skye als eine der populärsten Urlaubsregionen Schottlands bietet eine

Highland Dancing beim Edinburgh Military Tattoo

unglaubliche Fülle fantastischer Landschaften mit der Bergwelt der Cuillin Mountains, dem Old Man of Storr oder der Halbinsel Sleat. Im eher einsamen Nordwesten steht auf einer schroffen, ins Meer ragenden Halbinsel der ikonische Leuchtturm Neist Point, dessen Lage besonders Fotografen zu schätzen wissen.

**⑬ Callanish Standing Stones (S. 223)**
Vor gut 5000 Jahren wurde die Gruppe aufrecht stehender, unbehandelter Monolithe auf der Insel Lewis errichtet. Warum, das ist bis heute nicht geklärt. Die scheinbar willkürliche Anordnung der etwa vier Meter hohen Steine entpuppt sich bei genauerer Betrachtung als ausgeklügelte geometrische Formation. Ihre mystische Magie in der Dämmerung bleibt davon jedoch unbeeinflusst.

**⑭ North Coast 500 (S. 246)**
Seit Kurzem besitzt Schottland seine ganz eigene Route 66. Die NC 500 hat Potenzial zu einer der eindrucksvollsten Traumstraßen der Welt zu werden. Die Route führt, ausgehend von Inverness, oft auf Single Track Roads, ganz strikt entlang der äußersten Küstenbereiche der nördlichsten Festlandzonen der britischen Insel und passiert grandiose Traumstrände, einzigartige Traumschlösser und fantastische Landschaften.

**⑮ Fair Isle (S. 262)**
Seit 1954 gehört das schroffe Eiland zwischen Orkney und Shetland dem National Trust for Scotland. Ein Windrad liefert die Energie für die rund 55 Einwohner und die vielköpfige Schar an Schafen. Fair Isle ist ein besonderer Hotspot für ambitionierte Ornithologen, die hier eine Vielzahl unterschiedlichster Spezies vorfinden, viele davon auch als Brutvögel. Berühmt ist die Insel zudem für seine warmen Strickpullover mit dem Fair-Isle-Muster. Die Abgeschiedenheit der Insel bietet Ruhe und Entspannung pur.

# WILLKOMMEN
## in Schottland

**Schotten sind geizig. Die Männer tragen karierte Röcke mit nichts (?) darunter und werfen mit Baumstämmen um sich. Sie leben auf halbverfallenen Burgen, essen Hafergrütze und Schafsinnereien, neuerdings auch frittierte Schokoriegel, trinken stetig Whisky und entlocken klumpigen Säcken ohrenbetäubende Laute. Sie züchten Schafe im Übermaß, ihre Rinder sind so rothaarig wie verfilzt und zottelig. Es regnet unablässig, es ist kalt, und um den Fremdenverkehr anzukurbeln, verstecken die Schotten Urzeitviecher in den Seen, die sie als Loch bezeichnen.**

Kaum ein Land wie jenes im Norden der britischen Insel vereint auf sich eine solch große Zahl an Klischees, Stereotypen und leider auch Vorurteilen. Deren Ursprünge sind nicht zu datieren, oft reichte eine einzige geschichtliche Begebenheit, eine verzeihbare menschliche Unachtsamkeit zur pauschalen Manifestierung. Ein Fünkchen Wahrheit steckt sicher überall dahinter, doch jeder Besucher Albas, so der gälische Name Schottlands, merkt sehr schnell, dass vieles davon auch seine durchaus liebenswerten Aspekte besitzt. Manches trägt sogar zum beinahe reibungslosen Funktionieren dieses ganz besonderen Landes bei.

Die Bucht vor Airth Castle am Shuna Sound

# Schottische Wahrheiten

Wer erstmals in Gretna Green die imaginäre Grenze nach Schottland überquert und sich in den arg kommerziellen Souvenirshops verliert, die rund um die legendäre Hochzeitsschmiede wie Pilze aus dem Boden schossen, gewinnt den Eindruck, dass die Schotten vor lauter Klischeelast kaum noch zu einer Bewegung fähig sind und ihr Dasein nur aus Karos, Haggis, Whisky, Golf und Monsterjagd besteht. Gleichwohl trifft man just dort auf nur einen einzigen kultigen Kiltträger, der voller Inbrunst dem Dudelsack durchdringende, oft gehörte Weisen entlockt.

Bei der weiteren Landeserkundung stellt der Reisende alsbald fest, dass dieses zunächst erlebte, vordergründige Übermaß zur Schau gestellten Brauchtums im wirklichen Leben nur selten anzutreffen ist, und wenn, dann vornehmlich an touristisch attraktiven Orten und bei entsprechenden öffentlichen Veranstaltungen. Natürlich trägt der Schotte gerne seinen Kilt, doch bedarf es dazu meist eines besonderen Anlasses, selbst wenn ihn mittlerweile die junge Generation als festen, modischen Bestandteil für sich entdeckt hat, und er reagiert ausweichend, aber garantiert launig auf die Frage, was er denn darunter noch so tragen würde. Hieraus leiten sich schon einige sehr typi-

Folklore auf der Royal Mile zur Schau gestellt

sche Charaktereigenschaften ab: der Stolz auf das Land und seine Geschichte, die eng mit dem ungewöhnlichen Beinkleid einhergeht, und der Humor, der nur selten verletzt, wenn er sich nicht gerade gegen den ungeliebten englischen Nachbarn richtet, und immer auch mit einer sehr gehörigen Portion Selbstironie versehen ist.

Die Gastfreundschaft und Kommunikationsfreude der Schotten ist sprichwört-

Der Schirm ist manchmal wichtigster Bestandteil der Garderobe.

lich und geprägt von großer Warmherzigkeit. Sei es nun in geselliger Runde im Pub, beim hilfsbereiten Erklären des Weges oder schlicht bei einer Taxifahrt. Eine aus der Geschichte erwachsene Sparsamkeit wird gern als Geiz kolportiert. Diese Bezeichnung ist grundfalsch. Hingegen ist der urschottische Eigensinn mit einer gewissen Sturheit verbunden und sorgt für manche Skurrilität im Alltag.

## Das Wetter

Im Vereinigten Königreich ist es guter Brauch, die Konversation mit einem verbalen Austausch über das Wetter zu beginnen. Da macht Schottland keine Ausnahme, manchmal wird dabei regelrecht philosophiert.

Es weht ein steter Wind, und es regnet – vermeintlich – häufig. Beides ist eng mit-einander verbunden, denn der Wind, der vornehmlich aus westlicher Richtung vom Atlantik bläst, treibt Wolken vor sich her, die sich an der Küste im Westen, wo das Meer auf vorgelagerte Inseln und Festland trifft, entladen, während der Osten des Landes eher trocken bleibt. Dies belegen diverse Statistiken, wobei Niederschlagsmenge und -intensität durchaus nicht dramatischer sind als in klimatisch begünstigteren Regionen auf dem Kontinent. Der permanente Wind hat im Übrigen seine Vorteile, sorgt er doch dafür, dass eine Wetterlage nie zu lange anhält. Unbeständigkeit ist an der Tagesordnung, vier Jahreszeiten an einem Tag sind keine Seltenheit.

Der schottische Dialekt der südlichen Landesteile, das *Scots*, liefert eine unglaubliche Vielzahl von Bezeichnungen für Regen, dies lässt auf eine sehr intensive Auseinandersetzung mit dem feuchten Element schließen. Aber auch Wind und Sturm werden wortreich bedacht. Schottland genießt die Vorzüge des Golfstroms, der gemäßigtes Klima mit sich bringt. Die Sommer sind nicht zu heiß, die Winter nicht zu kalt, der Westen tendenziell etwas wärmer als der Osten, wobei die Temperaturen im Sommer nie unangenehm werden. Positiv also für diejenigen, die während des ganzen Jahres Golf spielen, Wanderungen oder Klettertouren machen möchten.

Ein typisch schottisches Phänomen ist der *Haar*, urplötzlich auftretender, extrem dichter Bodennebel, der über kaltem Meerwasser entsteht und landeinwärts treibt. Eine weiße Wattewand zieht dann vom Meer herüber und hüllt Landschaft und Städte ein.

Straßencafé in der Glasgower Merchant City

## Stadt und Land

In Edinburgh, Glasgow und deren Vorstädten sowie Aberdeen versammelt sich mehr als ein Viertel der schottischen Gesamtbevölkerung. Die Hauptstadt Edinburgh an der Ostküste liegt geografisch auf gleicher Höhe genau Glasgow gegenüber, das sich demonstrativ nach Westen öffnet. Obwohl nur 75 Kilometer zwischen den beiden Metropolen liegen, sind sich *The Auld Reekie* und *The Dear Green Place* alles andere als grün. Es verbindet sie eine über Jahrhunderte gepflegte Hassliebe und stetes Konkurrenzdenken. Gelebte Tradition steht auf der einen Seite einer kosmopolitischen Weltoffenheit gegenüber. Eine für die Außenwirkung Schottlands durchaus fruchtbare Konstellation. Als zufriedener Dritter im Bunde genießt Aberdeen den hart erarbeiteten Status als europäische Energiehauptstadt.

Hinter dem Hadrianswall, den die Römer in grauer Vorzeit errichteten, um nicht weitere Auseinandersetzungen mit den streitbaren Pikten, den »Bemalten«, jenseits der Mauer fürchten zu müssen, beginnt das Land Kaledonien. Zwischen der Irischen See und der Nordsee wechselt fruchtbares Acker- und Weideland ab mit dichten Waldgebieten, die sich dezent in bescheidene Höhen emporschwingen, durchzogen von kleinen Flussläufen und Seen. Größere Ansiedlungen gibt es kaum, dafür viele kleine beschauliche Dörfer und kleine Weiler aus mitunter nur einem halben Dutzend Häusern.

Wollgras auf Skye

Die Gebiete der Lowlands und Borders, Dumfries und Galloway sowie Ayrshire im südlichen Teil des Landes liegen völlig zu Unrecht abseits der üblichen Touristenpfade. Die Landschaft präsentiert sich hier auf eine reizvolle, liebliche Art mit einer gewissen schottischen Romantik, ganz ohne die Klischee-Bürde. Ein eher industriell geprägter, dichter besiedelter Gürtel erstreckt sich etwas nördlich zwischen dem Firth of Clyde und dem Firth of Forth. Die beiden Wasserwege waren und sind von großer wirtschaftlicher Bedeutung. Jenseits dieser imaginären Grenze beginnt das eigentliche schottische Hochland, das Ziel der Sehnsüchte des Schottlandurlaubers.

Speziell der Norden und Westen des Landes, die Western Highlands rund um den höchsten Berg auf dem britischen Festland, den Ben Nevis (1344 m), sind begehrte Reiseziele. Die Landschaft wird karger, rau, unwirtlich, faszinierend. Von der Eiszeit geformte Berge ragen in den Himmel, in dem, wie auf einer Glasplatte liegend, dramatische Wolkenformationen gleiten und ein ständig wechselndes Panorama bilden. Dabei liegt ein dunkler Schatten über den gesamten nördlichen Regionen, denn die Großgrundbesitzer veranlassten im 18. und 19. Jahrhundert gleich mehrfach sehr großflächige Landschaftsbereinigungen, die so genannten *Highland Clearances*. Kleinbauern, die *Crofters*, wurden zwangsweise umgesiedelt, um Platz zu schaffen für die ausufernde Schafzucht. Das erklärt die Menge steinerner Gebäuderuinen, die überall, nun fast malerisch, zu finden sind.

In der Vielfalt der Inselwelt Schottlands herrschen zumeist erhabene Landschaftsformationen vor. Nicht alle gebirgig, einige eher flach und von großer Anmut mit winzigen Siedlungen und viel Vergangenheit. Die Strände vermitteln oft karibische Gefühle. Bizarre Felsküsten umrahmen feinste Sandbuchten am kristallklaren, türkisblauen Wasser. Wassersportler finden geradezu traumhafte Verhältnisse vor, das Schwimmen bleibt hingegen eher »unverfrorenen« Gemütern vorbehalten.

## Natur

Flora und Fauna Schottlands sind höchst abwechslungsreich, und seltene Spezies finden ungestörte Refugien. Gerade auf den zahllosen Inseln treffen einige Arten auf passende Lebensräume. Das gilt insbesondere für die lebhafte Vogelwelt mit den beliebten, oft fotografierten, uner-

Niedlich und neugierig: der Papageitaucher

schrockenen und an Land tapsigen Papageitauchern. Große Kolonien von Möwen oder Basstölpeln beanspruchen gar ganze Eilande für sich. So beherbergt der aus der Ferne stets weiß erscheinende Bass Rock vor der Küste North Berwicks am Eingang zum Firth of Forth die weltweit größte Kolonie *Gannets* auf einem einzigen Felsen. 40 000 Brutpaare der weißen Vögel mit den gelben Köpfen und schwarzen Schnäbeln sind dort die »Platzhirsche«. In den letzten Jahren gelang den schottischen Naturschutzorganisationen die Wiederansiedlung von Stein-, See- und Fischadlern in ihren einst angestammten Gebieten.

Touren zur Beobachtung von Walen und Delfinen sind fast immer von Erfolg gekrönt. Die Meeressäuger mögen die langen Küstenstreifen rund um die Inseln und entlang des Festlands. Seehunde und Fischotter tummeln sich an den Stränden und genießen ihr Sonnenbad. An Land ist das Schaf allgegenwärtig. Verschiedene Rassen entwickelten ihre der Umgebung angepassten Eigenschaften. Einige sind kleiner, andere widerstandsfähiger, wieder andere bilden ihr ganz spezielles Wollkleid aus, das in der entsprechenden Verarbeitung auf den Laufstegen der begeisterten Modewelt vorgeführt wird. Auf der Straße zeichnet sich das Schaf durch unerschütterlichen Starrsinn aus, der mitunter Geduld erfordert.

Nicht ganz so zahlreich, aber in einer Fülle, die Probleme bereitet, ist das Rotwild unterwegs, dem sich nur wenige

Die zotteligen Hochlandrinder trotzen Wind und Wetter. Sie sind sehr robust und trotz ihrer mächtigen Hörner sehr gutmütig.

natürliche Feinde entgegenstellen. Die Geweihträger sind mit Vorsicht zu genießen, sie verhalten sich vorwitzig und hinterlistig. Zotteliges rotes Fell, das die schwarzen Knopfaugen hinter wilder Mähne und unter mächtigem Gehörn verbirgt, ist das Markenzeichen des *Highland Cattle*. Die Hochlandrinder machen sich als Stofftiere ebenso gut wie auf dem Teller. Zunächst ein wenig merkwürdig wirken die *Belted-Galloway*-Rinder, die vornehmlich im Südwesten des Landes gezüchtet werden. Der auffällige weiße Streifen um ihre Körpermitte brachte den Verwandten der Hochlandrinder den Kosenamen *Beltie* ein.

## Traditionen

Die Volkssportveranstaltung Highland Games steht sinnbildlich für urschottische Traditionen. Neben dem *Highland Dancing*, natürlich im Kilt und karogewandet, kommt der Dudelsack, das

typische Musikinstrument mit seinem ebenso typischen Klangbild zum Einsatz. Darüber hinaus messen sich die schottischen Männer in antiquierten Sportarten wie Baumstammwerfen – *Tossing the Caber* –, das eigentlich eher als Stoßen zu bezeichnen und nicht weit, sondern sehr prazise auszuüben ist, Tauziehen, dem *Tug-o-War*, Ringkampf oder Hammerwerfen.

Nahezu jede Gemeinde veranstaltet wenigstens einmal im Jahr eigene Hochlandspiele. Herausragendes Ereignis der Saison ist das am ersten Samstag im September ausgetragene *Braemar Highland Gathering* in der Nähe der königlichen Sommerresidenz Balmoral Castle, für das alljährlich die Queen die ehrenvolle Aufgabe der Schirmherrschaft übernimmt. Bereits im 11. Jahrhundert sollen die Clan Chiefs durch derartige Wettkämpfe ihre besten Krieger ermittelt haben. Clan-Treffen in friedlichen Zeiten waren oft von sportlichen Aktivitäten begleitet.

Schottenkaro und Kilt, der nur von Männern getragen wird, blicken auf eine schillernde Historie zurück, die mit den gesellschaftlichen Strukturen in früherer Zeit zusammenhängt. Denn die Clans, das gälische Wort für »Gemeinschaft«, eine Art schottischer Familienbande also, bildeten sich in den diversen, teils abgeschiedenen Regionen des Landes und stellten die Stützen der damaligen Gesellschaft dar, die alle gemeinsam gegen Besatzer kämpften, aber auch untereinander recht blutige Machtkämpfe austrugen. Traurige Berühmtheit erlangte das vernichtende und heimtückische Massaker von Glencoe im Februar 1692, als die Campbells einer Siedlung der MacDonalds den Garaus bereiteten.

Jedem Clan ist ein bestimmter Tartan – es sind mehr als 4000 dieser Karomuster bekannt – zugeordnet, der bei Feierlichkeiten sehr stolz zur Schau gestellt wird. Prunkstück ist der Kilt mit seinem opulenten Zubehör vom Sporran, einer Ledertasche, über die Clan-Brosche bis hin zum *Sgian Dubh*, dem schwarzen Messer, das man an den karierten Kniestrümpfen trägt. Das »Scottish Register of Tartans« zertifiziert offiziell neue Karokreationen. Aus der Verarbeitung von Schafwolle stammen auch der populäre Harris Tweed und die Fair-Isle- und Shetland-Strickwaren, die nach alten Techniken und traditionellen Mustern in Handarbeit hergestellt werden.

Nach der Niederlage gegen die Engländer 1745 in Culloden war das Tragen von Karomustern, das Spielen des Dudelsacks, ja selbst die Verwendung der gälischen Sprache bei Strafe verboten. Die Besatzer wollten alles Schottische eliminieren, was ihnen jedoch nicht gelang und darüber hinaus Basis einer Ablehnung des »Englischen« wurde, die noch immer Gültigkeit hat und einen elementaren Teil schottischer Alltagskultur darstellt. Die Schotten unterstützen im internationalen Fußball immer zwei Teams: ihre eigenen *Bravehearts* und den jeweiligen Gegner Englands.

Bei den nationalen Symbolen beschreiten die Schotten recht exzentrische Wege: Die schottische Kiefer soll zum Nationalbaum ausgerufen werden und damit den gleichen bevorzugten Stand einnehmen, den die Distel schon seit dem 15. Jahrhundert innehat. Sie bildet

Das Tauziehen – Tug o'War – gehört zu den kräftezehrenden Wettbewerben der Highland Games.

Patriotisches Taxi vor dem Bahnhof Glasgow Central

Bohnen, Pfannkuchen, Variationen vom Ei, Fisch, Würstchen, Speck, *Black Pudding* (Blutwurst) und *Haggis* (scharf gewürzte, klein gehackte Schafsinnereien) finden – nach Wahl – den Weg durch die Pfanne auf den Frühstücksteller.

Derart gestärkt fällt der mittägliche *Lunch*, serviert vornehmlich zwischen 12 und 14.30 Uhr, eher bescheiden aus. Kleine Gerichte, Sandwiches, Burger, vielleicht der Klassiker Fish 'n Chips stehen auf der Menükarte von Pubs und Restaurants. Den *Afternoon Tea* versüßen Haferkekse, Shortbread und Scones mit Konfitüre und Sahne. Das abendliche *Dinner*, verfügbar etwa von 18 bis 21 Uhr, besteht je nach Gusto aus zwei bis drei Gerichten. Dazu trinkt man Wein oder heimisches Bier. Zum Abschluss des Abends darf natürlich ein Glas Whisky, ein *Dram*, nicht fehlen. Oder ein moderner Cocktail, angerührt natürlich mit schottischem Gin. Die Glocke des Wirts zur letzten Runde hat in Großbritannien

einen ganz elementaren Bestandteil des schottischen Wappens.

Wenig überraschend in diesem Kontext fiel die Wahl des Nationaltiers auf ein Fabelwesen: das Einhorn, dessen Symbolik von Reinheit, Jungfräulichkeit, Heilkraft bis zur Lebensfreude reicht, starke Männlichkeit und fruchtbare Weiblichkeit vereint – universell verwendbar und stets positiv besetzt. Seit der Hochzeit von James IV. mit Margaret Tudor 1503 und der Vereinigung des schottischen und englischen Throns zieren Löwe und Einhorn gemeinsam das königliche Wappen.

## Schottisches in der Gastronomie

Zum Frühstück kredenzt der Schotte traditionell ein opulentes Mahl, das aus diversen Zerealien, Obst und Joghurt, Tee oder Kaffee und dreieckigen, gern leicht verbrannten Toasthälften besteht. Entscheidend ist jedoch das *cooked breakfast*. Tomaten, Pilze, Bratkartoffeln, Rösti,

Fisch wird nicht nur in Zeitungspapier und mit Kartoffelstäbchen serviert.

Uisge Beatha – das »Wasser des Lebens«

ausgedient, Öffnungszeiten bis 1 Uhr sind keine Seltenheit, Freitag und Samstag geht es gern etwas länger.

*Uisge Beatha* – das Wasser des Lebens – ist *das* schottische Nationalgetränk. Und dies, obwohl die Ursprünge Überlieferungen zufolge vermutlich eher in Irland beim Heiligen St. Patrick zu suchen sind, der im fünften Jahrhundert n. Chr. Irland missionierte und dafür neben der Religion auch allerlei technische Gerätschaft und Wissen mitbrachte. Die Kelten sollen bereits damals die Fähigkeit besessen haben, Flüssigkeiten zu destillieren, die als Arznei verabreicht wurden. *Aqua vitae* – »Wasser des Lebens«. Urkundliche Erwähnung fand dieses natürliche Medikament erst gut 1000 Jahre später in einem Steuerdokument aus dem Benediktinerkloster Lindores. Noch einmal 150 Jahre später taucht dann auch die Bezeichnung Whisky auf.

Es wird zwischen *Single Malt*, *Malt*, *Blended* und *Grain Whisky* unterschieden. Der *Single Malt* stellt dabei das Spitzenprodukt dar, das nur aus Malz (gemälzter Gerste) in einer einzigen Brennerei hergestellt wird und mindestens drei, meist etwa sieben bis acht Jahre im Fass reift. Aktuelle Trends bedrohen mittlerweile die Vormacht des »schottischen Goldes«. Gin ist in. Den klaren Wacholderschnaps, der sich bestens für Mixgetränke und Cocktails eignet, destillieren kleinste und größere Brennereien in erstaunlicher Vielfalt. Und zahlreiche kleine Craftbeer-Brauereien haben sich mit ihren Gerstensäften längst aus der Umklammerung internationaler Bierkonzerne befreit.

## Schottisch aktiv

Das erste Fußball-Länderspiel trugen die Nationalteams von Schottland und Eng-

Der Old Course von St. Andrews, der Wiege des Golfsports

land am 30. November 1872 in Glasgow aus. Das Spiel endete mit einem torlosen Remis. Zu den Klassikern bei den Begegnungen der Vereinsmannschaften gehört *Old Firm*, das Spiel der Glasgow Rangers gegen Celtic Glasgow. Die Rangers, das protestantische Team, meldeten kürzlich Insolvenz an und bemühen sich nun wieder, in die erste Liga aufzusteigen. Celtics Ursprung liegt in der großen, im spätem 19. Jahrhundert eingewanderten irisch-katholischen Gemeinde Glasgows, die im Fußball einen Ausweg aus sozialer Isolation fand.

Obwohl das schottische St. Andrews als Wiege des Golfsports gilt, scheint der wahre Ursprung des elitären Rasensports in den Niederlanden zu liegen. Als ersten eindeutigen Beleg verweist die Geschichte auf den Kauf eines hölzernen Golfschlägers durch König James IV. von 1491. Die schottische Variante des Sports konnte die Zeiten überdauern und kulminiert

alle zwei Jahre im Ryder-Cup-Turnier, dem Vergleich der besten Golfspieler Amerikas und Europas, die im schottischen Gleneagles aufeinandertreffen. Golf ist Volkssport im Land, überall gibt es hervorragend präparierte Plätze, teilweise mit großer Tradition. So gilt der Old Course als Traumziel eines jeden ambitionierten Golfers in der Welt.

Mit Ball und Schläger geht der Schotte zudem beim *Shinty* zu Werke, dem Hockey der Kelten. Zwölf Spieler pro Mannschaft stehen sich auf einem Rasenplatz von ähnlichen Ausmaßen wie beim Fußball gegenüber, das Tor ist fast quadratisch. Nur der Torhüter darf den Ball mit der Hand spielen.

Einen winterlichen Zeitvertreib stellt das Curling dar. Es erweist sich bei Olympischen Winterspielen immer wieder als Publikumsmagnet. Schottland hat einen erheblichen Anteil daran, stammt doch die Hauptproduktion der schweren Curlingsteine, die feinfühlig übers Eis zu schieben sind, von Ailsa Craig im Süden des Landes.

Abgesehen vom Golf bleibt dem Urlauber bei den bislang genannten sportlichen Aktivitäten meist nur das Schicksal des unterhaltsamen, jedoch passiven Zuschauens. Die fantastische Landschaft und eindrucksvolle Natur bietet dagegen eine unüberschaubar große Vielfalt an Möglichkeiten zu Aktivitäten, die vom Wandern bis zum Free-Climbing und Segelfliegen reicht, vom Baden bis zum Wildwasserrafting, vom Radeln bis zum Motorrad-Trecking und zur Jeep-Safari oder bis zum Skifahren auf den Höhen der Cairngorm Mountains und am Ben Nevis.

## Schottisch kreativ

Der berühmteste lebende Schotte ist der gebürtige Edinburgher Sean Connery (*1930), dessen Darstellung des Geheim-

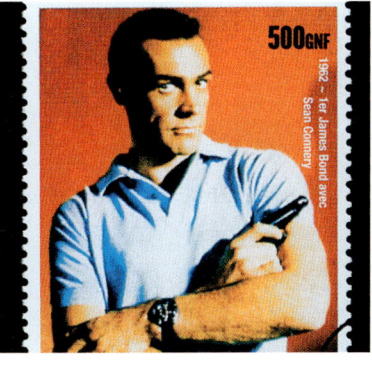

500 GNF

1962 – 1er James Bond avec Sean Connery

Sean Connery, der klassische Darsteller von James Bond, auf einer Briefmarke aus Guinea

agenten 007 alias James Bond im Dienst ihrer Majestät noch immer allen nachfolgenden Schauspielern als leuchtendes Vorbild dient. Seinen Ritterschlag erhielt Connery, traditionell im Kilt gewandet, im Jahr 2000 im Palace of Holyroodhouse. Er gilt als einer der glühendsten Verfechter der schottischen Unabhängigkeit. Dieses Ziel verfolgte auch William Wallace (1270–1305), der seine Bekanntheit ebenfalls einem Film verdankt, denn Mel Gibson (*1956) verkörperte als tapferer Braveheart höchst lebensnah die tragische Figur des Nationalhelden, der wegen Hochverrats zum Tode verurteilt wurde.

In der schottischen Literatur stehen die Namen Robert Burns (1759–1796) und Sir Walter Scott (1771–1832) an vorderster Front. Der Poet Burns steht für das einfache Volk und die Auflehnung gegen das Establishment. Die Schotten verehren sein Werk und seine Lebensleistung, feiern ihn als Nationaldichter, während Scott der personifizierte Nationalschriftsteller für das Bildungsbürgertum war. Er bildete in seinen Romanen und Dramen das Schottland seiner Zeit ab, verfasste mit den historischen Waverley-Romanen gleich mehrere Bestseller, die auf großes internationales Echo stießen. Sein romantisierender Entwurf eines traditionellen Schottlands liefert die Grundlage für das folkloristisch-klischeehaft besetzte Bild des Landes. Sir Arthur Conan Doyle (1859–1930) schuf mit den Romanfiguren des Privatdetektivs Sherlock Holmes und mit Dr. Watson die Prototypen eines ganzen kriminalistischen Literaturgenres. Joanne K. Rowling (*1965)

Tafel für den Nationaldichter Robert Burns am
Bulls Inn in Moffat

ist zwar gebürtige Engländerin, doch wird
die Mutter von Harry Potter sehr eng mit
Edinburgh in Verbindung gebracht. In
der Hauptstadt begann sie, teils von der
Fürsorge lebend, mit dem Schreiben der
bahnbrechenden Fantasyromane um den
Zauberlehrling und die Rettung der Welt
vor dem Bösen. In einfachen Cafés und
Pubs, wie dem »Nicolson« und dem »The
Elephant« schrieb sie erste Manuskripte
ihrer Werke, die Weltruhm erlangten.

All dies bliebe vielleicht verborgen, wenn
nicht John Logie Baird (1888–1946) die
geniale Fernübertragung von bewegten
Bildern über Telefonkabel auf einen entfernt platzierten Bildschirm gelungen
wäre. 1927 sendete er Aufnahmen von
London aus ins Glasgow Central Hotel –
die Television war geboren. Überhaupt:
Schottland war und ist die Wiege bahn-
brechender Erfindungen: Alexander Gra-

ham Bell (1847–1922) ließ 1876 das erste Telefon patentieren. Das ausgeklügelt
logische System logarithmischer Rechen-
stäbe des John Napier (1550–1617) bildet die Grundlage der Computertechnik.
William Cullen (1710–1790) erfand den
Kühlschrank, Isaac Holden (1807–1897)
das Streichholz, James Dewar (1847–1932)
die Thermosflasche, James Clerk Maxwell
die Mikrowelle, Alexander Shanks (1801–
1845) den Rasenmäher, und gegen schottischen Landregen hilft zuverlässig der
Regenmantel des Charles Macintosh
(1766–1843). Ohne John Boyd Dunlop
(1840–1921) würden wir uns eventuell
noch immer auf knarzenden Holzrädern
fortbewegen. Seine luftgefüllten Gum-
mireifen jedenfalls brachten auch das
Fahrrad mit Pedalantrieb des Kirkpatrick
Macmillan (1812–1878) zum Rollen. Diese Auflistung ließe sich noch über viele
Seiten fortsetzen. Schottland ist eben
etwas Besonderes – und das in vielerlei
Hinsicht.

Alexander Graham Bell bei der Vorführung seines
Telefonapparates

# Steckbrief Schottland

**Lage:** Das schottische Festland und die Inseln im Norden und Westen markieren am Übergang von der Nordsee zum Atlantischen Ozean zu 32 % den nördlichen Teil der britischen Insel. Es grenzt im Süden an England. Die Grenzlinie verläuft über 96 km entlang des Hadrianswalls, 117 n. Chr. von den Römern errichtet.

**Fläche:** 78 780 km², 3 % Wasserfläche

**Küstenlänge:** 16 490 km (davon 9911 km Festlandsküste)

**Hauptstadt:** Edinburgh

**Landesflagge:** Der *Saltire*, das Kreuz des heiligen Andreas

**Amtssprache:** Englisch, im Nordwesten, auf den Hebriden Schottisch-Gälisch

**Einwohner:** 5,42 Millionen, 234 300 in Aberdeen, 495 340 in Edinburgh, 599 080 in Glasgow (Stand 2016)

**Währung:** Britisches Pfund £ (GBP) = 100 Pence, entspricht etwa EUR 1,14 (Stand 3/2017)

**Zeitzone:** GMT (westeuropäische Zeit), plus eine Stunde Sommerzeit von Ende März bis Ende Oktober

**Geografie:** Die Charakteristika der Landschaft entstammen der tektonischen Plattenverschiebung und der Eiszeit. Die Hochland-Grenzverwerfung stellt den signifikanten Übergang von den Lowlands zu den Highlands dar. Sie reicht von Arran im Südwesten bis Stonehaven in nordöstlicher Richtung. Während die vom Golfstrom tangierte Westküste wild zerklüftet ist, dominieren lange Sandstrände das Küstenbild im Osten. Der 1344 Meter hohe Ben Nevis in den westlichen Highlands ist der höchste Berg Großbritanniens.

**Verwaltung:** Schottland ist eine parlamentarisch-konstitutionelle Monarchie, Staatsoberhaupt die britische Königin. Seit 1999 gibt es wieder ein eigenes Parlament. Nicola Sturgeon stellt mit der Schottischen National Partei (SNP) die Regionalregierung. Nach dem Austritt Großbritanniens aus der EU strebt sie erneut ein Unabhängigkeitsreferendum an.

**Religion:** Die Hälfte der Schotten gehört der reformierten Nationalkirche Church of Scotland an, 16 % der römisch-katholischen Kirche. Ein gutes Viertel ist ohne religiöses Bekenntnis.

**Wirtschaft:** Das Öl - und Erdgasvorkommen in der Nordsee und die erneuerbaren Energien sind die wirtschaftlichen Antriebskräfte des Landes. Whisky als flüssiges Gold bildet ein weiteres ökonomisches Standbein. Der Stellenwert des Fremdenverkehrs nimmt stetig zu. Touristen aus aller Welt besuchen die kulturellen Schätze nicht nur der Hauptstadt, sondern kehren auch zurück zu ihren familiären Wurzeln.

# Geschichte im Überblick

**6000 v. Chr.** Erste Besiedlung aus der Zeit des Mesolithikums (Mittelsteinzeit) nachweisbar auf den Inseln im Westen

**4000 v. Chr.** Größere Ansiedlungen in der Neusteinzeit (Dorf Skara Brae auf Orkney; Langhaus Balbridie, Kincardineshire) und Steinkreise

**700 v. Chr.** Keltische Einflüsse in der Baukunst durch turmartige Rundhäuser (*brochs*) und Pfahlbauten (*crannogs*)

**80 n. Chr.** Vergebliche Bemühungen der Römer, Schottland zu erobern, Bau des Hadrianswalls als Grenzbefestigung um 117 n. Chr. Die Römer benennen das Land Caledonia und ihre Einwohner Pikten (abgeleitet von *picti*, »die Tätowierten«, wegen ihrer Körperbemalungen).

**um 500** Einfall der Skoten von Irland her, sie besetzen die westlichen Inselregionen.

**um 563** Columban erreicht von Irland aus die Insel Iona und gründet dort ein Kloster, um die Christianisierung Schottlands einzuleiten; spätere schottische Könige ließen sich auf dem Friedhof nahe des Klosters beisetzen – in der Hoffnung auf den Status der Heiligkeit.

**794** Invasion und Besatzung durch Wikinger setzt ein und währt 500 Jahre.

**ab 1000** Viele Könige herrschen mit wechselndem Glück und Geschick und erwehren sich Wikingern wie Engländern; zwei von ihnen (Duncan I. und

Macbeth) machte William Shakespeare unsterblich.

**1189** *Quit Claim of Canterbury* begründet Selbstständigkeit Schottlands.

**1237** Vertrag von York schreibt Grenze zwischen Schottland und England fest; diese ist bis heute nahezu unverändert.

**1297** Die Zeit von William Wallace und Robert the Bruce bricht an; in der Schlacht an der Stirling Bridge wird eine scheinbar übermächtige englische Armee erfolgreich zurückgeschlagen.

**1305** Verrat an William Wallace, Verhaftung und Hinrichtung

**1314** In der Schlacht von Bannockburn laufen die Engländer in eine geschickte schottische Falle von Robert the Bruce – Schottland wird unabhängig.

**1326** Robert the Bruce ruft erstes schottisches Parlament aus.

**1371** Die Stewarts erheben Anspruch auf die Krone.

**1513** Bei Flodden Edge schlägt Heinrich VIII. die schottischen Truppen.

**1542** Im Alter von sechs Tagen wird Mary Stewart (Maria Stuart) Königin, ihre Krönung erfolgt neun Monate später.

**1560** John Knox gründet die presbyterianische Kirche. Vertrag von Edinburgh schreibt den Verzicht Frankreichs auf jedweden Anspruch in Schottland fest, damit hat die Reformation gesiegt, die Franzosen akzeptieren Elisabeth als Königin von England.

**1567** Schottischer Adel setzt Mary auf Loch Leven Castle gefangen, zwingt sie abzudanken und den Thron an ihren einjährigen Sohn James abzugeben.

**1587** Hinrichtung Marys

**1603** Vereinigung der Königreiche Schottland und England

**1642** Schottland verliert Unabhängigkeit in der englischen Revolution, Cromwell siegt 1650 in der Schlacht von Dunbar und besetzt das Land.

**1689** Beginn des Aufstands der Jakobiten, der Anhänger der Stewarts – Schlacht bei Killiecrankie

**1692** Massaker von Glencoe trauriger Höhepunkt der Clankriege

**1745–46** Bonnie Prince Charlie versucht ein letztes Mal, den Thron für die Stuarts zu erobern, vernichtende Schlacht bei Culloden im April 1746 (Kilt, Tartan, Dudelsack).

**1759** Am 25. Januar erblickt Nationaldichter Robert Burns das Licht der Welt.

**1800–1850** Zeit der *Highland Clearances*, der Säuberung und Entvölkerung des Hochlands aus wirtschaftlichen Erwägungen

**1848** Königin Victoria erwirbt Balmoral Castle, seither Sommersitz des Königshauses.

**1872** Erstes Fußball-Länderspiel zwischen England und Schottland in Glasgow

**1934** Gründung der schottischen Nationalpartei SNP, ihr Ziel: die Unabhängigkeit Schottlands

**1967** Erster Sitz für die SNP im Parlament durch Winnie Ewing. Der Luxusliner QE II läuft in Glasgow vom Stapel.

**1979** Volksabstimmung zur Unabhängigkeit scheitert

**1997** Große Mehrheit stimmt per Volksentscheid für eigenes Parlament, der Stone of Destiny kommt zurück nach Edinburgh Castle.

**1999** Eröffnung des schottischen Parlaments

**2004** Queen Elisabeth II. weiht neues Parlamentsgebäude in Edinburgh ein.

**2011** Absolute Mehrheit für SNP bei britischen Regionalwahlen am 6. Mai. Alex Salmond ist First Minister.

**2014** Das Referendum zur Unabhängigkeit Schottlands scheitert. Nicola Sturgeon wird First Minister.

**2016** Großbritannien beschließt den Austritt aus der EU. Die schottische Bevölkerung stimmt für einen Verbleib.

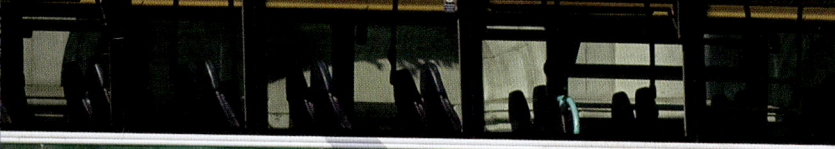

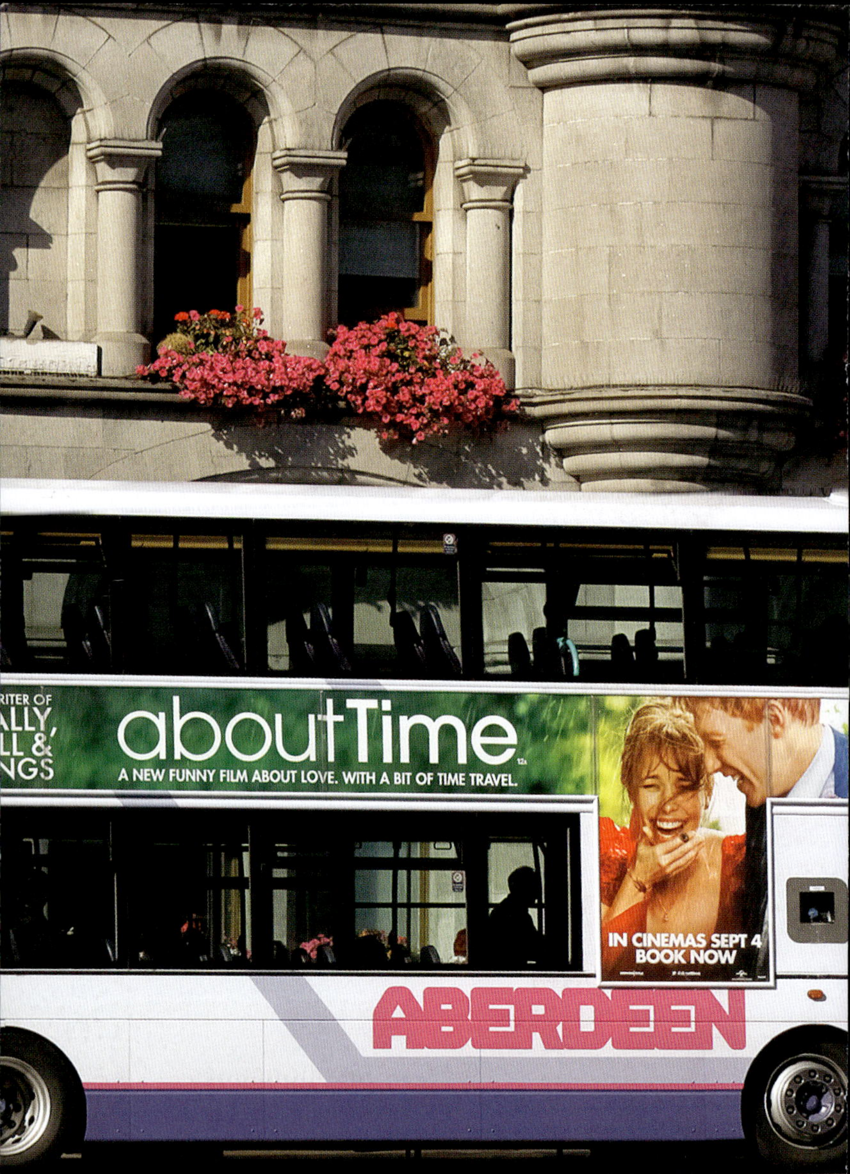
aboutTime
A NEW FUNNY FILM ABOUT LOVE. WITH A BIT OF TIME TRAVEL.
IN CINEMAS SEPT 4
BOOK NOW
ABERDEEN

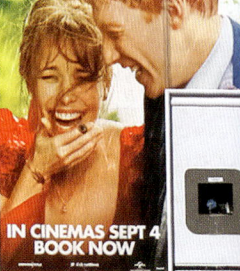

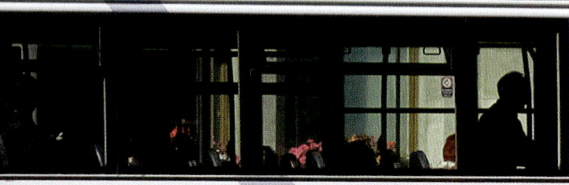

# SCHOTTLANDS STÄDTE

Ferry Road

The Edinburgh Academy

Inverleith Row

Warriston Gardens

Warriston Cemetery

Water of Leith

Priory Lodge 8 The Loan South Queensferry, North Queensferry

East Fettes Avenue

Fettes Rise

Kinnear Road

Arboretum Road

Inverleith Av. Place

Inverleith Pl. Lane

Warriston Av.

Warriston Dr.

Eildon Terrace

Eildon Street

Powderhall Road

Braehead Road

Beaverbank Road

Road

Newfield Recreation Ground

Fettes Avenue

Inverleith

Inverleith House

Place

Royal Botanic Garden

Inverleith Row

Warriston Cres.

Warriston Road

Heriot Hill Ter. Belleve Ter.

Broughton

East Claremon

Fort Road Bridge

Carrington Rd.

Inverleith Park

Arboretum Place

Rock Garden

Inverleith

Terrace

Logie Green Rd.

Rodney St.

Bellevue

Bellevue

North Pk. Ter.

Fettes Avenue

Sth. Fettes Avenue

Arboretum Avenue

Glenogle

Dean

Road

The Edinburgh Academy

Inverleith

Henderson Row

Hamilton Pl.

Perth St.

Brandon St. Caron Lane

Eyre Place

Fettes Row Royal Cres.

The Wee Restaurant

Comely Bank

Orchard Brae

Learmonth Avenue

Comely Bank Grove

Learmonth

Comely Bank Rd.

Comely Park Avenue

Raeburn Place

Dean St.

Fettes Row

Row

Dundas

Drummond

London St.

St. Stephen St.

Circus Lane

Cumberland

St.

St. Dunbar

Place

Dublin St.

Barony St.

Bo

Orchard Brae Ave.

Learmonth G.

Sth. Learmonth Gdns.

Learmonth Terr.

Dean Park Cres.

Ann St.

Oxford Ter.

Dean Terrace

Royal Circus

Great King

Northumber-

St.

land St.

Abercromby Pl.

St.

Albany

National Portrait Gallery

York Pl.

Queensferry

Road

Dean

Buckingham Terrace

Belgrave Cres.

Water of Leith

Eton Terrace

Moray Place Bank Gardens

Moray Pl.

India

St.

Heriot Row

Wemyss Pl.

Heriot Row

Gardens

Street

St. Andrew

Square

Belford Road

Dean Path

Bells Brae

Georgian House

Queen

Young St.

Queen

Scotch Malt Whisky Society

Street

Thistle

Street

Hanover St.

Rose St.

Jenners

St.

Bal Hot

Dean Village Dean Path

George

St.

Scott Monument

Modern Art Gallery

Douglas Crescent

Palmerston

Rothesay Pl.

Chester St.

Melville

Stafford St.

Queensferry St.

Charlotte Square

Rose

Princes

Castle St.

St.

Scottish Nat. Gallery, The Mound

Princes St. Gardens

Deacon Brodie's Taverne

Market

Heart of Midlothia

Edinburgh Zoo

Eglinton

Cres.

Grosvenor Cres.

St. Marys Cathedral

William St.

Shandwick Place

Lothian Road

Castle Terrace

Johnston Ter.

Writer's Museum

Camera Obscura

The Witchery

Esplanade

Edinburgh Castle

Scottish Whisky Heritage Centre

The Hub

Grass-market

George IV Br.

Natio Librar

West Coates

Haymarket Terrace

Morrison

Torphichen St.

Sheraton Grand Hotel

Street

Grove

West

Approach

Usher Hall

Grindlay St.

West

Port

Greyfriars Bobby

Candlemaker Rd.

Ch

Ch

Devon

Haymarket Yards

St.

bridge

Panton St.

Lauriston

Mus. of Fire

Place

1 Duke of Buccleugh Memorial 2 G&V Royal Mint Hotel

Chalmers St.

Meadow

Teviot

Reid C Hall

West

Fountain-

Gilmore Pk.

Lochrin Pl.

Place

North

Melville Drive

West Meadow Park

East Me

Middle Meadow Walk

Viewforth

Gilmore

Leamington Terrace

Granville Ter.

Harrison Rd.

Viewforth

Leven St.

Glengyle Ter.

South Meadow Walk

Bruntsfield Links

Warrender Park Terrace

Spottiswoode St.

Marchmont

Roseneath Place

M

Merchiston Park

Montpelier Park

Bruntsfield Place

Whitehouse

Loan

Warrender

Warrender Park Rd.

Lauderdale St.

Arden St.

Road

Sci Ha

Chalmers Cres.

## Legend

- Sehenswürdigkeit, Museum
- Aktivitäten, Ausgehen
- Information
- Kirche, Moschee, Synagoge
- Theater
- Shopping
- Restaurant, Bar, Café
- Übernachtungsmöglichkeit

0        300 m

N

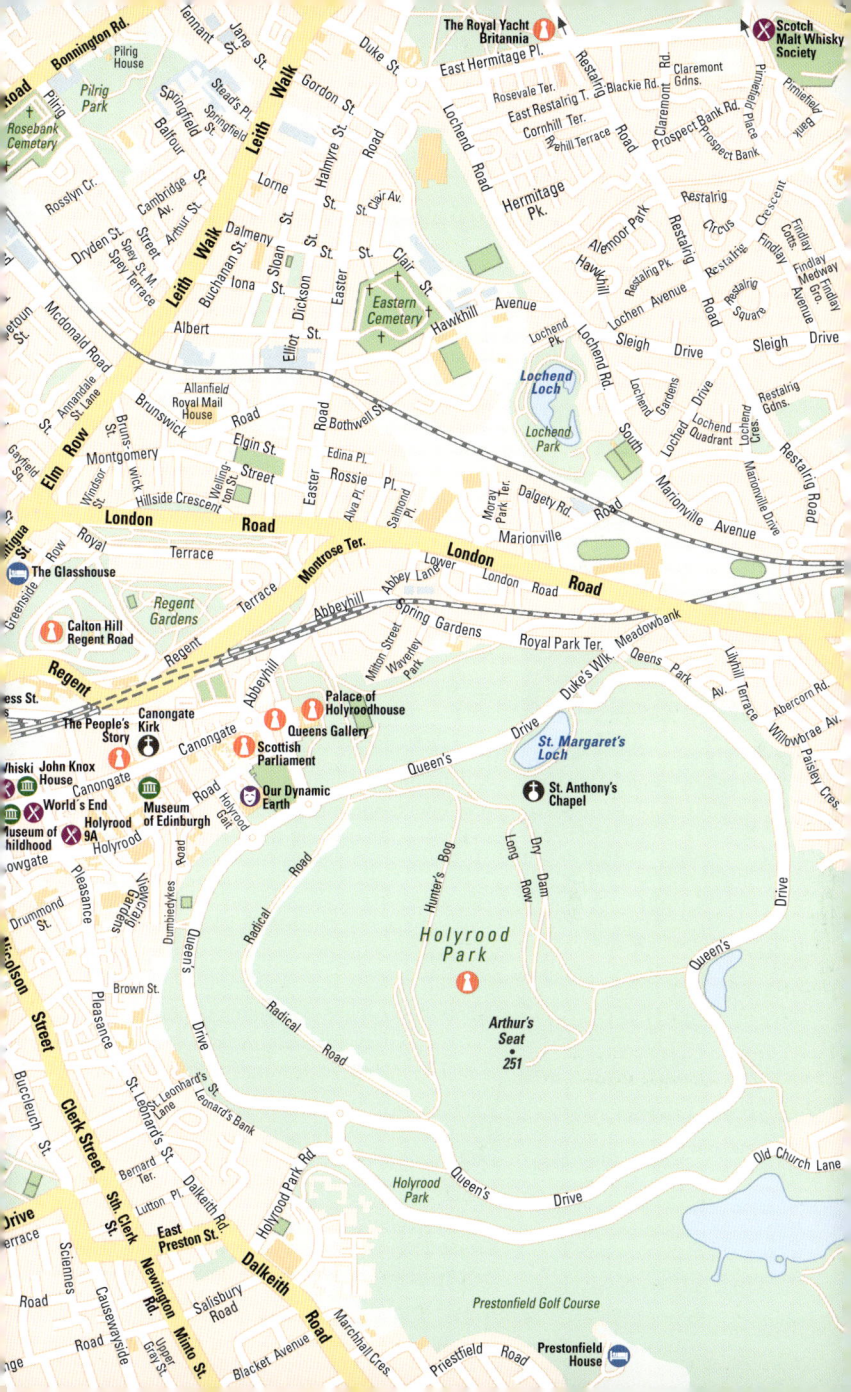

# 1 Edinburgh: Hauptstadt der Tradition
## Edinburgh Castle

**Wenn eine Stadt Kultur und Brauchtum, Folklore und Tradition verkörpern könnte, dann wäre die schottische Hauptstadt Edinburgh dafür das Musterexemplar. Vielleicht ist die 450 000-Einwohner-Metropole sogar ein bisschen schottischer als Schottland selbst, in jedem Falle attraktiv, gespickt mit großartiger Historie, stolzer Aristokratie und vornehmem Bürgertum.**

## Die königliche Burg

Der Vorplatz, die Esplanade, vor Edinburgh Castle dient während des Sommers als tribünengesäumte Arena des Royal Edinburgh Military Tattoos, ansonsten beginnen hier die Reisegruppen ihre Rundgänge durch die Stadt oder eben auf die altehrwürdige Festungsanlage, die wie ein Adlerhorst weithin sichtbar in der Mitte der Stadt thront und deren unverwechselbar charakteristische Silhouette prägt. Bis ins 11. Jahrhundert reicht die Geschichte des monumentalen Bauwerks als königliche Residenz auf dem markanten Castle Rock in gut 135 m Höhe zurück. Der erloschene Vulkan diente zuvor schon den Pikten um 600 n. Chr. als Respekt einflößendes Statussymbol und perfekter Standort ihrer Machtzentrale.

Das heutige Aussehen des königlichen Palastes, der tagtäglich gewaltige Besucherströme zu bewältigen hat, basiert auf den architektonischen Idealvorstellungen des 15. Jahrhunderts. Einige Gebäudeteile sind wesentlich älter, so die vergleichsweise winzige St. Margaret's Chapel, die

**Seite 32/33:** Auf der Union Street in Aberdeen
**Unten:** Die Esplanade vor Edinburgh Castle ist ein belebter und beliebter Treffpunkt zu allen Jahreszeiten und Schauplatz beeindruckender Veranstaltungen wie Konzerten und dem Royal Military Tattoo.

etwa um 1130 errichtet wurde und gleichzeitig das älteste noch erhaltene Bauwerk Edinburghs ist. Am Gatehouse bewachen die Helden der schottischen Geschichte, William Wallace, der *Braveheart* aus dem gleichnamigen Film, auf der rechten Seite und Robert the Bruce, der heroische Triumphator über England in der Schlacht von Bannockburn 1314, auf der linken Seite, das Schloss. Nach Durchquerung des Portals führt der Weg bergauf, rechts liegt der gut sortierte Souvenirshop mit Ticketverkauf. Am Portcullis Gate im Argyle-Tower gleich dahinter beginnen die geführten Touren über das Burggelände. Danach öffnet sich ein großer, gepflasterter Platz mit Hinweistafeln zu historischen Daten und den unterschiedlichen Baustadien.

## »Wenn die Kanone schlägt«

Von der Terrasse der Mills Mount Battery wird täglich um 13 Uhr aus alter Gepflogenheit ein Kanonenschuss abgefeuert. Dieser belächelte, aber sehr beliebte Anachronismus benennt, außer sonntags, seit 1861 auf Wunsch der Händler und der Bürger der Stadt die exakte Tageszeit. Ursprünglich sollte

**Oben:** Die Burg thront über den Princes Street Gardens mit dem Museumsensemble der National Galleries.
**Unten:** Das Standbild von Douglas Haig eignet sich bestens als Fotohintergrund.

# Hauptstadt der Tradition

diese Funktion der herabfallende *Time Ball* auf dem Nelson Monument am Calton Hill übernehmen, doch man musste zur rechten Zeit hinschauen, um den Zeitpunkt nicht zu verpassen. Also kam das akustische Signal von der anderen Seite der Innenstadt hinzu. Beides war sogar einmal über ein einziges langes Kabel miteinander verbunden.

Im Kronsaal des Königspalasts, Royal Palace, sind die schottischen Kronjuwelen zu besichtigen, darunter auch die Krone, die Mary, Queen of Scots, bei ihrer Krönung 1540 getragen hat. Das pompöse Gepränge, Zepter und Schwert, war mehrfach Gegenstand kriegerischer Auseinandersetzungen, wurde gestohlen und wieder zurückgebracht. Gleiches gilt für den legendären schottischen Krönungsstein, den »Stone of Destiny«, der erst 1996 aus London nach Edinburgh zurückkehrte. Wer dem Übermaß an Historie nicht wirklich etwas abgewinnen kann, sollte auf alle Fälle den herrlichen Blick genießen, den alle Mauern, Zinnen und Türme auf und über die Hauptstadt gewähren.

**Oben:** Im Royal Palace auf dem höchsten Punkt des Castles
**Links:** Piper bei den Vorbereitungen für ihren Auftritt beim Tattoo

# Infos und Adressen

### SEHENSWÜRDIGKEITEN
**Edinburgh Castle.** Geöffnet tägl. April–Sept. 9.30–18, Okt.–März 9.30–17 Uhr, Eintritt GBP 16,50, Castlehill, Edinburgh, EH1 2NG, Tel. 0131 225 98 46, www.edinburghcastle.gov.uk

### ÜBERNACHTEN
**2 Cambridge Street.** Luxuriöses B&B in zentraler Lage. Edinburgh EH1 2DY, Tel. 0131 478 00 05, www.wwwonderful.net

### INFORMATION
**Edinburgh Information Centre,** 3 Princes Street, Edinburgh, EH2 2QP, Tel. 0131 473 38 68, www.visitscotland.com

### ANREISE
Die schottische Hauptstadt ist am schnellsten mit dem Flugzeug zu erreichen. Direktflüge ohne Umsteigen gibt es mit der Lufthansa von Frankfurt aus (www.lufthansa.com), mit EasyJet von München, Hamburg und Berlin (www.easyjet.com), mit Eurowings von Köln und Düsseldorf (www.eurowings.com) sowie mit Ryanair von Bremen, Frankfurt-Hahn, Weeze, Hamburg und Karlsruhe-Baden (www.ryanair.com). Der Flughafen liegt nahe dem Messegelände von Ingliston im Westen der Stadt. Für den Transfer ins Zentrum stehen bei einer Fahrtzeit von 20 bis 30 Minuten die Straßenbahn (www.edinburghtrams.com) sowie die komfortablen Busse der Airlink (www.lothianbuses.com) zur Verfügung. Zudem sind Taxen und Mietwagen verfügbar.
www.edinburghairport.com

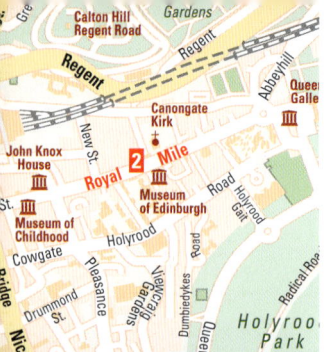

# 2 Edinburgh: entlang der Royal Mile
## Vom Schloss zum Palast

**Die Prachtstraße Edinburghs hat, abgesehen von ihrer Längenausdehnung, mit den repräsentativen Boulevards der Hauptstädte dieser Welt recht wenig Gemeinsamkeiten. Weder ziert sie eine mächtige Baumallee, noch reihen sich Schaufensterfronten internationaler Boutiquen und Modeketten aneinander. Sie ist vielmehr eine überaus spannende, vielschichtige Melange aus Tradition, Folklore, Kultur und geschäftigem Leben.**

Von der Esplanade vor Edinburgh Castle führt die Royal Mile knapp zwei Kilometer stetig bergab, meist auf Kopfsteinpflaster, bis hinunter zum Palace of Holyroodhouse, dem historischen Sitz der britischen Monarchie und dem schottischen Parlamentsgebäude gleich gegenüber. Die Nebenstraßen und -gassen, die *Closes*, versprühen teilweise den Hauch einer gewissen Morbidität. Sie führen in versteckte Hinterhöfe, oft in eine geheimnisvolle Enge und Finsternis tiefer Häuserschluchten. Gerade deshalb sind sie ein beliebtes Refugium für abendliche Geisterspaziergänge.

Der Castlehill bildet den oberen Teil der Royal Mile. *Braveheart* gibt sich die Ehre. In piktischer Tradition mit blau gefärbtem Gesicht, langen Haaren und rustikalem Fellgewand steht er als Fotomodell im Stile Mel Gibsons zur Verfügung, natürlich gegen einen kleinen Obolus. Zunächst führt der Weg zur *Camera Obscura*, einem historischen Aussichtsturm mit unterhaltsamen Ausstellungen rund ums Thema Optik und Illusion, und zum »Scottish Whisky Heritage Centre« gegenüber.

**Mitte:** Pubs auf der Flanier- und Einkaufsmeile nutzen gern die schottische Fahne als Fensterdeko.
**Unten:** *Bravehearts* Erben bemalen ihr Antlitz noch immer mit piktischem Blau und kleiden sich in rustikales Fellgewand, um als Model für ungezählte Fotos zu fungieren.

# Whiskyvariationen

Neben einem großen Shop präsentiert dort eine witzige Geisterbahnvariation Wissenswertes und Vergnügliches rund um das schottische Gold. In den oberen Etagen wurden eine Whiskyschule und Räume für professionelle Tastings eingerichtet. Beeindruckend das schottische »Bernsteinzimmer«: eine Sammlung von mehr als 3000 Flaschen Whisky aus aller Welt und eine atemberaubende Farbsymphonie in Gelb, Orange sowie Rot.

Neben dem Whiskyparadies liegt mit »The Witchery« eines der bekanntesten und exklusivsten Restaurants Edinburghs, das über eine beachtliche Weinkarte verfügt. Der Eingang ist etwas versteckt, dennoch trifft sich in der dichten Atmosphäre eleganter, verschachtelter Räumlichkeiten die Edinburgher Prominenz.

Das Festivalzentrum »The Hub« residiert mit Café und Restaurant im Gebäude der ehemaligen Highland-Tolbooth-Kirche, deren Turm der höchste im Stadtgebiet ist. Gleich hinter dem kleinen Kreisverkehr beginnt der Lawnmarket. Dort buhlen viele Souvenirläden, angesiedelt in Häusern aus dem 16. Jahrhundert, um Kunden mit allem, was Schottland an typischen Klischees zu bieten hat. Im Lady Stairs Close liegt das Writer's Museum, das sich mit den drei Literaturgrößen Robert Louis Stevenson, Sir Walter Scott und Robert Burns befasst. Edinburgh trägt seit 2004 als erste Stadt überhaupt den Titel »UNESCO City of Literature«.

Hinter der Kreuzung mit der Bath Street, auf der Ecke die berühmte »Deacon Brodie's Taverne«, dem Mann gewidmet, dessen Doppelleben im 18. Jahrhundert Inspiration für den Jekyll- und Hyde-Roman Stevensons gab, beginnt die High Street, der längste Abschnitt der Royal Mile. In den Augen des

*Einfach gut!*

## EDINBURGH ALTERNATIV

Den schönen Schein der Hauptstadt begleitet ein Makel der Jahrhunderte. Es gab Zeiten, da waren die engen *Closes* und Gassen innerhalb der Stadtmauer ein heute unvorstellbarer, stinkender, von Menschen überfüllter Moloch ohne Kanalisation. In diese Zeit zurück versetzt Mercat Tours die Teilnehmer auf den entdeckungsreichen Stadtrundgängen, die alle ihren Ausgang am Mercat Cross direkt neben der St.Giles-Kathedrale nehmen. Sie beleuchten Geheimnisse der Royal Mile, spüren Geistern und übersinnlichen Phänomenen nach, tauchen sogar ab in eine faszinierende, gleichzeitig höchst beängstigende Unterwelt, die in das geheimnisvolle Leben in den völlig versteckten Katakomben unterhalb der South Bridge führt.

www.mercattours.com

Dichters Daniel Defoe, der die Stadt um 1690 besuchte, ist sie die schönste Straße der Welt. Ihm
gefielen ihre Lebendigkeit und die ansehnliche
Mischung aus Pubs, Restaurants und den Läden
der Kiltmacher. Selbst Whiskyshops gab es damals
schon. Und daran hat sich, abgesehen von den
Preisen und der Präsentation, bis heute nichts
Wesentliches geändert.

## Gepflastertes Herz

Umgeben vom ehemaligen Parlament, vom Rathaus und weiteren offiziellen Gebäuden am Parliament Square liegt die Kirche des Schutzpatrons
der Stadt Edinburgh, die St. Giles Cathedral. Ihre
Grundfeste reichen bis ins 9. Jahrhundert zurück.
Das jetzige Aussehen der Hauptkirche der Church
of Scotland stammt nach zahlreichen Erweiterungen und Umbauten in der Folgezeit etwa aus dem
Jahr 1880. Im Pflaster vor dem Kirchenportal befindet sich direkt neben dem Duke of Buccleugh
Memorial ein herzförmiges Motiv, das *Heart of
Midlothian*, das demjenigen Glück bringen soll,
der darauf spuckt, demjenigen aber Pech, der es
unachtsam betritt. Hier stand vor 400 Jahren das
Gefängnis.

**Oben:** Das Bernsteinzimmer des
Scottish Whisky Heritage Centres
**Mitte:** Heart of Midlothian im
Pflaster vor der St. Giles-Kirche
**Unten:** Obwohl der Name anderes
vermuten lässt: Im Pub ist die Welt
noch lange nicht zu Ende.

## Entlang der Royal Mile

Zur Ausrottung der Pest ließen die damaligen Stadtväter 1645 eine komplette Gasse abriegeln und zumauern, was den zwangsläufigen Tod der dortigen Anwohner zur Folge hatte. Mary King's Close war als anrüchig gebrandmarkt, und niemand wollte dort später mehr wohnen. Selbst mietfrei war es unmöglich, Interessenten zu finden. Daher überbaute man den Bereich einfach mit den Gebäuden der Stadtverwaltung. Seit 2003 können ganz wagemutige Besucher die Unterwelt in mystischem Zwielicht erkunden.

An der Tron Kirk ist das Ende der Fußgängerzone erreicht, die Royal Mile nimmt hier an Gefälle zu und eröffnet zwischen den Hausfassaden den Blick bis hinunter zum Meer. Im Boden des Gotteshauses befindet sich uraltes Straßenpflaster. Es ist heute Pub und beliebter Treffpunkt an Hogmanay, dem schottischen Silvesterfest. Das John Knox House ragt etwas vorwitzig aus der Fassadenflucht heraus. Das verschachtelte Bauwerk stammt von 1470 und war im Besitz des Juweliers von Mary, Queen of Scots, James Mosman und letzte Wohnung des schottischen Reformators John Knox (1514–1572), dem ein kleiner Ausstellungsbereich gewidmet ist. Auch das Scottish Storytelling Centre hat hier sein Domizil für Veranstaltungen und Vorträge im kleinen Theater. Neben dem winzigen Museumsladen mit kleiner, aber feiner Auswahl an Folkmusik gibt es auch ein kleines Café. In die Zeit, als Kinderspiele noch haptische Erlebnisse voller Dynamik waren und nicht digital am Bildschirm ausgeübt wurden, versetzt auf mehreren Etagen das Museum of Childhood.

## Das Ende der Welt

»World's End«, der Name des blau getünchten Pubs an der Ecke St. Mary's Street/High Street verheißt

*Nicht verpassen*

### HINRICHTUNGS-FESTIVAL

An die überaus schauerlichen Rituale, die auf dem Grassmarket, dem ehemaligen Viehmarkt Edinburghs, unterhalb der Burg im 16. Jahrhundert vollzogen wurden, erinnert nichts mehr. Wo heute die Terrassen der vielen Lokale und Pubs auf dem weitläufigen Platz zur Rast bei *Pint* und Sandwich laden, fanden 500 Jahre zuvor Hinrichtungen statt. Geschäftstüchtige Hauptstädter verpachteten die umliegenden Wohnungen oder ganze Häuser an sensationslüsterne Schaulustige, die hautnah dabei sein wollten. Im »White Hart Inn« gab es den letzten Schluck für den Verurteilten. Während der alljährlichen Festivals strotzt der Grassmarket indes vor Lebendigkeit. Die kleinen Läden hier und an der Victoria Street offerieren mancherlei spannende Alternative zum Angebot auf der Royal Mile.

**Oben:** Die Auswahl an schottischen Souvenirs ist ein unerschöpflicher Quell.
**Mitte:** Tradition im 21. Jahrhundert
**Unten:** Fergussons Standbild vor der Canongate Church

nichts Gutes, beruht jedoch historisch auf der Tatsache, dass die Stadtmauer der ursprünglichen Old Town im 16. Jahrhundert nur bis hierher reichte. Die Canongate bildet von hier aus die Fortsetzung der Royal Mile.

In einem der ältesten Gebäude der Straße, dem Canongate Tolbooth von 1591, befanden sich einst Rathaus und Gefängnis. Es beherbergt mit The People's Story ein bemerkenswertes Museum, dessen Fokus auf dem einfachen Bürgertum liegt. Der beschwerliche Alltag der Menschen der letzten 300 Jahre wird jenseits aristokratischen Wandels lebensecht mittels Bildern, atmosphärischen Werkstatt- und Hauseinrichtungen beleuchtet. Noch etwa 20 Jahre älter, jedoch etwas weniger erhaben, ist das Huntly House. Das darin befindliche Stadtmuseum Museum of Edinburgh präsentiert die Geschichte Edinburghs von der Frühzeit bis zur Gegenwart am Beispiel von hier hergestellter Keramik, Schmuck und Glasarbeiten. Auch die sehr anrührende Geschichte um den treuen Hund Greyfriars Bobby fand ihren Eingang in die Ausstellung.

Die Canongate Kirk ersetzte nach 1691 die zu klein gewordene Abteikirche von Holyroodhouse. Mit ihrer an flämischen Baustil erinnernden Fassade stellt sie ein Unikat in Schottland dar. Ihre Majestät, Königin Elizabeth II. besucht den dortigen Gottesdienst, wenn sie in der Stadt weilt, und ihre älteste Enkelin Zara Phillips gab ihrem Verlobten Mike Tyndall 2011 das Jawort unter dem Klang der 1000. Orgel aus der dänischen Frobenius-Manufaktur. Auf dem Friedhof ruht Edinburgher Prominenz. Der Dichter Robert Fergusson (1750–1774), dessen Statue am Eingang steht, der Ökonom Adam Smith (1723–1790) und David Rizzio (1533–1566), der ermordete vermeintliche Liebhaber von Maria Stuart, haben hier ihr Grab.

# Infos und Adressen

### SEHENSWÜRDIGKEITEN

**Camera Obscura.** Geöffnet tägl. April–Juni 9.30–19, Juli/Aug. 9.30–21, Sept./Okt. 9.30–19, Nov.–März 10–18 Uhr, 549 Castlehill, Edinburgh, EH1 2ND, Tel.0131 226 37 09, www.camera-obscura.co.uk

**Scotch Whisky Heritage Centre.** 354 Castlehill, Edinburgh, EH1 2NE, Tel. 0131 220 04 41, www.scotchwhiskyexperience.co.uk

**Writers' Museum.** Geöffnet Mi–Sa 10–17, Aug. auch So 12–17 Uhr, Eintritt frei, Lady Stair's Close, Edinburgh, EH1 2PA, Tel. 0131 529 49 01

**The People's Story.** Geöffnet Mi–Sa 10–17, Aug. auch So 12–17 Uhr, Eintritt frei, 163 Canongate, Edinburgh, EH8 8BN, Tel. 0131 529 40 57

**Edinburgh Museum.** Geöffnet Do–Sa 10–17, Aug. auch So 12–17 Uhr, Eintritt frei, Huntly House, 142 Canongate, Edinburgh, EH8 8DD, Tel. 0131 529 41 43

**Museum of Childhood.** Geöffnet Mo, Do–Sa 10–17, So 12–17 Uhr, Eintritt frei, 42 High Street, Edinburgh, EH1 1TG, Tel. 0131 529 41 42, www.edinburghmuseums.org.uk

**John Knox House.** Geöffnet Mo–Sa 10–18, Juli/Aug. So 12–18 Uhr, Eintritt GBP 5. 43–45 High Street, Edinburgh, EH1 1 SR, Tel. 0131 556 95 79, www.tracscotland.org

**The Hub.** 348–350 Castlehill, Edinburgh, EH1 2NE, Tel. 0131 473 20 15, www.thehub-edinburgh.com

### ESSEN UND TRINKEN

**The Witchery.** 352 Castlehill, Edinburgh, EH1 2NF, Tel. 0131 225 56 13, www.thewitchery.com

**Dubh Prais.** Aus dem schwarzen Kochtopf zaubern Heather und James fantastische Gerichte mit urschottischen Zutaten von Lamm bis Lachs. Reservierung sinnvoll, So und Mo geschlossen. 123b High Street, Edinburgh, EH1 1SG, Tel. 0131 557 57 32, www.dubhpraisrestaurant.com

**Whiski.** Die Auswahl an schottischem Gold ist gewaltig, das Essen traditionell, das Ambiente rustikal. 119 High Street, Edinburgh, EH1 1SG, Tel. 0131 556 30 95, www.whiskibar.co.uk

### ÜBERNACHTEN

**G&V Royal Mile Hotel.** Luxuriöses Design-Hotel, tolle Restaurants. 1 George IV Bridge, Edinburgh EH1 1AD, Tel. 0131 220 66 66, www.gandvhotel.com

**Sheraton Grand Hotel.** Luxus mit Niveau. 1 Festival Square, Edinburgh EH3 9SR, Tel. 0131 229 91 31, www.sheratonedinburgh.co.uk

Stilvolle Dekoration in der Whiski-Bar

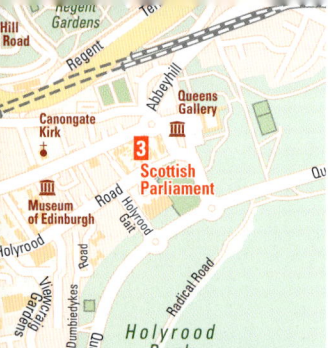

# 3 Edinburgh: das schottische Parlament
## Im Dunstkreis der Monarchie

**Arthur's Seat, der königliche Palast von Holyroodhouse und das moderne Parlamentsgebäude bilden am östlichen Endpunkt der Royal Mile ein geschichtsträchtiges Dreiecksensemble aus elementaren Abschnitten der schottischen Historie.**

Die Wanderung auf den 251 m hohen Hausberg kann zu echter körperlicher Herausforderung werden, weniger empfehlenswert, wenn die Wege vom Regen aufgeweicht sind. Diverse Pfade führen auf den erloschenen flachen Vulkankegel, der ein tolles Panorama verspricht. Nun liegt der Stadt mit Vororten, mit Küste und Hinterland, ja fast – so könnte man meinen – der gesamte schottische Süden zu Füßen. Ein überwältigendes Bild. Auf dem Rückweg passiert man bizarr von Gletschern geformte Verwerfungen und die erhaltenen Mauerreste der Kirchenruine von St. Anthony's Chapel, vermutlich aus der Zeit um 1400, gleich oberhalb des Sees St. Margaret's Loch und des Parks von Holyrood Palace.

## Der Sitz der Königin

Der Palast ist offizielle Residenz der britischen Monarchin während ihres einwöchigen sommerlichen Aufenthalts in Edinburgh. Er entstand in mehreren Phasen aus der Holyrood Abbey von 1128. Das repräsentative Gästehaus Jakobs IV. aus dem 15. Jahrhundert erhielt sein heutiges Aussehen später im eleganten Stilmix aus Klassizismus und Barock, die es zum schottischen Versailles machte. 1565 vermählte sich Maria Stuart in den prunkvollen Gemächern mit ihrem zweiten Ehe-

**Mitte:** Der St. Anthony's Chapel liegen Holyrood Park und Leith, der Hafen von Edinburgh, zu Füßen.
**Unten:** Weilt die Queen in Edinburgh, dann wohnt sie in ihrem Palast vis-á-vis des schottischen Parlaments.

Queens Gallery und der Durchblick zum modernen schottischen Parlamentsgebäude

mann Cousin Henry, Lord Darnley (1545–1567), den neun Monate danach Marias Privatsekretär und mutmaßlicher Geliebter David Rizzio mit dem Messer meuchelte. Dies geschah im Schlafgemach Marias, das nach Aufstieg über eine enge Wendeltreppe besichtigt werden kann.

Vor dem Palasteingang liegt die Queens Gallery, die ein roter Löwe bewacht, flankiert vom Union Jack, Symbol des Britischen Empires. In Wechselausstellungen sind hier Dinge aus den privaten royalen Archiven zu sehen. Gleich gegenüber bildet das moderne schottische Parlamentsgebäude einen starken Kontrast dazu. Eröffnet im Jahr 2004, nachdem 1997 eine Mehrheit der Schotten für Teilautonomie gestimmt und 1999, erstmals seit über 300 Jahren, ein eigenes Parlament gewählt hatte, blieb das eigenwillige Gebäude des katalanischen Architekten Enric Miralles (1955–2000) ein anhaltendes Streitobjekt. Stilistisch soll es in seiner Symbolhaftigkeit schottische Eigenheiten widergeben: Lochs, Burgen, Wälder und Berge sind ebenso – bei genauem Hinsehen – zu entdecken wie die schottische Individualität. So ist beispielsweise jedes Fenster des westlichen Abgeordnetentrakts anders gestaltet.

## Infos und Adressen

### SEHENSWÜRDIGKEITEN
**Queens Gallery im Palace of Holyroodhouse**. Geöffnet tägl. April–Okt. 9.30–18, Nov.–März 9.30–16.30 Uhr, geschlossen, wenn royale Gäste vor Ort sind, Canongate, Edinburgh, EH8 8DX, Tel. 0131 556 51 00, www.royalcollection.org.uk

**Scottish Parliament.** Geöffnet: Mo, Fr, Sa 10–17, Di, Mi, Do 9–18.30 Uhr, kein Zugang bei Sitzungen, sonst Führungen kostenlos, Edinburgh, EH99 1SP, Tel. 0131 348 52 00, www.visitparliament.scot

### ESSEN UND TRINKEN
**Holyrood 9A.** Ungewöhnliche Burgerkreationen und seltene Biersorten. 9a Holyrood Road, Edinburgh, EH8 8AE, Tel. 0131 556 50 44, www.theholyrood.co.uk

### ÜBERNACHTEN
**Prestonfield House.** Komfort, Eleganz, Stil und aristokratisches Understatement in einer Villa aus dem 17. Jahrhundert. Priestfield Road, Edinburgh EH16 5UT, Tel. 0131 225 78 00, www.prestonfield.com

# 4 Edinburgh: Metropole der Museen
## Neugierde wird belohnt

**Gemäß dem folkloristisch-traditionellen Ruf Edinburghs besitzt die Stadt einen geradezu unerschöpflichen Reichtum an Museen und Galerien, die so ziemlich alle möglichen Kunstrichtungen und Kunstformen präsentieren.**

Unbestritten das prachtvollste und abwechslungsreichste Gebäude ist das National Museum of Scotland, das aus zwei Komplexen besteht: dem modernen Museum of Scotland und dem ehemaligen Royal Museum aus viktorianischer Zeit. Die imposante Museumshalle im Stil eines verspielten Glaspalastes ist allein einen Besuch wert. Von dem zentralen Bereich mit seiner zauberhaften Lichtführung zweigen verschiedene, eigenständige Galerie- und Ausstellungsbereiche ab. Zu sehen gibt es so ziemlich alles von Archäologie über Natur bis zur Technik. Schräg gegenüber befindet sich das Standbild des legendären Skye Terriers Greyfriars Bobby, der 14 Jahre lang am Grab seines Herrn auf dem nahen Friedhof wachte.

An der George IV Bridge liegt das Bibliotheksgebäude der National Library. Im Foyer stehen einige der einzigartigen Papierskulpturen, die ein unbekannter Künstler an verschiedenen kulturellen Stätten hinterlassen hat. In den Princes Street Gardens bilden die Royal Scottish Academy und die Scottish National Gallery seit 1859 ein architektonisches Ensemble, das mitverantwortlich dafür ist, dass Edinburgh auch als »Athen des Nordens« bezeichnet wird. Die Nationalgalerie selbst besteht aus drei Teilbereichen mit eindrucksvollen Sammlungen europäischer Kunst von Tizian bis

**Mitte:** Galerien auf mehreren Ebenen und zu den unterschiedlichsten Themenbereichen machen den besonderen Reiz des schottischen Nationalmuseums aus.
**Unten:** Die Geschichte des treuen Hundes namens Bobby rührt noch heute die Besucher der Stadt.

# Metropole der Museen

Gauguin sowie einem Schwerpunkt auf den Arbeiten schottischer Künstler.

## Porträts des Landes

Die Bildnisse berühmter und bekannter Schotten durch die Jahrhunderte bis zur Neuzeit präsentiert die National Portrait Gallery an der Queen's Street in New Town. Erstmals entstand ein konzeptioneller Museumsbau mit der Vorgabe, die Geschichte des Landes nur mittels Porträts darzustellen und biografisch zu dokumentieren. Eröffnet wurde das rote neugotische Sandsteingebäude 1889. Aus zwei Teilen besteht die Modern Art Gallery im Stadtteil Sunbury oberhalb des Dean Village. Die beiden klassizistischen Häuser aus dem Beginn des 19. Jahrhunderts beherbergten zunächst eine Schule und ein Hospital, wurden dann 1984 und 1999 als Standort zur Präsentation zeitgenössischer Kunst ausgewählt. Einen Teil davon beansprucht die kunstvolle Landschaftskreation *Landform Ueda* von Charles Jencks (*1939).

Als Musterbeispiel georgianischer Architektur in der Edinburgher New Town pflegt der National Trust for Scotland das von Robert Adam 1791 geschaffene Georgian House. Das liebevoll gestaltete Interieur spiegelt den Lebensraum der aristokratischen Gesellschaft zu Beginn des 19. Jahrhunderts wider und kontrastiert in Größe und Ausstattung vehement mit der räumlichen Enge der Altstadt.

Ein interaktives Paradies ist Our Dynamic Earth gleich hinter dem Parlamentsgebäude. Die ganze Familie wird mitgenommen auf eine spannende Reise durch die Jahrmillionen der Erdgeschichte, beginnend beim Urknall über die Phasen der Evolution bis hin zur modernen Meteorologie und den ständigen Veränderungen, die der Klimawandel auslöst.

# Infos und Adressen

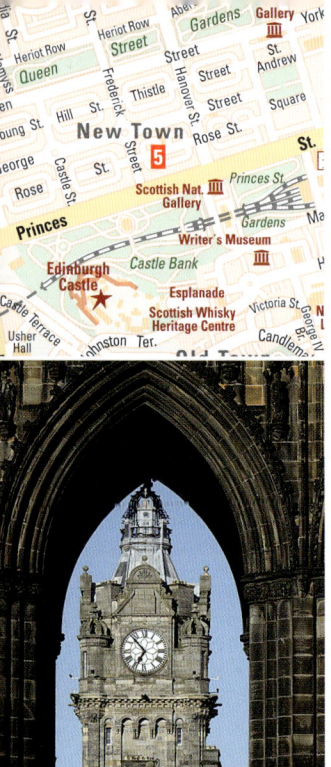

**New Town**

**5**

Scottish Nat. 🏛
Gallery

Princes

Writer's Museum

Edinburgh Castle Bank 🏛

Castle ★

Esplanade

Scottish Whisky
Heritage Centre

Usher Hall

Heriot Row Gardens Gallery York

Heriot Row Street

Queen Street St. Andrew

Frederick Hanover Street

Hill Thistle Street Square

young St. Rose St. St.

George Rose Castle St. Princes St.

Gardens

Victoria St.

Candlema

# 5 Edinburghs Neustadt
## Neu und doch alt

**Neu ist die New Town von Edinburgh im Vergleich zur Old Town zwar schon, dennoch hat sie bereits gut 250 Jahre auf dem Buckel und gehört gleichfalls zum UNESCO-Welterbe. Im klassizistischen Stil erbaut, unterscheidet sie sich massiv in Aussehen und Gestalt von der verwinkelten Anlage der südlich der Princes Street Gardens gelegenen Altstadt.**

Ausgeführt nach den Plänen von James Craig (1739–1795) bildet die New Town das kompletteste Ensemble georgianischer Architektur im Vereinigten Königreich. Zunächst entstanden mit einheitlichem Grundriss mehrgeschossige Bürgerhäuser zwischen den parallel verlaufenden Princes und Queen Street. In der Mitte die breit angelegte George Street, östlich und westlich begrenzt von Charlotte Square und St. Andrew Square. In diesem Bereich sind heute viele Restaurants, renommierte Pubs und exklusive Boutiquen und Geschäfte angesiedelt, außerdem Auktionshäuser oder Designerläden. Insbesondere die Rose Street pulsiert nachmittags und abends voller Leben auf Straßenterrassen und zum Sound von Livemusik.

## Ausgeklügelte Stadtplanung

Der Charakter der Wohnbebauung in der späteren Entstehungsphase der New Town veränderte sich nochmals. Fassadenfronten, Fenster und Türen stellen eine harmonische Einheit dar, mit Treppen und kleinen Vorgärten. Sie repräsentieren eine elegante Strenge und Noblesse, ganz dem Gusto der damaligen Bewohner entsprechend. Betuchte Kaufleute schlugen hier ihr Domizil auf, genossen

**Unten:** Zwei Edinburgher Wahrzeichen an der Princes Street: das Scott Monument und der Uhrenturm des Balmoral Hotels

# Edinburghs Neustadt

die Ruhe der durchdachten Anlagen in einer Mischung aus Parks, hübschen Plätzen und halbrunden Straßenführungen wie Moray Place oder Royal Circus. In der Dundas Street finden Antiquitätenfreunde ein reichhaltiges Angebot.

Das Balmoral Hotel an der Princes Street in Edinburgh ist eines der symbolträchtigsten Gebäude in der schottischen Hauptstadt. Weithin sichtbar ragt der markante Uhrenturm mit den großen Zifferblättern in den Himmel. Grundsätzlich geht diese Uhr, untypisch britisch, drei Minuten vor. Das hat einen sehr pragmatischen Grund: der betriebsame Bahnhof Waverley Station grenzt unmittelbar an das renommierte Hotel an, einstmals gab es sogar einen direkten Zugang, und damit Hotelgäste und Zugreisende ihren Anschluss keinesfalls verpassen, bedient man sich dieses kleinen, aber effektiven Kniffs. Die edle Whisky Bar im Haus »Scotch at the Balmoral« kredenzt mehr als 400 unterschiedliche landeseigene, teils sehr seltene Whiskysorten. Wer seinen Dram mit einem Tropfen Wasser verfeinern möchte, bekommt dies aus der jeweiligen Herkunftsregion des Whiskys.

Als im November 1956 die Ära der Straßenbahn nach 85 Jahren zu Ende ging, galt der Bus als das Transportmittel der Zukunft. Seit Mai 2014 rollen und klingeln wieder Edinburgh Trams durch die Hauptstadtstraßen und bevölkern gemeinsam mit Bussen und Taxis die geschäftige Princes Street. Von den 2001 geplanten drei Routen blieb jedoch wegen ausufernder Kosten nur die Verbindung zwischen Flughafen und York Place übrig. Den Schaufensterbummel an den Geschäften in der Toplage der Princes Street stören die Bahnen kaum. Der stilvollste Einkaufstempel ist das Kaufhaus Jenners mit einem unübersichtlichen Gewirr an Abteilungen und einem großen Atriumbereich unter viktorianischer Glaskuppel.

# Infos und Adressen

## SEHENSWÜRDIGKEITEN

**Scottish National Gallery of Modern Art.** Geöffnet tägl. 10–17 Uhr, Eintritt frei, 75 Belford Road, Edinburgh, EH4 3DR, Tel. 0131 624 62 00, www.nationalgalleries.org

## ESSEN UND TRINKEN

**Scotch Malt Whisky Society.** Das öffentliche Restaurant der renommierten Whisky Society kredenzt hervorragende Menüs im Stadthaus gegenüber der Queen Street Gardens. 28 Queen Street, Edinburgh EH2 1JX, Tel. 0131 220 20 44, www.smws.com

## ÜBERNACHTEN

**Balmoral Hotel.** Das symbolträchtige Haus mit dem markanten Uhrenturm in bester Lage verfügt über erstklassige Bars und Restaurants. 1 Princes Street, Edinburgh, EH2 2EQ, Tel. 0131 556 24 14, www.thebalmoralhotel.com

**The Glasshouse.** Hinter dem Portal einer alten Kirche verbirgt sich die Rezeption des stilvollen modernen Luxushotels unterhalb des Calton Hill. 2 Greenside Place, Edinburgh EH1 3AA, 0131 525 82 00, www.theglasshousehotel.co.uk

**Princes Street Suites.** Die stilvollen Apartments für Selbstversorger sind ein perfekter Ausgangspunkt für Sightseeing und Shopping. 16 Waterloo Place, Princes Street, Edinburgh EH1 3EG, Tel. 0131 558 16 00, www.princesstreetsuites.co.uk

## EINKAUFEN

**Jenners.** 48 Princes Street, Edinburgh, EH2 2HG, Tel. 0344 800 37 25, www.houseoffraser.co.uk

# 6 Green Edinburgh
## Die Parks der Hauptstadt

**Der Princes Street Garden zwischen Old Town und New Town ist üblicherweise die erste große Grünfläche, die der Hauptstadtbesucher bewusst wahrnimmt. Doch die Stadt besitzt darüber hinaus eine ganze Reihe hübscher und öffentlich zugänglicher Parkanlagen.**

Blumenbeete, Obstbäume, Parkbänke, National Galleries und Royal Scottish Academy sowie das größte Denkmal für einen Schriftsteller, das Scott Monument, prägen die Princes Street Gardens, die die Bahnzufahrt zur Waverley Station durchschneidet, dem einzigen, nach einem Buch benannten Bahnhof der Welt. Das Ehrenmal für Sir Walter Scott (1771–1832), er sitzt mit seinem Hund Maida in weißem Marmor im Schieferturm, stammt von 1844 und hat eine Aussichtsplattform.

Schon 1670 begannen Forscher mit der Sammlung von Pflanzen und legten den Grundstein der Royal Botanic Gardens. Knapp 200 Jahre später kam das Palmenhaus hinzu. Die riesige Anlage eignet sich zu jeder Jahreszeit für einen Tagesausflug. Diverse formale Themengärten, wallende Blütenteppiche und eine riesige Rhododendronsammlung gilt es zu entdecken. Nach historischem Vorbild entstand 2006 ein Garten zu Ehren von Queen Mum mit einem eigenen Gedenkraum.

**Mitte:** Das versteckte Dorf am Water of Leith: Dean Village
**Unten:** Auch für Romantik ist Platz in den Royal Botanic Gardens.

## Bärenstarke Pinguine

Im Edinburgh Zoo stehen natürlich die Tiere im Vordergrund. Noch größer als der botanische Garten, geht er auf das Jahr 1913 zurück. Ungekrönte Stars sind die beiden Pandabären, eine Leihgabe aus

Vom Calton Hill aus hat man einen tollen Blick über die Stadt.

China, die für Nachwuchs sorgen sollen. Schon von Anbeginn sind die Pinguine wegen ihrer täglichen Parade die Lieblinge der Edinburgher.

Der unvollendete Nachbau eines griechischen Tempels mit den aufragenden Säulen dominiert den zweiten Hausberg Calton Hill. 1807, 20 Jahre nach dem Bau des Nelson Monuments, errichtet, sollte er das Athen-Image Edinburghs unterstreichen. Er wurde jedoch nie vollendet. Den Genuss der schönen Aussicht gibt es gratis. In der Nacht zum 1. Mai finden hier die feuergeschwängerten Feiern des keltischen Beltane-Festes statt, das die fruchtbare Zeit des Jahres einleitet.

Ein mystischer Ausflug in das unbekannte Edinburgh ist der Weg entlang des Water of Leith von Stockbridge aus bachaufwärts zum idyllischen Dean Village. Den Wanderer umfängt eine Ruhe, die die Großstadt vergessen lässt. Vogelgezwitscher und stetes Plätschern des Baches schaffen eine zeitlose Atmosphäre. Bald erreicht man das historische Dörfchen mit den denkmalgeschützten Häusern. Einst sorgten hier Mühlen für die Versorgung der Bevölkerung. Der Well Court, das größte Bauwerk mit dem Uhrenturm, entstand 1886 als gutes Beispiel für industrielle Mietshausarchitektur.

## Infos und Adressen

### SEHENSWÜRDIGKEITEN

**Scott Monument.** Geöffnet tägl. April–Sept. 10–19, Okt.–März 10–16 Uhr, Eintritt frei, Princes Street Gardens, Edinburgh, EH2 2EJ, Tel. 0131 529 40 68, www.edinburghmuseums.org.uk

**Royal Botanic Garden.** Geöffnet tägl. Feb. und Okt. 10–17, Nov.–Jan. 10–16, Sept. 10–18 Uhr, Eintritt frei, 20A Inverleith Row, Edinburgh, EH3 5LR, Tel. 0131 552 71 71, www.rbge.org.uk

**Edinburgh Zoo.** Geöffnet tägl. April–Sept. 9–18, März/Okt. 9–17, Nov.–Feb. 9–16.30 Uhr, 134 Corstophine Road, Edinburgh, EH12 6TS, Tel. 0131 334 91 71, www.edinburghzoo.org.uk

**Dean Village.** Dean Path, Edinburgh, EH8 8BH, www.ewht.org.uk/dean-village

### VERANSTALTUNGEN

**Beltane.** Dramatische Prozession und rituelle Darbietungen auf dem Calton Hill in der Nacht vom 30. April zum 1. Mai, www.beltane.org

# 7 Edinburgh, Stadt der Festivals
## Fringe und mehr

**Edinburgh feiert gut, gerne und ausgelassen. Nicht umsonst sonnt sich die Stadt im Ruhm der inoffiziellen Festivalhauptstadt des Vereinigten Königreichs. Schon allein das Neujahrsfest, Edinburghs Hogmanay, lockt in guter Tradition zum Jahreswechsel Menschen aus aller Welt an. Konzerte auf verschiedenen Bühnen, Riesenrad und Weihnachtsmarkt verkürzen die Zeit bis zum großen Feuerwerk um Mitternacht.**

Ein himmlischer Feuerzauber bildet auch den spektakulären Abschluss des *Edinburgh Military Tattoos*, das seit 1950 jedes Jahr in den ersten drei Wochen des Augusts auf der Esplanade vor Edinburgh Castle stattfindet. Militärmusik in modernem Gewand, dazu Stunts, Tanz und viel Aktion unterhalten Jahr für Jahr eine wachsende Zuschauerzahl. Schon 1946 startete das erste *Internationale Festival des Dokumentarfilms* von Großbritannien, das im Jahr darauf zum Edinburgh International Festival aufgewertet wurde. Im Jahreslauf geht es nach den Silvesterfeierlichkeiten Ende März und Anfang April zunächst um populäre und allgemein verständliche Wissenschaft und Technik beim *International Science Festival*. Das *Tradfest* beschäftigt sich Ende April mit den alten traditionellen Kulturen und Gebräuchen in Musik, Tanz und dem im Land sehr beliebten Erzählen von Geschichten. *Imaginate* ist das internationale Festival für Kinder- und Jugendtheater Anfang Mai. Im Juni folgt mit dem *Edinburgh Film Festival* der Klassiker im Veranstaltungskalender. Mit der aktuellen schottischen Modeszene zwi-

**Mitte:** Dudelsäcke können zur Festivalzeit feurige Instrumente sein.
**Unten:** Kleinkunst auf höchstem Niveau: das Fringe Festival

# Edinburgh, Stadt der Festivals

schen Tweed und Tartan setzt sich dann das *International Fashion Festival* Mitte Juli auseinander.

## Bunt, turbulent, vielfältig

Im Sommer ist das Festivalangebot ebenso vielfältig wie wenig überschaubar. Über den gesamten August zieht sich das *Edinburgh Art Festival* und präsentiert unterschiedlichste Kunstströmungen in Galerien, Museen und auf öffentlichen Plätzen und Anlagen. Beinahe genauso lange und zeitgleich läuft der *Edinburgh Festival Fringe*, das vermutlich größte Kunstfestival der Welt. Straßentheater, Musiker, Komödianten und Tänzer verwandeln insbesondere die Royal Mile in eine schillernde, glamouröse, laute und aufregende internationale Schaubühne, die die Passanten bewusst mit in die Aktion einbezieht. Da glüht dann schon einmal der Dudelsack. Ebenfalls im August findet das renommierte *International Book Festival* statt.

Klassische Musik, Oper und Theater prägen das Programm des *International Festivals* seit bald 70 Jahren in den letzten Wochen des Augusts. Mehr als 120 Konzerte in den letzten beiden Wochen des Julis bietet das *International Jazz & Blues Festival*. Ende August feiert das *MELA Festival* über ein langes Wochenende die Kulturschätze Indiens und Südostasiens. Grusel vom Feinsten erleben die abendlichen Spaziergänger am letzten Oktobertag, wenn Gespenster und Horrorfiguren über die Royal Mile spuken und Schrecken zu verbreiten suchen. Halloween, keltisch *Samhuinn*, ist das herbstlich-heidnische Pendant zu *Beltane* und begeistert vor allen Dingen Kinder und junge Erwachsene. Schließlich beginnt Ende November die Weihnachtszeit mit diversen Märkten auch im deutschen Stil, mit stimmungsvoller Beleuchtung, Eislaufbahn und einstimmendem Feuerwerk.

## Infos und Adressen

### VERANSTALTUNGEN

**Hogmanay.** 30. Dez. – 1. Jan.,
www.edinburghshogmanay.org

**International Science Festival.**
Anfang April,
www.sciencefestival.co.uk

**Tradfest**. April,
www.scottishstorytellingcentre.co.uk

**Imaginate Festival of performing Arts.** Mai, www.imaginate.org.uk

**International Film Festival.** Juni,
www.edfilmfest.org.uk

**Jazz & Blues Festival.** Juli,
www.edinburghjazzfestival.com

**Art Festival.** August,
www.edinburghartfestival.com

**Royal Edinburgh Military Tattoo.**
August, www.edintattoo.co.uk

**Festival Fringe.** August,
www.edfringe.com

**International Festival.** August,
www.eif.co.uk

**Mela Festival.** August,
www.edinburgh-mela.co.uk

**International Book Festival.**
August, www.edbookfest.co.uk

**International Storytelling Festival.**
Oktober,
www.scottishstorytellingcentre.co.uk
www.edinburghfestivals.co.uk

**Samhuinn.** Umzug auf der Royal Mile in der Nacht vom 31. Oktober zum 1. November,
www.beltane.org/about-samhuinn/

# 8 Umgebung von Edinburgh
## Brücken und Dörfer

**Trotz der Fülle an Sehenswürdigkeiten im Zentrum Edinburghs lohnt der Blick in die Außenbezirke, die einige bedeutsame Kleinodien verbergen, aber auch demonstrativ zur Schau stellen. Insbesondere Leith und Queensferry sowie der Firth of Forth sind klangvolle Größen.**

Bis 1920 war Leith eine eigenständige Gemeinde und später Überseehafen der Hauptstadt, der im 19. und im frühem 20. Jahrhundert große Bedeutung hatte. Im historischen Zentrum stehen viele bemerkenswerte Gebäude aus georgianischer Zeit wie das Rathaus (1829), Custom House (1812), Leith Bank (1806) und das Trinity House inmitten des Einkaufszentrum an der Kirkgate. Lamb's House datiert zurück ins 16. Jahrhundert. Leith ist Stammsitz der »Scotch Malt Whisky Society«.

Als repräsentatives Transportmittel für den erlauchten Kreis der britischen Königsfamilie und für Staatsbesuche befuhr die Royal Yacht »Britannia« mehr als 40 Jahre die Weltmeere. Seit Ende 1997 liegt das elegante Schiff im historischen Hafen von Leith, knapp 15 Minuten von Edinburgh entfernt. Der Besucher wandelt durch die aristokratischen Räumlichkeiten an Bord und bestaunt den Privatbesitz und die jüngere Geschichte der Royals. Den Zugang zur »HMV Britannia« gewährt das Ocean Terminal.

## Der Firth of Forth

Als 1890 die Eisenbahnbrücke über den Firth of Forth ihrer Bestimmung übergeben wurde, setzte

**Mitte:** An Bord der Royal Yacht »Britannia« wandeln die Besucher auf historisch-königlichen Pfaden. **Unten:** Aristokratische Clubatmosphäre herrscht in den exklusiven Räumen der Scotch Malt Whisky Society.

Simple Querung des Firth of Forth und technischer Meilenstein schottischer Ingenieurbaukunst: die Forth Rail Bridge

die kühne Stahlkonstruktion neue Maßstäbe der
Ingenieurskunst. Mit 521 m Spannweite stellte das
signifikante Bauwerk einen Weltrekord auf und bildet noch heute die zuverlässige Transportverbindung in Richtung schottisches Hochland. Das längliche Konstrukt aus drei roten stählernen Ovalen
wurde Symbol britischer Tatkraft.

Die beiden netten Dörfer North und South Queensferry mussten noch bis 1964 Autoverkehr erdulden
und waren vornehmlich Durchgangsstation und
Fährhafen. Dabei wirkt das Kopfsteinpflaster der
engen Gassen und so manch windschiefe Fassade
wie eine historische Filmkulisse. Am zweiten Freitag
im August zieht traditionell der aufwendig kostü-
mierte Burry Man umher, der Wiedergeburt und
Fruchtbarkeit symbolisiert. Am Neujahrstag stürzen
sich Wagemutige beim Loony Dook in die eiskalten
Fluten des Forth zum erfrischenden Jahresanfang.

2014 feierte die Forth Road Bridge ihren 50. Geburtstag. Die damals längste freitragende Hängebrücke der Welt hat schon so gut wie ausgedient,
denn der zunehmende Verkehr auf der A90 verlangte nach einer Alternative, die im Mai 2017 als
gigantische Queensferry Crossing gleich nebenan
aus dem signifikanten Brückenduett ein Trio macht.

## Infos und Adressen

### SEHENSWÜRDIGKEITEN

**Royal Yacht Britannia.** Geöffnet:
tägl. April–Sept. 9.30-16.30, Okt.
9.30–16, Nov.–März 10–15.30 Uhr,
Ocean Terminal, Ocean Drive, Edinburgh, EH6 6JJ, Tel. 0131 555 55 66,
www.royalyachtbritannia.co.uk

### ESSEN UND TRINKEN

**Scotch Malt Whisky Society.** Der
mondäne Whiskyclub für Mitglieder
und deren Begleitung führt eine erlesene Auswahl an Single Cask Malt
Whiskys. The Vaults, 87 Giles Street,
Leith EH6 6BZ, Tel. 0131 554 34 51,
www.smws.co.uk

**The Wee Restaurant.** Kleines Spei-
selokal mit exquisiten lokalen Produkten und sehr guter Weinauswahl.
17 Main Street, North Queensferry,
Fife, KY11 1JG, Tel. 0138 361 62 63,
www.theweerestaurant.co.uk

### ÜBERNACHTEN

**Priory Lodge.** Vier-Sterne-Gästehaus
nahe der Uferpromenade. Ein Muss
ist das Porridge der Gastgeberin zum
Frühstück. 8 The Loan, South Queen-
ferry, EH30 9NS, Tel. 0131 331 43 45,
www.queensferry.com

# 9 City of Glasgow
## Kultur- und Arbeiterstadt

**Als die Stadt Glasgow mit dem Slogan »Glasgow – Scotland with Style« an die Öffentlichkeit ging und sie zuvor bereits als bevölkerungsreichste Metropole Schottlands zu Europas erster Kulturhauptstadt erkoren wurde (1990), konnte sie endlich einem breiten Publikum die wundersame Metamorphose vom grauen Aschenputtel zur strahlenden, weltoffenen Prinzessin präsentieren. Das überholte Image eines hässlichen Industriemolochs verschwand endgültig.**

Modern, kosmopolitisch und kulturell ist das Glasgow des 21. Jahrhunderts. Die äußerlichen Veränderungen haben die Glaswegians, die Bürger Glasgows, toleriert und mitgetragen, ohne dabei ihre offene Herzlichkeit und sprichwörtliche Gastfreundschaft aufzugeben. Das Übermaß an Klischees, das in der Hauptstadt überall lauert, reduziert Glasgow auf ein sehr angenehmes Niveau. Auf der Shopping-Meile der Buchanan Street, auf Sauchiehall Street und Argyle Street kann man kultiviert einkaufen – in Boutiquen, edlen Geschäften oder dem eleganten Princes Square. Das kulinarische Angebot lässt ebenfalls keine Wünsche offen.

## Reichtum durch Handel

Mit dem Bau der imposanten City Chambers mutierte der George Square, angelegt 1781, zum Herzen Glasgows. Den innerstädtischen Lieblingsplatz der Glaswegians zieren elf Säulen mit Bildnissen bekannter Schotten und von Queen Victoria zu Pferde. Regelmäßige wiederkehrende Umge-

**Unten:** Traditionelles Einkaufen im People's Palace

# City of Glasgow

staltungspläne für die Fläche finden meist keine Zustimmung der Bürger. Stilistisch lehnen sich die City Chambers an die italienische Renaissance an und sind ein gutes Beispiel für die optimistische Stimmung des viktorianischen Zeitalters. Queen Victoria selbst weihte das Gebäude 1888 ein, in dem nun das City Council seinen Sitz hat.

Die Merchant City erlebte ihre Blüte zu Beginn des 19. Jahrhunderts – Tabak- und Textilienhandel brachten Geld. Zahlreiche Gebäude überdauerten die Zeit. Markante Glockentürme flankieren die Trongate zwischen Glasgow Cross und Argyle Street: Tron Steeple, heute Standort des gleichnamigen Theaters, und Tolbooth Steeple von 1626, letzter Rest der ursprünglichen City Chambers.

Im 15. Jahrhundert bekamen die Glaswegians ihr Glasgow Green, die vermutlich älteste öffentliche Parkanlage im Königreich. Das weitläufige Gelände am Ufer des Clyde war schon von alters her Gemeindeland, und die Bürger der Stadt haben heute noch die Berechtigung, ihre Wäsche dort zum Trocknen aufzuhängen. Alljährlich im August messen sich hier die besten Dudelsackspieler bei ihren Weltmeisterschaften. Standbilder von James Watt und Lord Nelson zieren die Fläche; das mit Abstand eindrucksvollste ist jedoch der »Doulton Fountain«, der größte aus Terrakotta gefertigte Brunnen der Welt. Zwei architektonische Glanzlichter umrahmen die sprudelnde Fontäne: Gen Osten liegt die Templeton-Teppichfabrik (1889) mit ihrer einzigartigen Fassade im venezianischen Stil, die ihr den Spitznamen »Dogenpalast« einbrachte. Büros sind hinter den kunstvoll gemauerten Backsteinen versteckt, und die noch junge West-Brauerei hat hier ihren Ausschank. Gen Süden liegt People's Palace, der Palast für das Volk, eine ungewöhnliche viktorianische Kombination aus Wintergarten und volkstümlichem Museum.

# Infos und Adressen

### SEHENSWÜRDIGKEITEN
**City Chambers.** George Square, Glasgow City, G2 1DU, Tel. 0141 287 40 18, www.glasgow.gov.uk

**Glasgow Green. Greendykes Street, Saltmarket.** Glasgow, G1 5DB, Tel. 0141 276 06 80, www.glasgow.gov.uk

**People's Palace.** Glasgow Green, Glasgow, G40 1AT, Tel. 0141 271 29 51, www.glasgowlife.org.uk

### ESSEN UND TRINKEN
**West Brewery.** Schottische Currywurst und Spätzle im Brauereiausschank. Große Portionen, klasse Bier. Templeton Building, Glasgow Green, G40 1AW, Tel. 0141 550 01 35, www.westbeer.come

### ÜBERNACHTEN
**Blythswood Square.** Stilvoller Komfort jenseits der Shoppingmeilen. 11 Blythswood Square, Glasgow, G2 4AD, Tel. 0141 248 88 88, www.townhousecompany.com/blythswoodsquare

Doulton Fountain am Glasgow Green

# GLASGOW –
## die Szene-Stadt

Die internationale Folkszene gibt sich alljährlich ab Mitte Januar in Glasgow ein Stelldichein.

Als im Januar 1994 das erste Konzert der Band »Wolfstone« in der Royal Concert Hall begann, waren die Stadtväter Glasgows froh, dass es mit den CELTIC CONNECTIONS eine neue Festival-Veranstaltung in einer eher ereignislosen Zeit des Jahres gab. Der musikalische Lückenfüller erwies sich im Laufe der Zeit als genialer Glücksgriff, der längst dem Teenageralter entwachsen ist und eine beachtliche Reife erreicht hat.

Mehr als 300 Konzerte und immer neue Besucherrekorde verzeichnet das schöpferische Team um den künstlerischen Leiter Donald Shaw innerhalb von knapp drei Wochen. Der höchst kreative Nachwuchs in der schottischen Folkszene mit Namen wie Julie Fowlis, Eddi Reader oder Maggie MacInnes hat großen Anteil am Erfolg. Andererseits tragen Folklegenden wie Phil Cunningham, Aly Bain, Dougie MacLean oder die Band »Capercaillie« mit der begnadeten Stimme Karen Mathesons dazu bei. Am Festival sind alljährlich Gruppen aus aller Welt mit hervorragenden Musikern beteiligt (www.celticconnections.com).

## Musikalischer Schmelztiegel

Dieses internationale Musikfest war und ist die logische Konsequenz eines lange gewachsenen Trends, denn Glasgow ist ein lebendiger Schmelztiegel neuer Musikrichtungen. Schon seit mehr als einem halben Jahrhundert kommen aus der 2008 zur UNESCO-Musikstadt erkorenen Metropole in schöner Regelmäßigkeit Musiker und darstellende Künstler, deren großartige internationale Karrieren schon vorprogrammiert sind. Das gilt nicht nur für die mittlerweile sehr populäre und facettenreiche Folkmusik, sondern auch für Pop und Rock. Und die Gründe dafür bleiben rätselhaft: es mag die besondere Mischung sein aus ehemaligem düsterem Arbeitermoloch, aus positiver Lebenseinstellung und kosmopo-

litischer Weltoffenheit, aus keltischer Tradition, aus gelebtem Fernweh ehemals bedeutender Schiffbauindustrie und hartnäckiger Bodenständigkeit. Aber eigentlich ist das auch unwichtig, man lebt und genießt dieses Phänomen einfach.

## Flirrende Kulturszene

Nur wenige Orte auf der Welt vermitteln dem Reisenden das Gefühl, sich stetig inmitten einer flirrenden Kulturszene zu bewegen, einer lebendigen Musikbox. Die ersten Meriten verdient der talentierte Nachwuchs seit jeher dabei nämlich auf der Straße, der vermeintlich kritischsten und gnadenlosesten Bühne, die überhaupt vorstellbar ist. In regelmäßigen Abständen üben sich Piper, Schlagzeuger, Gitarristen, Sänger und Stand-up Comedians mit kleinen Shows, Gesangseinlagen und Vorträgen auf Sauchiehall und Buchanan Street, die an der Treppe hinauf zur Royal Concert Hall aufeinandertreffen. Aus dem akustischen, fast aufdringlich erscheinenden Gemenge unterschiedlichster musikalischer Stilrichtungen sind erstaunlich häufig hochwertige Qualitäten zu vernehmen. So verwundert es in keinster Weise, dass die Mitglieder aktueller Bands wie »Franz Ferdinand«, »Snow Patrol« oder »Primal Scream« und Solokünstler wie Paolo Nutini, Amy MacDonald oder auch Edwyn Collins gerade hier ihre ersten Pence verdienten.

# 10 Glasgows River Clyde
## Der Fluss und die Stadt

**Der Einfluss des River Clyde begleitet die soziale und ökonomische Entwicklung Glasgows schon seit vielen Jahrhunderten. Schiffe aus den Werften der Stadt dominierten die Seefahrt, die ihre Krönung mit dem Bau des Luxuskreuzfahrtschiffes QE II fand. Über den Clyde kamen Waren in die Stadt, über den Clyde brachen viele Schotten auf in eine ungewisse Zukunft – der Clyde ist der Schlüssel zur kosmopolitischen Weltoffenheit der Stadt.**

Die Atmosphäre in der Central Station ist die eines großen Bahnhofs. An den langen Bahnsteigen unter dem riesigen, gläsernen Dachgewölbe mag sich manch schicksalhafte Begegnung abgespielt haben. Von stilvoller edwardianischer Eleganz sind die ovalen, dunkel verkleideten Gebäude mit Ladenlokalen und Gastronomiebetrieben in der luftigen Wartehalle. Einen Teil davon macht die Bar des altehrwürdigen »Grand Central Hotels« aus, das selbst ausgesprochen glamouröse Geschichten zu erzählen weiß. Hierher sendete John Logie Baird 1927 die ersten Fernsehbilder von London aus, hier stiegen alle Hollywoodgrößen, alle Politiker der Nachkriegszeit ab.

Geht man vom imposanten Bahnhof Central Station, der sein heutiges Aussehen vor etwas mehr als 100 Jahren erhielt, über die Jamaica Street hinunter zum Fluss, fallen dort links und rechts einige Brückenquerungen unterschiedlicher Baustile auf. Einige sind nur für Fußgänger und Radfahrer gedacht, andere müssen den täglichen Straßenverkehr bewältigen und die größte den Bahnverkeht. Das bläulich-grau schimmernde

**Mitte:** Das Riverside Museum und der Schoner SV Glenlee.
**Unten:** Wie eine Kathedrale des Transportwesens wirkt die riesige Eingangshalle der Central Station.

## Glasgows River Clyde

Wasser fließt gen Westen. Auf beiden Ufern gibt es Promenadenwege. Der Blick schweift über modernste, ungewöhnliche Architektur, lediglich der denkmalgeschützte »Finnieston Crane« erinnert wie ein stählerner Riese an die glorreiche Industrievergangenheit. Am Anderston Quay starten die Fahrten der historischen Ausflugsdampfer PS Waverley und SS Balmoral.

## Neue Aufgaben

Hinter der filigranen Konstruktion der Straßenbrücke Clyde Arc liegt am nördlichen Ufer das Messegelände der Stadt (SECC) mit dem Clyde Auditorium von Norman Foster, das der Volksmund »Armadillo« nennt, da sein im Sonnenlicht gleißendes, panzerartiges Äußeres stark an ein Gürteltier erinnert. Dahinter das »Crown Plaza Hotel« und die brandneue Multifunktionshalle Hydro Arena. Gegenüber, verbunden durch die Millennium Bridge, haben die schottischen Fernsehsender ihre Studios, liegt das Ufo-artige Science Centre, das den Besuchern trockene Wissenschaft anschaulich erklärt. Der schlanke Glasgow Tower dahinter ist mit 128 Metern der höchste freistehende und rotierende Aussichtsturm in Schottland.

Etwas weiter den Clyde abwärts liegt der Großsegler SV Glenlee am Pointhouse Quay vor Anker und kontrastiert mit der gewagten Architektur und der zackigen Front des Riverside Museums, das seit 2011 der Standort der Sammlung des Glasgower Transportmuseums ist. Autos, Straßenbahnen, Lokomotiven, Pferdekutschen vermitteln einen perfekten Eindruck der Verkehrsgeschichte. Neben der Rekonstruktion einer historischen Gasse sind auch die ersten Fahrzeuge der U-Bahn zu sehen. Die SPT Subway ist die Drittälteste der Welt und fuhr auf ihrer kreisrunden Strecke erstmals im Jahr 1896, ein tolles Fahrerlebnis.

## Infos und Adressen

### SEHENSWÜRDIGKEITEN

**Glasgow Science Centre.** Geöffnet tägl. April–Sept. 10–17, Okt.–März Mi–Fr 10–15, Sa/So 10–17 Uhr, 50 Pacific Quay, Glasgow, G51 1EA, Tel. 0141 420 50 00, www.glasgowsciencecentre.org

**SECC Scottish Exhibition & Conference Centre.** Exhibition Way, Glasgow, G3 8YW, Tel. 0141 248 30 00, www.secc.co.uk

**Riverside Museum.** Geöffnet Mo, Di, Mi, Do, Sa 10–17, Fr/So 11–17 Uhr, 100 Pointhouse Place, Glasgow G3 8RS, Tel. 0141 287 27 20, www.glasgowmuseums.com

**SPT – Strathclyde Partnership for Transport.** 131 St Vincent Street, Glasgow G2 5JF, Tel. 0141 332 68 11, www.spt.co.uk

**David Livingstone Centre.** Blantyre, South Lanarkshire, G72 9BY, Tel. 01698 71 06 41, www.nat-trust-scot.de

### ÜBERNACHTEN

**Grand Central Hotel.** Die Atmosphäre des Hauses ist unvergleichlich. 99 Gordon Street, Glasgow City, G1 3SF, Tel. 0141 240 37 00, www.thegrandcentralhotel.co.uk

**Golden Jubilee Conference Hotel.** Direkt am Clyde. Beardmore Street, Clydebank, Glasgow G81 4SA, Tel. 0141 951 60 00, www.goldenjubileehotel.com

### EINKAUFEN

**Tunnock's.** Hersteller von Backwaren mit Kultstatus. 34 Old Mill Road, Uddingston, Glasgow G71 7HH, Tel. 01698 81 35 51, www.tunnock.co.uk

# 11 Glasgow und die Künste
## Mittelalter bis Gegenwart

**Moderne Kunst und die Förderung junger Künstler gehören zu den wichtigsten Kriterien auf Glasgows Weg in die Zukunft. Mäzenatentum und privaten Initiativen verdanken es die Glaswegians, dass immer wieder international bedeutende Ausstellungen in die Stadt kommen, dass zudem ein stetiger frischer Wind die Kunstszene belebt.**

Im Südwesten des Stadtzentrums bildet der Pollok Park eine der zahlreichen grünen Lungen Glasgows. Das historische Pollok House von 1752, Gründungsort des National Trust for Scotland 1931, war Sitz der Maxwell-Familie und verfügt nun über eine exzellente Sammlung spanischer Meister und einen sorgsam gepflegten Garten. Highlight des Parks, der neben zwei Golfplätzen frei laufende Hochlandrinder beherbergt, ist jedoch das Museum The Burrell Collection. 1983 eröffnet, präsentiert das nur zu diesem Zweck errichtete, lichtdurchflutete Gebäude die Kollektion des Reeders William Burrell (1861–1958), der seine fast 9000 Exponate umfassende Sammlung an Kunstschätzen aus aller Welt schon 1944 vermachte, mit der Auflage, sie für die Öffentlichkeit aufzubereiten. Bis 2020 erfährt das Museum eine umfassend Renovierung. Dabei werden die Ausstellungsflächen mehr als verdoppelt. In der Zwischenzeit gehen einige Objekte aus den Präsentationen auf Tournee und sind an verschiedenen Orten, so im Kelvingrove Museum, zu sehen.

Das stolze Reiterstandbild des Duke of Wellington bewacht das monumentale Portal zur Gallery of

**Unten:** Die absonderliche Kopfbedeckung des Dukes of Wellington vor der Gallery of Modern Art war zunächst nur als Scherz gedacht, genießt jedoch längst Kultstatus.

# Glasgow und die Künste

Modern Art. Auf dem Kopf trägt der Edelmann üblicherweise einen orangenen Verkehrskegel, der mittlerweile zum gewohnten Bild vor dem Palast von 1778 am Royal Exchange Square geworden ist. In der Kunst ist der Weg vom Ulk zum Kult bisweilen kurz. Auf mehreren Galerieebenen zeigt das GoMA wechselnde, oft provokante zeitgenössische Ausstellungen.

In der Mitchell Library, eine der umfangreichsten öffentlichen Bibliotheken der Welt, gegründet 1874, berichtet der Glasgow Room in der fünften Etage über die Stadtgeschichte. Die westliche Fassade des Gebäudes an der M8 war früher Teil des alten Konzerthauses St. Andrew's Hall, dessen Aufgaben nun die Royal Concert Hall übernommen hat.

# Kathedrale des Mittelalters

Gut zwei Kilometer nordöstlich von George Square ragt der Turm des größten gotischen Gebäudes Schottlands aus dem Häusermeer heraus. Glasgow Cathedral ist der einzige vollständig erhaltene mittelalterliche Sakralbau auf dem schottischen Festland. Diesen Umstand verdankt die Kathedrale dem Mut der Bürger Glasgows, den reformatorischen Bilderstürmern entschlossen Widerstand zu leisten. St. Mungo, der Bischof von Strathclyde, errichtete 543 eine hölzerne Kapelle an der Stelle, an der St. Ninian 200 Jahre zuvor eine christliche Begräbnisstätte angelegt hatte. Mungo nannte diesen Platz *Glas ghu* (»geliebter grüner Ort«). Das einfache Gotteshaus wurde 1136 durch einen Steinbau ersetzt und erhielt ein Jahrhundert später die Grundzüge seines heutigen Aussehens. Ein Unikum stellt das Reiterdenkmal Wilhelms von Oranien auf dem Cathedral Square dar: Der Schwanz des Pferdes ist mit einem Kugelgelenk ausgestattet und schwingt im Wind.

# Infos und Adressen

### SEHENSWÜRDIGKEITEN
**Pollok House.** Geöffnet tägl. 10–17 Uhr, 2060 Pollokshaws Road, Glasgow, G43 1AT, Tel. 0844 493 22 02, www.nts.org.uk

**Gallery of Modern Art.** Geöffnet Mo, Di, Mi, Sa 10–17, Do 10–20, Fr/So 11–17 Uhr, Eintritt frei, Royal Exchange Square, Glasgow, G1 3AH, Tel. 0141 287 30 50, www.glasgowlife.org.uk

**Mitchell Library.** Geöffnet Mo–Do 9–20, Fr/Sa 9–17 Uhr, North Street, Glasgow, G3 7DN, Tel. 0141 287 28 15, www.glasgowlife.org.uk

**Glasgow Cathedral.** Geöffnet April–Sept. Mo–Sa 9.30–17.30, So 13–17, Okt.–März Mo–Sa 9.30–16.30, So 13–16.30 Uhr, Eintritt frei, Führungen möglich, Castle Street, Glasgow, G4 0QZ, Tel. 0141 552 81 98, www.glasgowcathedral.org.uk

### ESSEN UND TRINKEN
**Rogano.** Das Innere des Edellokals entspricht dem Ambiente eines eleganten Kreuzfahrtschiffs der 1930er-Jahre. 11 Exchange Place, Glasgow, G1 3AN, Tel. 0141 248 40 55, www.roganoglasgow.com

# 12 Kelvingrove Art Gallery & Museum
## Das Museum der Stadt Glasgow

**Kunst für jedermann, Kunst für das Volk lautet das Credo und Ausstellungskonzept von Kelvingrove Art Gallery & Museum am Ufer des Flusses Kelvin. Der Eintritt in das Museum der Stadt Glasgow ist folgerichtig frei. Kelvingrove ist populäres Ausflugsziel nicht nur bei Touristen, auch die Glaswegians finden gern den Weg in ihr Museum. Sie genießen die besondere, offene und ungestelzte Atmosphäre.**

Den Kelvingrove Park, grüne Lunge im West End Glasgows am Rande der Innenstadt, überragt der gotische Turm der Universität. Herzstück der Grünanlage ist das Gebäude des städtischen Museums aus orangerotem Sandstein im Stil des Barock, das 1901 als Palast der Schönen Künste im Rahmen der vierten Glasgow International Exhibition eingeweiht wurde. Die Ausstellungsveranstaltungen sollten die Fähigkeiten der schottischen Wirtschaft und Kultur propagieren.

## Eine lebendige Mischung

Nach Betreten des Museums durch die schweren Flügeltüren eröffnet sich eine lichtdurchflutete, kathedralenartige Halle. Von der Decke hängen gewaltige Leuchter, gegenüber prangt eine mächtige Orgel. Täglich zu Mittag geht das Musikinstrument in Betrieb und bringt auch zeitgenössische Weisen zu Gehör. Jeden Freitag gibt es eine Führung mit dem Organisten James Hunter. Ost- und Westflügel beherbergen die Dauerausstellungen mit einer Auswahl bedeutender internationaler Werke renommierter Künstler von Botticelli bis

**Mitte:** In der Kunstsammlung des Museums hängen internationale Werke renommierter Künstler von Sandro Botticelli bis Vincent van Gogh, von Pablo Picasso bis Claude Monet.
**Unten:** Die ungewöhnlichen *Floating Heads* von Kelvingrove

Die »Spitfire« schwebt mitten in der Galerie.

van Gogh, von Picasso bis Monet. Einen Sonder-
platz nimmt das Bild von Salvador Dalí *Der Chris-
tus des Heiligen Johannes vom Kreuz* ein. Ein eigener Saal ist den Arbeiten der schottischen Künstlergruppe Glasgow Boys vorbehalten, die sich zur Zeit
des Impressionismus entwickelten und für eine
kleine britische Revolution in der Kunst sorgten.

Die ungewöhnliche Zusammenstellung an Exponaten verwundert hingegen: Da schwebt ein Spit-
fire-Flugzeug von 1944 über einer Menagerie aus-
gestopfter exotischer Wildtiere, allen voran Sir
Roger, ein Zirkuselefant, der seinen Lebensabend
im Zoo der Stadt verbringen sollte, jedoch einge-
schläfert werden musste. Sein präpariertes Eben-
bild gehört zu den Museumsstücken der allerers-
ten Stunde. Etwas jünger sind die 50 schweben-
den weißen Köpfe der Schottin Sophie Cave, jeder
mit einem anderen Gesichtsausdruck. Eine dezen-
te farbige, stetig wechselnde Beleuchtung erzeugt
zusätzliche Mystik. Die *Floating Heads* kontrastieren spannungsreich mit der historischen Bausub-
stanz. Die untere Ebene des Museums ist Wechselausstellungen vorbehalten, dazu gibt es eine sehr
einladende Cafeteria und einen gut sortierten
Museumsshop.

## Infos und Adressen

### SEHENSWÜRDIGKEITEN
**Kelvingrove Art Gallery & Museum.**
Mo–Do, Sa 10–17, Fr, So 11–17 Uhr,
tägl. zwei kostenlose Führungen: 11
und 14.30 Uhr; Argyle Street, Glasgow G3 8AG, Tel. 0141 276 95 00,
www.glasgowlife.org.uk/museums/
kelvingrove

### ESSEN UND TRINKEN
**BrewDog Glasgow.** Kultiger Pub der
extravaganten Bierbrauer im Schatten von Kelvingrove. Geöffnet Mo–Sa
12–24, So 12.30–24 Uhr, 1397 Argyle
Street, Glasgow G3 8AN,
Tel. 01413 34 71 75,
www.brewdog.com

### ÜBERNACHTEN
**Dreamhouse Luxury Apartments &
Suites.** Luxuriös ausgestattete Wohnungen im Glasgower West End.
13–15 Lynedoch Crescent, Glasgow
G3 6EQ, Tel. 0845 226 02 32,
www.dreamhouseapartments.com

# 13 Glasgows mondänes West End
## Lebendig und repräsentativ

**Das West End Glasgows offenbart eine illustre Mischung aus Boheme, kosmopolitischem Studentenleben und aristokratischer Noblesse. Viktorianische Architektur in beige und rot mit Erkern und kleinen Vorgärten dominiert den mondänen Stadtteil.**

Nach St. Andrews ist die Glasgow University die zweitälteste Hochschule des Landes. Sie wurde 1451 gegründet und bezog schließlich, nachdem die genutzten Gebäude an der Glasgow Cathedral nicht mehr ausreichten, im Jahr 1870 ihren heutigen Standort auf dem Gilmorehill am westlichen Ausläufer des Kelvingrove Parks. Der 61 m hohe Glockenturm im neugotischen Stil stellt eine Landmarke für das gesamte Stadtgebiet dar. Gewölbegänge auf dem zentralen Campus, runde Treppentürme, beeindruckende Säle und endlose Flure erinnern an Bilder aus den Harry-Potter-Filmen. Mehr als 20 000 Studenten lernen hier in den unterschiedlichsten Fakultäten fürs Leben. Das Hunterian Museum, das erste öffentliche Museum Schottlands (1807), befindet sich nahe der prunkvollen Great Hall, in welcher die Abschlussveranstaltungen für die Studenten stattfinden. In schöner Regelmäßigkeit küren die Studenten Personen der Zeitgeschichte zum Rektor. Zuletzt erhielt der Whistleblower Edward Snowdon diesen Posten für drei Jahre.

Direkt unterhalb der viktorianischen Reihenhäuser im Umfeld der Universität erstreckt sich die Ashton Lane. Auf ihr findet man eine urige Ansammlung von Pubs und Restaurants. Selbstver-

**Mitte:** Das moderne Fraser Building gehört zur traditionsreichen Glasgow University.
**Unten:** Das Eingangstor zur Universität mit Namen berühmter, ehemaliger Studenten.

# Glasgows mondänes West End

ständlich schallt ab dem späten Nachmittag Live-musik in die belebte Gasse.

## Studenten und Avantgarde

Die U-Bahn-Station Hillhead liegt an der Einkaufs-straße Byres Road, die über ein etwas bodenstän-digeres Angebot verfügt als das Zentrum um George Square und Buchanan Street. In den abge-henden Seitengassen verstecken sich skurrile Lä-den mit einem unüberschaubaren Sammelsurium an Schallplatten, Büchern und Dekorationsarti-keln, in denen manch ein Schnäppchen möglich ist, sofern man die nötige Ausdauer besitzt. Auch das beste Teehaus Glasgows »Tchai-Ovna« hat sei-nen exzentrischen Ausschank in der Nähe. Das Etablissement in der Otago Lane versprüht eine gewöhnungsbedürftige Atmosphäre, die zwischen verrauchter Studentenkneipe der 1960er-Jahre und lotterhafter WG mit kuriosem Mobiliar liegt.

Am Schnittpunkt von Byres Road und Great Wes-tern Road wurde aus der Kelvinside Parish Church das Veranstaltungszentrum Òran Mór. Der Begriff aus dem Gälischen bedeutet übersetzt »Melodie des Lebens« und dieser Name ist Programm, kaum ein Abend vergeht ohne große Gesellschaften und noch größere Party. Mittags gibt es für die Gäste das unterhaltsame »Lunchtime Theatre – A Play, A Pie & A Pint«. In Sichtweite der gut frequentier-ten Kirche ragt die Kuppel des Kibble Palace aus niederem Baumbestand heraus. Der Glaspalast entstand 1865 nach Plänen des Erfinders, Kons-trukteurs und Fotografen John Kibble (1815–1894), der außerdem ein schwimmendes Fahrrad ersann und 1858 die damals größte Kamera der Welt. 1871 gelangte der reizvolle Crystal Art Pa-lace and Royal Conservatory als Blickfang und Treibhaus für exotische Pflanzen in den hier lie-genden Botanischen Garten.

### SEHENSWÜRDIGKEITEN

**Glasgow University.** University Avenue, Glasgow, G12 8QQ, Tel. 0141 330 20 00, www.gla.ac.uk

**Òran Mór.** Byres Road, Glasgow, G12 8QX, Tel. 0141 357 62 00, www.oran-mor.co.uk

**Kibble Palace, Botanic Gardens.** 730 Great Western Road, Glasgow, G12 0UE, Tel. 0141 276 16 14, www.glasgowbotanicgardens.com

**West End Festival.** Bunter, lebens-lustiger Karneval mit internationaler Beteiligung auf der Byres Road jedes Jahr im Juni. www.westendfestival.co.uk

### ESSEN UND TRINKEN

**Tchai Ovna.** 42 Otago Lane, Glasgow City, G12 8PB, Tel. 0141 357 45 24, www.tchaiovna.com

**Ubiquitous Chip.** Mehrfach ausge-zeichnetes Lokal im betriebsamen Studentenviertel mit fantastischer Küche. 12 Ashton Lane, Glasgow, G12 8SJ, Tel. 0141 334 50 07, www.ubiquitouschip.co.uk

### ÜBERNACHTEN

**Hotel du Vin One Devonshire Gardens.** Ein elegantes Haus mit ausgezeichnetem Restaurant. 1 Devonshire Gardens, Glasgow, G12 0UX, Tel. 0141 378 03 85, www.hotelduvin.com

### EINKAUFEN

**Caledonia Books.** Kleines Antiqua-riat mit guter Auswahl. 483 Great Western Road, Kelvinbridge, Glas-gow, G12 8HL, Tel. 0141 334 96 63, www.caledoniabooks.co.uk

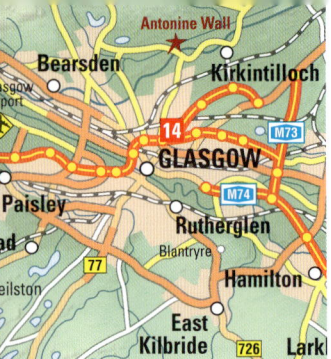

# 14 Charles Rennie Mackintosh
## Glasgow und der Jugendstil

**Glasgow als El Dorado des Jugendstils zu beschreiben wäre angesichts einer unübersichtlichen städtebaulichen Vielfalt übertrieben. Gleichwohl ist es die Heimatstadt des berühmtesten schottischen Architekten. Charles Rennie Mackintosh (1868–1928) begründete mit seiner Gestaltung nicht nur den Jugendstil Schottlands, sondern inspirierte Designer und Architekten weltweit.**

**Ⓐ Glasgow School of Art.** Die Kunsthochschule, die Mackintosh abends besuchte, während er tagsüber als Assistent in einem Architekturbüro arbeitete, war seine Ausbildungsstätte. Francis Newbery, Direktor der Hochschule, erkannte sehr schnell das gestalterische Talent seines Schützlings. 1897 gewann Mackintosh den Wettbewerb zum Neubau der School of Art. Das imposante Gebäude in der Renfrew Street, dort wo Glasgow an das kalifornische San Francisco erinnert, wurde letztlich 1909 fertiggestellt, und doch stellt es einen Meilenstein dar auf dem Weg der Architektur in die Moderne. Schon die auf den ersten Blick nüchtern wirkende Fassade entwickelt beim genaueren Hinsehen einen erstaunlichen Facettenreichtum, von den schmeichelnd-verspielten Formen des Zauns über die typischen Lampen und meterhohen Fenster bis hin zu den Wetterfahnen auf dem Dach. Im Inneren setzt sich dies auf beeindruckende Weise fort. Unterschiedlichste Gestaltungselemente tauchen überall auf, Schwarz und Weiß kontrastieren in den diversen Räumen und Ateliers. Bibliothek und gläserne Galerie Hen run nahmen leider bei einem Feuer im Mai 2014 erhebliche Schaden.

**Mitte:** Mackintoshs Wettbewerbsbeitrag für das Haus für einen Kunstfreund wurde erst 1996 im Bellahouston Park vollendet.
**Unten:** Fensterbild in der Glasgow School of Art

# Rundgang Mackintosh Trail

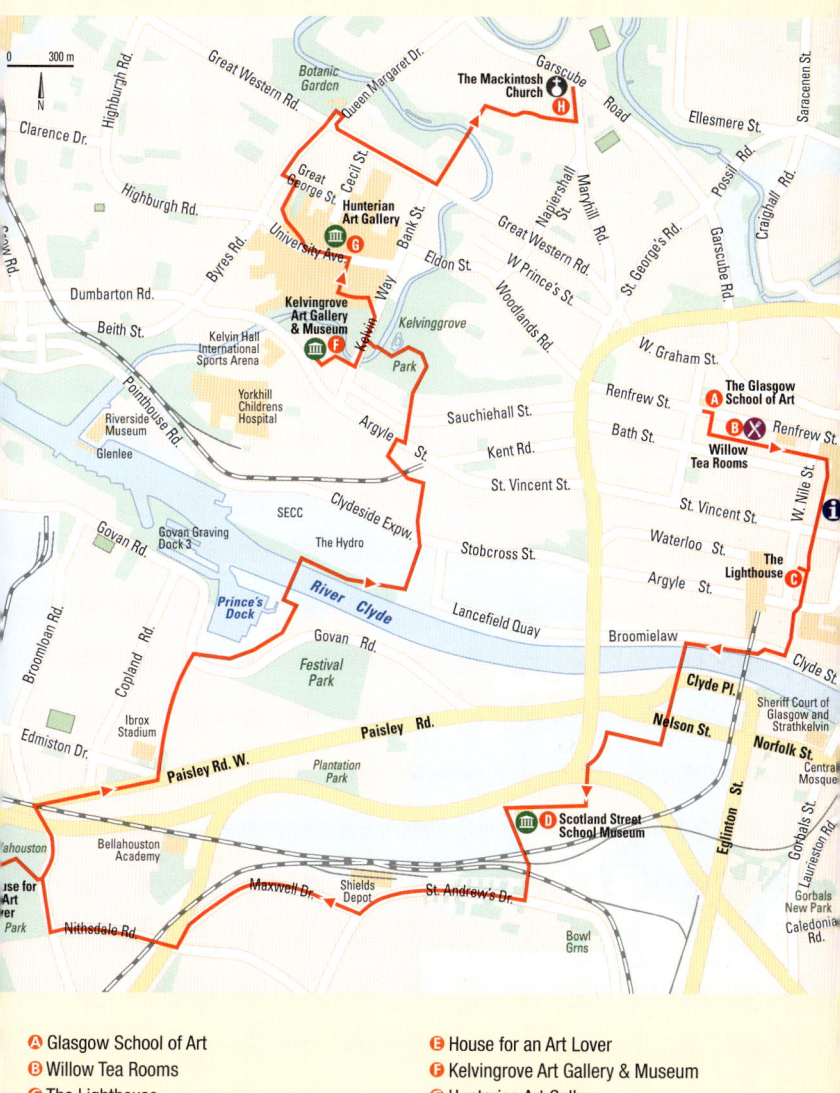

Ⓐ Glasgow School of Art
Ⓑ Willow Tea Rooms
Ⓒ The Lighthouse
Ⓓ Scotland Street School Museum
Ⓔ House for an Art Lover
Ⓕ Kelvingrove Art Gallery & Museum
Ⓖ Hunterian Art Gallery
Ⓗ Queens Cross Church

Ein Traum in Weiß – das Schlafzimmer im Hill House

## MACKINTOSHS GESAMTKUNSTWERK

Das Hill House in Helensburgh illustriert vollendet die Gestaltungswelt Mackintoshs und seiner Frau. Zwischen 1902 und 1904 als Wohnhaus erbaut, bilden das Äußere und das Innere des Gebäudes ein alle Sinne anregendes Gesamtkunstwerk. Bis auf den Punkt durchdacht sind der Korridor mit der Pendeluhr und den geschickt eingesetzten Lichtnuancen sowie die Gesellschaftsräume im Erdgeschoss. Die privaten Räume in der ersten Etage wirken ebenso sachlich wie gemütlich. Jede Einlegearbeit in den Schrankfronten, jeder Schnörkel des Schminktischs ist bedacht platziert. Hill House wird vom National Trust for Scotland verwaltet und besitzt ein mietbares Apartment.

**Hill House.**
März–Okt., tägl. 11.30–17 Uhr,
Upper Colquhoun St.,
Helensburgh G84 9AJ,
Tel. 01436 67 39 00,
www.nts.org.uk/Property/
The-Hill-House/About

*Nicht verpassen*

**Ⓑ Willow Tea Rooms.** Eines der ab 1902 im Auftrag der exzentrischen Grand Dame der Glasgower Gesellschaft, Kate Cranston, gestalteten Teehäuser ist noch erhalten, ein Weiteres besitzt Nachbildungen des White Dining Rooms und des Chinese Rooms. Mackintosh kreierte zunächst nur die Tapeten, aber schon beim zweiten Teehaus das komplette Interieur bis hin zu Serviette und Besteck. Dabei stand ihm seine Frau Margaret MacDonald mit ihrem künstlerischen Einfluss tatkräftig zur Seite. Atmosphäre und Genuss von Tee und Gebäck im Mackintosh-Ambiente sind schlicht einzigartig.

**Ⓒ The Lighthouse.** Im Zentrum für Architektur beschäftigt sich eine Etage nur mit den Arbeiten von CRM. Originale Stühle sind ebenso zu sehen wie Modelle von geplanten, leider nie umgesetzten öffentlichen Gebäuden für die Stadt Glasgow.

**Ⓓ Scotland Street School Museum.** Das einzige Schulhaus, das Mackintosh gestaltete, besitzt nur recht wenige typische Designfeatures, ist aber gleichwohl sehenswert.

**Ⓔ House for an Art Lover.** Den planerischen Entwurf für das Haus für einen Kunstfreund, das eine

# Charles Rennie Mackintosh

Architekturzeitschrift 1901 zum internationalen Wettbewerb ausgeschrieben hatte, reichte Mackintosh zu spät ein, bekam aber trotzdem einen Sonderpreis. Die tatsächliche Umsetzung des Gebäudes nach den durchdachten Vorlagen des Meisters erfolgte jedoch erst 1996.

🅵 **Kelvingrove Art Gallery & Museum.** Mackintosh-Design dominiert die Abteilung Glasgow Style.

🅶 **Hunterian Art Gallery.** Das Museum der Stadt Glasgow vis-a-vis der Universität im West End beherbergt den Nachbau der Wohnung von Charles und Margaret, die ursprünglich an der Southpark Avenue lag und von dem Künstlerehepaar zwischen 1906 und 1914 bewohnt wurde. Die Einrichtung und Gestaltung der Räume ist weitgehend authentisch. Im Museum selbst lohnt die Besichtigung der umfangreichen Gemäldesammlung mit Bildern von Rembrandt, Rubens, französischen Impressionisten sowie McNeill Whistler.

🅷 **Queens Cross Church.** Das 1899 fertiggestellte, trutzig wirkende Kirchengebäude der Free Church of St. Matthew aus rotem Backstein ist das einzige Gotteshaus und kreatives Frühwerk Mackintoshs. Bunte Fenster im typischen Design lockern das formale Gebäudeinnere auf.

Die Glasgow School of Art gilt als Hauptwerk Mackintoshs.

# Infos und Adressen

### SEHENSWÜRDIGKEITEN

**Glasgow School of Art.** Täglich Führungen, wegen Restaurierungsarbeiten jedoch nicht im Gebäude, 167 Renfrew St., Glasgow G3 6RQ, Tel. 0141 353 45 00, www.gsa.ac.uk

**Hunterian Art Gallery.** Di–Sa 10–17, So 11–16 Uhr, Eintritt frei, University Ave., Glasgow G12 8QQ, Tel. 0141 330 42 21

**Queens Cross Church.** Mo, Mi, Fr 10–17 (Nov.–März 10–16 Uhr), Eintritt frei Mi ab 13 Uhr. 870 Garscube Road, Glasgow G20 7EL, Tel. 0141 946 66 00 www.mackintoshchurch.com

**House for an Art Lover.** Bellahouston Park, 10 Dumbreck Road, Glasgow G41 5BW, Tel. 0141 353 47 70, www.houseforanartlover.co.uk

**The Lighthouse.** Mo–Sa 10.30–17, So 12–17 Uhr, 11 Mitchell Lane, Glasgow G1 3NU, Tel. 0141 276 5365, www.thelighthouse.co.uk

**Scotland Street School Museum.** Di, Mi, Do, Sa 10–17, Fr und So 11–17 Uhr, Eintritt frei, 225 Scotland Street, Glasgow G5 8QB, Tel. 0141 287 05 00

### ESSEN UND TRINKEN

**Willow Tea Rooms.** 97 Buchanan St., Glasgow G3 1HF, Mo–Sa 9–16.30, So und Feiertag 11–17 Uhr, Tel. 0141 204 52 42, www.willowtearooms.co.uk

**At Watt Brothers.** Mo–Sa 9.30–17, So 11.30–16.30 Uhr, 119-121 Sauchiehall Street, Glasgow G2 3EL, Tel. 0141 332 84 46

# 15 Aberdeen
## Europas Energiehauptstadt

**Aberdeen ist mit knapp 225 000 Einwohnern die nördlichste Großstadt Britanniens und die drittgrößte Stadt Schottlands. Der inoffizielle Titel der »Energiehauptstadt Europas« geht auf die enormen Öl- und Erdgasvorkommen vor Schottlands Küste zurück, die Aberdeen zu einem Zentrum der internationalen Energieindustrie gemacht haben. Zudem strebt Aberdeen eine Vorreiterrolle bei der Erschließung alternativer Energien an.**

Aberdeens wirtschaftliche Entwicklung ist wechselvoll. Fischerei, Schiffbau, Papierherstellung, Woll- und Textilverarbeitung, Granitgewinnung und Gießereien hatten eine lange Tradition. Zudem wurden im 19. Jahrhundert in Aberdeen einige der schnellsten Clipper gebaut, die je die Meere befuhren. Die letzte Werft schloss jedoch 1988. Ähnlich erging es dem Steinbruch von Rubislaw – ein Loch von ungeheurer Größe mitten im Stadtgebiet. Jahrhundertelang wurde hier der silbergraue »Aberdeen Granite« abgebaut, dem die Stadt ihren Beinamen »Granite City« verdankt und der auch beim Bau der Waterloo Bridge in London Verwendung fand.

## Hafenpanorama

Der Öl- und Erdgasboom setzte in den 1960er-Jahren ein. Die schnell wachsende Industrie schuf Arbeitsplätze und eröffnete dem ganzen Land enorme Einnahmen. Von den Investitionen profitierte die gesamte Region. Das Straßennetz wurde erweitert, neuer Wohnraum erschlossen und der Flughafen ausgebaut. Die Arbeitswelt der Off-

**Unten:** Der Leuchtturm der Torry Battery überwacht die Nigg Bay und die Bucht vor Aberdeen.

Der Hafen ist ein bedeutender Wirtschaftsfaktor Aberdeens.

shore-Industrie hat auch das Gesicht des Hafens verändert. Zwar gibt es noch einige Fischtrawler und Anlandungen, aber das Hauptgeschäft der Fischerei hat sich in den Norden nach Peterhead und Fraserburgh verlagert. Die Fangflotten von einst sind zum großen Teil hochtechnisierten Versorgungs- und Bohrschiffen gewichen. Immerhin werden Anlandungen noch frühmorgens in einer Lagerhalle am Fischdock umgeschlagen. Nicht weit vom Fischdock entfernt liegen die Fährschiffe der Linie »NorthLink Ferries«, die täglich zu den Orkney- und Shetland-Inseln fahren. Ebenfalls bei den Fischdocks starten an ausgewählten Terminen Hafenrundfahrten.

Tatsächlich gewinnt man von der Wasserseite den besten Eindruck vom Hafen, denn abgesehen vom North Pier an der Hafeneinfahrt gibt es kaum Zugangsmöglichkeiten. Den North Pier erreicht man vom Beach Boulevard aus, der als lang gestreckte Uferstraße die Dee-Mündung mit dem River Don im Norden Aberdeens verbindet. Von hier aus lassen sich die ein- und ausfahrenden Schiffe beobachten, man hält Ausschau nach spielenden Delfinen in der Mündung des Flusses oder kann der ehemaligen Fischersiedlung Footdee einen Besuch abstatten.

## Infos und Adressen

### INFORMATION
**Visit Aberdeenshire.**
www.visitabdn.com

### SEHENSWÜRDIGKEITEN
**Hafenrundfahrten Aberdeen.** Clyde Cruises, Victoria Harbour, Greenock, PA15 1HW, Tel. 0147 52 12 81, www.clydecruises.com

**Queens Links Leisure Park.** Spielautomaten, Riesenrad oder entspannter Strandspaziergang. Links Road, AB24 5EN, Tel. 0131 228 97 84, www.queenslinkaberdeen.co.uk

### ESSEN UND TRINKEN
**Café 52.** Rustikal im Merchant Quarter. 52 the Green, Aberdeen, AB11 6PE, Tel. 01224 59 00 94, www.cafe52.net

**Carmelite Hotel.** Stirling Street, Aberdeen, AB11 6JU, Tel. 01224 58 91 01, www.carmelitehotels.com

### UNTERKUNFT
**Marcliffe Hotel & Spa.** Elegantes Haus, North Deeside Road, Pitfodels, Aberdeen, AB15 9YA, Tel. 01224 86 10 00, www.marcliffe.com

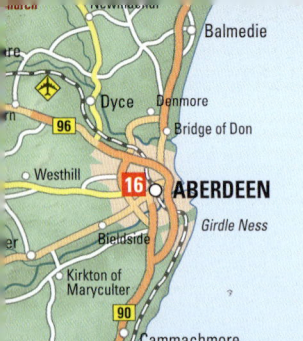

# 16 City of Aberdeen
## Grau und Grün

»Silver City« für die einen, für die anderen eine graue Stadt am Meer – die historischen Granitfassaden Aberdeens geben der Stadt eine Prägung, die von Besuchern durchaus unterschiedlich aufgenommen werden kann. Einheimische verweisen gerne auf die Glimmerpartikel im heimischen Gestein, die bei Sonne glitzernde Akzente setzen. Aber auch sonst haben Aberdonians Grund, auf ihre Stadt stolz zu sein.

Im Sommer sorgen unzählige Blumenbepflanzungen in Straßen, auf Plätzen und in Parks für Farbe im Stadtbild. Aberdeen war damit so erfolgreich, dass es den nationalen Wettbewerb »Britain in Bloom« ganze zehn Mal gewonnen hat. Das heutige Stadtgebiet von Aberdeen entwickelte sich im Laufe der Zeit aus zwei getrennten Orten mit eigenen Stadtrechten: Old Aberdeen am River Don und New Aberdeen mit seinen Fischern und Kaufleuten am River Dee. Das Stadtbild im Zentrum entstand durch umfangreiche städtebauliche Investitionen im 18. und 19. Jahrhundert. Der Rohstoff für die Granitbauten wurde im Steinbruch von Rubislaw im Westen der Stadt gewonnen. Im Westend findet man entlang der Queens Road schöne Beispiele für die elegante Wohnarchitektur dieser Epoche.

## Die Granitmeile

Als Durchgangsstraße wurde 1801 die Union Street angelegt. Die *Granite Mile* verbindet in schnurgerader Linie das Westend mit dem historischen Town House im Osten der City. Ein augenfälliges Beispiel für die grandiose Granitarchitektur der Union Street

**Mitte:** Reiterstandbild von Robert the Bruce vor dem Marishal College
**Unten:** Union Street und Castlegate

ist die Music Hall. Sie wurde 1820 erbaut und hat einen festen Platz im Kulturleben der Stadt.

Union Street war einst das geschäftliche Nervenzentrum Aberdeens und galt als eine der feinsten Einkaufsadressen des Landes. Mittlerweile sind viele Geschäfte in die Einkaufszentren abseits der Union Street gezogen. Trotzdem präsentiert sich die *Granite Mile* als lebendige Geschäftsstraße. Union Bridge, erbaut von 1801 bis 1805, verbindet zwei Stadtgebiete, die früher durch ein Flusstal getrennt waren. Der Park Union Terrace Gardens wurde in der Senke unterhalb der Brücke angelegt und 1879 eröffnet. Im Norden wird er vom Rosemount Viaduct (1896) begrenzt. Hier bilden die Stadtbibliothek (1892), die Kirche St. Marks (1892) und His Majesty's Theatre (1906) ein architektonisches Dreigestirn, für das protestantisch-puritanisch eingestellte Zeitgenossen den Spitznamen *Education-Salvation-Damnation* (»Bildung-Erlösung-Verdammung«) erfanden.

Union Street mündet in die Castle Street mit dem Town House. Es wurde zwischen 1868 und 1874 in flämischem Stil gebaut, eine Reminiszenz an die früheren Handelsverbindungen Aberdeens mit den Niederlanden. Castle Street geht über in Castle Gate, ein Platz mit gleich zwei Blickfängen: die getürmte Zitadelle der Heilsarmee und das kunstvoll gearbeitete Mercat Cross (Marktkreuz) von 1686. *Castle* bezieht sich auf eine Burg, die bis Anfang des 14. Jahrhunderts hier stand.

# Eindrucksvolle Universität

Marischal College an der Broad Street ist Aberdeens imposantester Granitbau. Die verzierte, neogotische Fassade stammt jedoch von 1905. Marischal College wurde bereits 1593 gegründet

*Geheimtipp*

## UNGEWÖHNLICHES HAFENDORF

Wohnidylle im Schatten mächtiger Hafenanlagen: Das ist das ehemalige Fischerdorf Footdee, von den Aberdonians liebevoll *Fittie* genannt. Es liegt direkt am alten Tower des Hafens. Streng im Karomuster angelegt, von einer *Seawall* geschützt vor stürmischer See, mit Grünflächen dazwischen, gibt es hier verspielte Kleingärten samt Gartenhäuschen im Reihenhausstil. Katzen schleichen schnurrend um die Ecken, Wäsche flattert lustig im Wind, Gartenzwerge grinsen herüber, eine kleine Kapelle bildet stolz den Mittelpunkt des untypischen Ensembles. In den Fenstern prangt maritimer Nippes aus Porzellan, leuchten bunte Blumensträuße. John Smith, der Architekt und Stadtplaner Aberdeens, begann um 1810 mit dem Bau von *Fitties*. Sein Sohn William baute später Balmoral Castle, den schottischen Sommersitz des britischen Königshauses.

Maritime Liebhabereien in Footdee

und 1860 mit King's College zusammengelegt. Seit 2009 ist das Gebäude Sitz der Stadtverwaltung. Gegenüber von Marischal College, im Schatten moderner Bauten, steht das älteste Wohnhaus Aberdeens. Provost Skene's House stammt aus dem 16. Jh. und gehörte einem Aberdeener Bürgermeister. Heute ist es Museum, in dem Wohnstile verschiedener Epochen gezeigt werden.

Ein paar Schritte von Provost Skene's House entfernt stößt man auf die St. Nicholas Kirk, die mittelalterliche »Mutterkirche« Aberdeens. Der dazugehörige Friedhof, umgeben von urbaner Hektik, wirkt mit seinen historischen Grabmälern und hohen Bäumen wie eine stille, entrückte Insel.

Das Maritime Museum beschäftigt sich mit der großen Historie der Seefahrt an der Nordostküste Schottlands und deren Bedeutung für die Wirtschaft und Gesellschaft Aberdeens. Im Zentrum des Gebäudes steht ein Modell einer Ölplattform, die selbst im kleinen Maßstab einen atemberaubenden Eindruck macht und all jene bewundern lässt, die an einem solch exponierten Ort auf offener See ihr Tagwerk verrichten.

**Oben:** Große Halle des Kunstmuseums Aberdeen Art Gallery
**Unten:** Modell einer Ölbohrinsel im Maritime Museum

# Infos und Adressen

### SEHENSWÜRDIGKEITEN

**Union Terrace Gardens.** Der feine viktorianische Park liegt inmitten des geschäftigen Herzens der Stadt. www.aberdeencity.gov.uk

**Duthie Park**. 1880 der Stadt gestiftet und 1883 eröffnet, dient er als entspannender Ruheort der Aberdonian und für Open-Air-Events. www.friendsofduthiepark.co.uk

**Victoria Park.** Die älteste Parkanlage von 1871 brilliert mit einem historischen Springbrunnen aus 14 verschiedenen Granitsorten. www.aberdeencity.gov.uk

**Hazlehead Park**. In einem der beiden großzügigen Rosengärten befindet sich ein Denkmal für die Opfer der Piper-Alpha-Katastrophe von 1988. www.friendsofhazlehead.co.uk

**Aberdeen Maritime Museum.** Geöffnet Di–Sa 10–17, So 12–15 Uhr, Eintritt frei, Shiprow, Aberdeen, AB11 5BY, Tel. 01224 33 77 00, www.aagm.co.uk

**Aberdeen Art Gallery.** Lichte Museumsarchitektur aus dem 19. Jh. mit Sammlungen verschiedener Epochen und Wechselausstellungen. Geöffnet Di–Sa 10–17, So 13–16 Uhr, Eintritt frei, Schoolhill, Aberdeen, AB10 1FQ, Tel. 01224 52 37 00, www.aagm.co.uk

Pub in ehemaligem Kirchengebäude am Schoolhill

**Provost Skene's House.** Geöffnet Di–Sa 10–17, So 12–15 Uhr, Eintritt frei, Guestrow, Aberdeen, AB10 1AS, Tel. 01224 64 10 86, www.aagm.co.uk

**Satrosphere.** Die familienfreundliche, interaktive Erlebniswelt gibt spielerischen Einblick in Naturwissenschaften. Geöffnet tägl. 10–17 Uhr, The Tramsheds, 179 Constitution Street, Aberdeen, AB24 5TU, Tel. 01224 64 03 40, www.satrosphere.net

**His Majesty's Theater.** Rosemound Viaduct, Aberdeen, AB25 1GL, Tel. 01224 64 11 22, www.aberdeenperformingarts.com

### ESSEN UND TRINKEN

**Silver Darling.** Man genießt die Spezialität Meeresfrüchte im gläsernen Gastraum in der ersten Etage mit Aussicht auf Hafenausfahrt und Meer. Pocra Quay, North Pier, Aberdeen, AB11 5DQ, Tel. 01224 57 62 29, www.thesilverdarling.co.uk

His Majesty's Theatre an den Union Terrace Gardens

# EIN WOCHENENDE IN ABERDEEN

## 1. TAG

### 15:00 ERSTE EINDRÜCKE

Nach der Ankunft am Flughafen geht es nach kurzer Fahrt mit dem Taxi zum »Ardoe House Hotel« westlich der Stadt und danach an das nördlich des Stadtzentrums gelegene Delta des River Don, der nach eleganten Schwüngen in den Atlantik mündet. Der Blick übers Meer verrät die maritime Betriebsamkeit Aberdeens.

### 15:45 STRANDSPAZIERGANG

Ein langer Sandstrand öffnet sich hier gen Süden. Am Ende ragt der Navigationsturm des Hafens in den Himmel, während sanft die Brandung heranrauscht und der feine Sand unter den Schuhen knirscht. Näher am Stadtzentrum wird es betriebsamer: Beachvolleyball und Tennis gleich an der Strandpromenade, Kinder wagen gar das Bad im Meer, Eltern genießen das selbige in der Sonne. Darüber hinaus locken verschiedene Vergnügungsangebote unterm Riesenrad zum Zeitvertreib.

### 17:00 UNIKUM AM HAFEN

Das Dörfchen Footdee liegt unterhalb des Hafen-Towers. Es ist eine verspielte Freizeitidylle für allerlei Lebenskünstler im Schatten mächtiger Hafenanlagen. Schachbrettartig angelegt und so geschützt vor Wind und Wetter, lockern Wiesen und urige, liebevoll gestaltete Gärten das sehr markante Gebäudeensemble auf. Es wirkt wie eine traditionsreiche historische, aber sehr lebendige Ferienanlage.

### 18:30 DINNER MIT AUSSICHT

Das mehrfach ausgezeichnete und für das Angebot an Meeresfrüchten weithin gerühmte Restaurant »Silver Darling« bildet das kulinarische Glanzlicht Footdees. Komplett verglast, bietet der Gastraum in der oberen Etage beste Aussichten auf die Hafenausfahrt und das Meer bei einem gepflegten Drei-Gänge-Menü.

## 2. TAG

### 09:00 IMPOSANTE ARCHITEKTUR

Nach dem opulenten schottischen Frühstück führt der Weg ins Zentrum der Stadt. Am Tollcross Square ragt eine antike Säule in die Höhe, auf deren Spitze ein weißes schottisches Einhorn thront. Imposant auch die Türme des Townhouse und des Marischal College, vor dem Robert the Bruce, schottischer König und Volksheld, samt Pferd Wache schiebt.

### 10:30 KUNSTWEGE

Einen Abstecher lohnt die Aberdeen Art Gallery, ein Kunstmuseum mit ausgezeichneter Gemälde-sammlung schottischer Maler aus früheren Zeiten über die Periode der renommierten Glasgow Boys bis zu Jack Vettriano, umstrittenen Vertreter zeitge-nössischer Malerei in Schottland.

### 12:00 MITTELALTERLICHE KEIMZELLE

Die kleinen Parkanlage Union Terrace Gardens liegt gegenüber His Majesty´s Theatre und kontrastiert reizvoll mit der georgianischen Ar-chitektur. Sie ist zudem eine Verbindung in die his-torische Unterstadt Merchant Quarter. Dieser histo-rische Stadtteil mit seinen Kopfsteinpflastergassen, The Green, besitzt eine ganz eigentümliche Atmo-sphäre. Im »Café 52« gibt es kleine Lunchgerichte zu zivilen Preisen.

### 13:30 DER HAFEN IM MUSEUM

In der Ship Row beleuchtet das Maritime Mu-seum die große Seefahrtsgeschichte und deren wirtschaftliche und gesellschaftliche Bedeutung für Stadt und Region. Das atemberaubende Modell einer Ölplattform in der Mitte des Gebäudes wirkt selbst im Kleinen noch riesig.

### 15:30 NACHMITTAGSVERGNÜGEN

Der traditionelle Afternoon Tea bekommt im »Carmelite Hotel« am The Green eine völlig neue Bedeutung mit einer Mischung aus verspiel-ter Exzentrik und britischem Humor. Mad Hatters Tea Party nennt sich diese tägliche Veranstaltung.

### 16:30 AUF SHOPPING-TOUR

Zwischen der »Granitmeile« Union Street, Union Terrace, Schoolhill und Upper Kirkgate befinden sich zahlreiche Geschäfte bedeutender Modeketten, Computer- und Medienshops sowie bekannte Kaufhäuser. In der Buchhandlung »Waterstones« lohnt ein Blick in die Abteilung Regionales, die so manch interessanten Schatz aus der Stadtgeschichte birgt. Gleich fünf moderne Einkaufsgalerien buhlen verschwenderisch um Schaulustige.

### 20:30 WHISKY AN DER BAR

Zurück im Hotel, das wie ein kleines Schloss auf einer Anhöhe liegt, wartet ein stilvolles Menü aus traditionellen Gerichten mit modernen Einflüssen. An der »Laird´s Bar« im Haus sollte man in gemütlicher Atmosphäre die Wahl zwischen einem Whisky aus der Region (Fettercairn oder aber Glen Garioch) treffen.

## 3. TAG

### 08:30 BESTER ÜBERBLICK

Ein erfrischendes Wellnessbad vor dem Frühstück im Hotel läutet den Abreisetag ein. Ziel sind heute die alte Festungsanlage Torry Battery und der Leuchtturm südlich von Hafen und Dee Delta. Von hier aus hat man eine tolle Aussicht über die Hafenanlagen auf die Skyline der Stadt, auf Fittie und die endlose Strandpromenade.

### 10:00 DIE ALTSTADT

Aberdeen Old Town beherrscht das Kings College, die drittälteste Universität Schottlands. Signifikant die offene Kronenkuppel der Kirche auf dem geschichtsträchtigen Campus. Die High Street flankieren historische Gebäude aus dunklem Sandstein. Sie bilden einen Kontrast zum modernen Gebäude der Sir Duncan Rice Bibliothek. In der ehrwürdigen St. Machars Kathedrale beeindruckt die hölzerne Kassettendecke. Durch den Seaton Park geht es nach Brig o`Balgownie, der ältesten mittelalterlichen Brücke Schottlands.

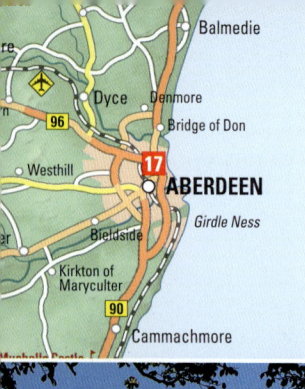

# 17 Old Aberdeen
## Ort der Geschichte

**Zwischen dem nördlichen Stadtzentrum Aberdeens und dem River Don liegt das historische Old Aberdeen. Seit der Gründung des King's College vor über 500 Jahren ist Old Aberdeen durch universitäres Leben geprägt. Die historischen College-Gebäude, die mittelalterliche St. Machar's Cathedral und das alte Wohnviertel mit seinen stillen Winkeln und versteckten Gärten geben diesem Stadtteil ein ganz eigenes Flair.**

**Mitte:** Kuppel des Kirchturms am King's College in Old Aberdeen
**Unten:** Buntglasfenster in der St. Machar's Kathedrale

Ursprünglich war Old Aberdeen eine selbstständige Kommune. Erst 1891 wurde Old Aberdeen eingemeindet. Im Laufe der Zeit verwischten die Stadtgrenzen, und Neubaugebiete rückten in die unmittelbare Nachbarschaft vor. Trotz der Expansion des Stadtgebiets hat Old Aberdeen seinen Ortscharakter bewahrt, was mit seiner universitären Tradition zusammenhängen mag. King's College wurde 1495 auf Initiative von William Elphinstone, Bischof von Aberdeen, gegründet. Im Namen des Königs bat er den Papst um die Errichtung einer Universität. King's College war damit die dritte Hochschule, die in Schottland entstand. Im Verlauf des 19. Jahrhunderts wurde King's College mit Marischal College zusammengelegt, Old Aberdeen blieb aber der zentrale Campus.

Das historische College-Gebäude und die angrenzende King's College Chapel mit ihrer unverkennbaren Sandsteinkrone sind das Herzstück Old Aberdeens. Die Kapelle wurde 1509 geweiht. Davor steht ein imposanter Bronzesarkophag mit einer Darstellung Bischof Elphinstones. Das Werk aus dem frühen 20. Jahrhundert verdankt seine

# Old Aberdeen

Position dem Umstand, dass es schlicht zu groß geraten ist, um in der Kapelle Platz zu finden. Die Häuser entlang der kopfsteingepflasterten High Street und um St. Machar's Cathedral stammen größtenteils aus dem 18. und 19. Jahrhundert. Sie beherbergen Wohnungen und einige kleine Geschäfte, deren Hauptkundschaft aus Studenten und Universitätsmitarbeitern besteht. Im ehemaligen Rathaus von Old Aberdeen befindet sich ein Museum. In dem kleinen Viertel an der Kathedrale, auch *The Chanonry* genannt, liegen die Cruickshank Botanic Gardens. Sie wurden 1898 der Universität gestiftet. Der Garten entspricht weitgehend der ursprünglichen Anlage und bietet naturnahe Informationen über die Pflanzenwelt.

Der Legende nach trägt St. Machar's Cathedral den Namen eines Anhängers St. Columbans. Im Auftrag des Heiligen sollte er dort eine Kirche bauen, wo sich der Lauf des River Don wie ein Bischofsstab krümmt. Tatsächlich existierte eine christliche Kirche im Bereich Old Aberdeens bereits im 6. Jahrhundert. Zur Kathedrale wurde St. Machar's im 12. Jahrhundert. Das heutige Erscheinungsbild der Kirche ist das Ergebnis von Bau- und Restaurierungsarbeiten im Laufe der Jahrhunderte. So wurde die Ostfassade mit ihren hohen Glasfenstern erst 1953 vollendet. Ein besonders eindrucksvolles bauliches Merkmal ist die Holzdecke aus dem 16. Jahrhundert, die mit 48 Wappen geschmückt ist.

Von St. Machar's Cathedral aus erreicht man Seaton Park, angelegt in den 40er-Jahren des 20. Jahrhunderts. Im Norden reicht er bis an den River Don und den Stadtteil Balgownie. Bemerkenswert ist die Brig o' Balgownie, eine hohe Steinbrücke mit gotischem Spitzbogen aus dem 14. Jahrhundert.

# Infos und Adressen

## SEHENSWÜRDIGKEITEN

**King's College.** Aberdeen, AB24 3FX, Tel. 01224 27 20 00, www.abdn.ac.uk/about/campus/kings-58.php

**King's Museum.** Geöffnet Mo–Fr 10–16, Sa 11–16 Uhr, Eintritt frei, Old Aberdeen Town House, High Street, Aberdeen, AB24 3EN, Tel. 01224 27 43 30, www.abdn.ac.uk/museums/exhibitions/kings-museum.php

**Cruickshank Botanic Gardens.** Geöffnet April–Sept. tägl. 9–19, Okt.–März 9–16.30 Uhr, geschlossen 24.12.–5.1., St. Machar Drive, Aberdeen, AB24 3UU, www.abdn.ac.uk/botanic-garden

**St. Machar's Cathedral.** Geöffnet tägl. April–Okt. 9.30–16.30, Nov.–März 10–16 Uhr, Eintritt frei, The Chanonry, Aberdeen, AB24 1RQ, Tel. 01224 48 59 88, www.stmachar.com

**Seaton Park, Don Street, Bridge of Don.** Aberdeen, AB24 1RQ, Tel. 01224 27 40 39, www.seatonpark.oldaberdeen.org.uk

## ESSEN UND TRINKEN

**The Machar.** Studentenkneipe im Herzen von Old Aberdeen. Geöffnet Mo–Sa 11–23, So 12.30–18 Uhr, 88 High Street, Old Aberdeen AB11 6GB, Tel. 01224 48 30 79, www.adamsfamilypubs.com

## ÜBERNACHTEN

**The Jays.** Das Viersterne-B&B erhält seit Jahren höchste Auszeichnungen. 422 King Street, Aberdeen, AB24 3BR, Tel. 01224 63 82 95, www.jaysguesthouse.co.uk

# SCHOTTLANDS SÜDEN

# 18 Die Borders im Südosten
## Burgen, Abteien, Dörfer...

Die »Scottish Borders« liegen südlich von Edinburgh, grenzen im Norden an East- und Midlothian, im Westen an Dumfries and Galloway und werden im Süden durch Northumberland von England getrennt. Die Region Borders war ursprünglich in vier Verwaltungsbezirke geteilt (Roxburgh-shire, Peeblesshire, Selkirkshire und Berwickshire) und wurde 1975 unter dem heutigen Namen zusammengefasst, der Name wurde offiziell erst 1995 geändert.

Die Borders bilden einen von 32 Council Areas mit Verwaltungssitz in Newtown St. Boswells. Auf einer Fläche von rund 4700 km² leben annähernd 114 000 Einwohner – hauptsächlich in den größeren Ortschaften wie Jedburgh, Hawick, Kelso, Duns, Selkirk und Galashiels. Von Westen nach Osten verläuft der River Tweed mit seinen zahlreichen Nebenflüssen bis nach Berwick-upon-Tweed, wo er in die Nordsee mündet und auf den letzten Metern eine natürliche Grenze zu England bildet. Die gesamte Region ist geprägt durch saftiges Hügelland mit land- und forstwirtschaftlichen Nutzflächen, wobei das Küstengebiet im Osten eher flach ist und annehmbare Tauchreviere bietet.

Touristen ignorieren die Region leider oft, obwohl diese schöne Landschaft mit den gefälligen Hügelketten sehr wichtig für die Geschichte Schottlands war. Zahlreiche Klosterruinen, historische Gebäude und malerische Dörfer unterstreichen dies. Neuerdings beginnt man wieder Bahnstrecken zu reaktivierten, die ursprünglich noch aus viktorianischer Zeit stammen, nach dem Zweiten

**Seite 82/83:** Steilküste am Mull of Galloway am Südwestzipfel Schottlands
**Mitte:** Die imposante Ruine der Abtei von Jedburgh
**Unten:** Flieger im Luftfahrtmuseum von East Kilbride

# Die Borders im Südosten

*Einfach gut!*

Weltkrieg aber stillgelegt wurden. Sie sorgen für bessere Verkehrsanbindungen.

## Die Klöster des Königs

Jedburgh, die größte Ansiedlung zwischen Edinburgh und Newcastle, war früher *Royal burgh*, eine Stadt mit königlichem Status. Am Ufer des Jed Water thront die Ruine von Jedburgh Abbey, eine der vier bedeutenden Abteien der Borders. Wie auch Melrose Abbey wurde das Kloster im 12. Jahrhundert auf Befehl von König David I. errichtet und durch den Zuzug französischer Mönche gegründet. Die Glaubensbrüder führten ein zurückgezogenes Leben hinter diesen Mauern, hielten aber auch bei den zugehörigen Gemeinden Gottesdienste ab. Die Nähe zu England führte bald zu Problemen, denn bei Konflikten zwischen den zwei Ländern war die Abtei immer wieder Ziel von Angriffen und Plünderungen.

Robert the Bruce war am Wiederaufbau beteiligt, doch schon 1329 kamen die Engländer erneut in den Besitz der Abtei. Die schottische Reformation 1560 besiegelte letztlich das endgültige Ende der Ära von Jedburgh Abbey als Mönchskloster. Der Klosterbau demonstrierte eindrucksvoll die Macht des Königs und hat bis heute, nach mehr als 900 Jahren, trotz seiner Unvollständigkeit wenig an Schönheit und kraftvoller Ausstrahlung eingebüßt. Alle charakteristischen Stilelemente aus der romanischen Architektur, wie das Querschiff und der Chor, aber auch die gotischen Einflüsse an der Westseite sind noch gut erkennbar. Der Jedburgh Comb aus Marmor, Teile eines Schreins aus dem 8. Jahrhundert, und weitere Ausgrabungsstücke zeigen die Ausstellungen im Besucherzentrum. Auch die ursprüngliche Festung Davids I., Jedburgh Castle aus dem 12. Jahrhundert, musste 1174 an die Engländer abgetreten werden. Etliche Raubzüge

## SCHOTTISCHE TRADITION

Noch immer befindet sich Abbotsford im Zustand, in dem es war, als Sir Walter Scott darin wohnte. Die Queen höchstpersönlich übernahm die feierliche Wiedereröffnung am 3. Juli 2013.

180 Jahre zuvor, unmittelbar nach Scotts Ableben, wurde es erstmals für die Öffentlichkeit zugänglich gemacht. Allein gut 7000, teils uralte Bücher sind in der Bibliothek und an Scotts Arbeitsplatz zu sehen, zudem Dokumente seiner Sammelleidenschaft, die auch die Sagenwelt, die Mystik von Hexen und Zauberern einschließt. Scott sorgte mit seinen Romanen für das oft verklärte Bild Schottlands in der Welt. Angrenzend an das Haupthaus liegt mit dem Hope Scott Wing eine elegante Selbstversorger-Unterkunft für Gruppen bis zu 16 Personen.

www.scottsabbotsford.co.uk

*Nicht verpassen*

und Kämpfe führten zu einem ständigen Wechsel der Besitzer, bis die Schotten die Burg 1409 schließlich zerstörten, um sie vor englischen Händen zu bewahren. 1823 funktionierte der schottische Architekt Archibald Elliot (1760–1823) die Burganlage in ein Gefängnis um, aus der mittlerweile ein interaktives Museum entstand, das Einblicke in das Leben eines Gefangenen Anfang des 19. Jahrhunderts gibt.

Dryburgh Abbey liegt abgelegen und idyllisch an den Ufern des Flusses Tweed. Chorherren des Prämonstratenser-Ordens gründeten sie 1150 auf den Ländereien von Hugh de Moreville, dessen Söhne den heiligen Thomas Becket ermordeten. 1322 von den Engländern erstmals angezündet, baute Robert the Bruce sie wieder auf. Das endgültige Ende kam 1544 während der Reformation. David Erskine (1742–1829), 11. Earl of Buchan, erwarb die Ruinen und legte einen großen Garten an. Er selbst und sein enger Freund Sir Walter Scott (1771–1832) sind auf dem Friedhof bei der Abtei beigesetzt. Kirche, Kreuzgang und Querschiff sind

## GUT ZU WISSEN

### ROSSLYN CHAPEL

Mit Dan Browns Erfolgsroman *The Da Vinci Code*, der deutschsprachig unter dem Titel *Sakrileg* erschien und ähnlich bedeutsam in den Kinos lief, erlangte die kleine Kirche aus dem 15. Jahrhundert südlich von Edinburgh über Nacht Weltruhm. Über all dem Rummel zu geheimnisvollen Bedeutungen und Zusammenhänge mit Freimaurern und Tempelrittern droht unterzugehen, dass die reich verzierten Sandsteinsäulen Meisterwerke der Steinmetzkunst sind, die, obwohl die figurativen und inspirierenden Darstellungen durchaus reichlich Spielraum lassen für Fantasie und mystische Interpretationen, einfach in Ruhe genossen werden wollen.

# Die Borders im Südosten

in großen Teilen erhalten und wunderbare Zeugnisse gotischer Architektur.

In einer kleinen Schatulle aus Blei fand man bei der Restaurierung der Ruinen von Melrose Abbey das Herz von Robert the Bruce. Zu seinen Lebzeiten war Melrose, erbaut 1136, die Lieblingsabtei des legendären Königs. Im Schatten der drei prägnanten Gipfel der Eildon Hills liegend, gilt das Kloster aus rot schimmerndem Gestein als Schönste der Abteirelikte im schottischen Süden.

## Romantik am Fluss

Sir Walter Scott bezeichnete Kelso als das schönste Dorf Schottlands. Das kleine Marktstädtchen mit Kopfsteinpflastergassen und eleganten Häuserzeilen vermittelt am Zusammenfluss von Tweed und Teviot noch immer eine anmutige Atmosphäre. Der Cobby Riverside Walk am Ufer des Tweed führt nach Floors Castle. Das prächtige Herrenhaus entstand 1720 für den ersten Duke of Roxburghe und befindet sich noch immer im Familienbesitz. Die wertvolle Einrichtung gibt einen Einblick in das Leben und die Geschichte der wohlhabenden Roxburghe-Familien. Mitten in der Stadt prangt Kelso Abbey, die nach einer Bauzeit von 15 Jahren (1128–1143) von französischen Mönchen auf Geheiß von David I. fertiggestellt wurde. Der beachtliche Grundbesitz verhalf der Abtei zu großem Ansehen, so fand hier sogar 1460 die Krönungszeremonie für König James III. statt. Aber auch diese Abtei lag im Kreuzfeuer der steten Grenzkämpfe, und sie wurde 1587 als Kloster aufgegeben. Bis auf den Westturm und das Querschiff sind keine Überreste mehr erhalten. Ein anderes architektonisches Schmuckstück ist die Kelso Bridge, die von John Rennie (1761–1821) im Jahr 1803 gebaut wurde, eine Miniaturausgabe der alten Londoner Waterloo Bridge.

**Oben:** Reiten auf den Ländereien von Floors Castle bei Kelso
**Unten:** Die Ruine von Dryburgh Abbey

# Infos und Adressen

## SEHENSWÜRDIGKEITEN

**Scottish Seabird Centre.** Ganzjährig ein Erlebnis für die ganze Familie! Bootsfahrten zum Bass Rock, interaktives Besucherzentrum, Kinderspielecke, Café, Shop. Geöffnet April–Aug. tägl. 10–18, sonst 10–17 Uhr, The Harbour, North Berwick, East Lothian EH39 4SS, Tel. 01620 89 02 02, www.seabird.org

**Melrose Abbey.** Geöffnet April–Sept. tägl. 9.30–17.30, Okt.–März 9.30–16.30 Uhr, Abbey Street, Melrose TD6 9LG, Tel. 01896 82 25 62, www.hist-scot.de

**Jedburgh Abbey.** Geöffnet April–Sept. tägl. 9.30–17.30, Okt.–März 9.30–16.30 Uhr, Jedburgh TD8 6JQ, Tel. 01835 86 39 25, www.hist-scot.de

**Dryburgh Abbey.** Geöffnet April–Sept. tägl. 9.30–17.30, Okt.–März 9.30–16.30 Uhr, Dryburgh, Scottish Borders TD6 0RQ, Tel. 01835 82 23 81, www.hist-scot.de

**Mary Queen of Scots House & Visitor Centre.** Mary Queen of Scots zählte 1566 zu den Bewoh-nern. Ihr damaliges Wohnhaus ist heute ein Museum. Geöffnet März–Nov. Mo–Fr 9.30–14.30, So 10.30–16 Uhr, Queen Street, Jedburgh, Scottish Borders TD8 6EN, Tel. 01835 86 33 31, www.marie-stuart.co.uk

**Floors Castle.** Prächtiges Herrenhaus und Familiensitz der Roxburghes, weitläufige Anlage mit Hotel, Gastronomie und Golfplatz sowie Park- und Gartenanlagen. Geöffnet tägl. April–Sept. 10.30–17, Okt. 10.30–15.30 Uhr, Roxburghe Estates Office, Kelso, Roxburgheshire TD5 7SF, Tel. 01573 22 33 33, www.roxburghe.net

**National Museum of Flight.** Britische Luftfahrt geschichte auf dem alten Militärflughafen. Geöffnet Nov.–März Sa/So 10–16, April–Okt. 10–17 Uhr, East Fortune Airfield, East Lothian, EH39 5LF, Tel. 0300 123 67 89, www.nms.ac.uk

## ESSEN UND TRINKEN

**Glenkinchie Distillery.** Eine der wenigen Lowland-Brennereien unweit von Edinburgh. Pencaitland, Tranent, East Lothian EH34 5ET,

Das Herz des legendären schottischen Königs Robert the Bruce liegt auf dem Friedhof von Melrose Abbey.

Tel. 01875 34 20 12, www.discovering-distilleries.com/glenkinchie/

**Greywalls & Chez Roux.** Ein preisgekröntes Hotel-Restaurant unter Führung des renommierten Kochs Albert Roux. Muirfield, Gullane, East Lothian EH31 2EG, Tel. 01620 84 21 44, www.greywalls.co.uk

## ÜBERNACHTEN

**Peebles Hydro Hotel.** Diese mondäne Herberge liegt nur 35 km südlich von Edinburgh im Herzen des Tweed Valley.
Innerleithen Road, Peebles EH45 8LX, Tel. 0176 465 18 46, www.peebleshydro.co.uk

**Roxburghe Hotel & Golf Course.** Luxuriöses Hotel auf dem Anwesen von Floors Castle mit angrenzendem Golfplatz. Heiton, by Kelso, Roxburghshire TD5 8JZ, Tel. 01573 45 03 31, www.roxburghe.net

**Stobo Castle & Health Spa.** Eine Wohlfühl- und Spa-Oase in den Borders – für Tages- und Übernachtungsgäste. Stobo, Peeblesshire EH45 8NY, Tel. 01721 72 53 00, www.stobocastle.co.uk

Textilherstellung in der Woollen Mill von Galashiels

**Traquair House.** Neben 3 Zimmern für B&B und einer eigenen Bierbrauerei auch ein sehenswertes Schloss. Innerleithen, Peeblesshire EH44 6PW, Tel. 01896 83 03 23, www.traquair.co.uk

In Traquair House finden sich zahlreiche Relikte aus dem Leben von Mary, Queen of Scots.

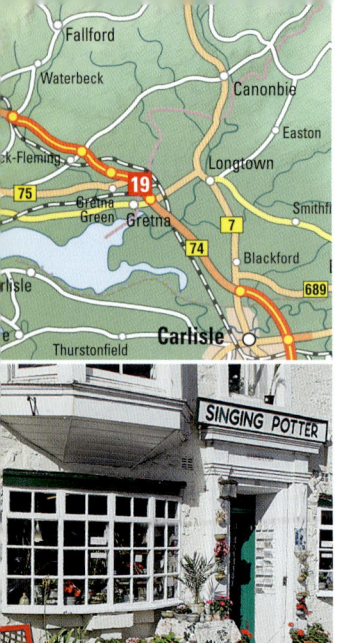

# 19 Borders – Moffat, Gretna, Lanark
## Wo Schottland beginnt …

**Die südliche Mitte Schottlands links und rechts der Autobahn M74 leidet unter dem Urlauberstrom, der eiligst gen Norden strebt und die Schönheiten und Besonderheiten am Wegesrand übersieht. Dabei finden sich gerade um den Oberlauf des River Clyde und die Quelle des Tweed einige hochinteressante Kleinodien, die maßgeblichen Einfluss auf das kulturelle und wirtschaftliche Erbe des Landes hatten.**

In Gretna Green fängt Schottland an. Der Ort ist Synonym für das Heiraten entgegen ansonsten unüberwindlicher Diktate jenseits der englischen Grenze. Die Glück bringende, romantisierte Arbeit des dortigen Hufschmieds ist zwischenzeitlich einem Kommerzwahn gewichen, die heimliche Eheschließung schlicht unmöglich, denn eine Webcam überträgt alles rund um den Globus. Die alte Schmiede gibt es noch, allerdings entstand um sie herum ein riesiges Touristenzentrum, das möglichst allen Klischees über das Land gerecht werden möchte.

## Moffat – Kuren im Süden

Schwefelhaltige Quellen rückten das kleine Dorf im Nordosten der Region Mitte des 17. Jahrhunderts in den Fokus, denn die Heilkräfte des gewöhnungsbedürftigen Wassers waren legendär. Moffat wurde zum Heilbad, dessen Blüte um 1920 endete. Bis dahin herrschte eine rege Bautätigkeit, durch die große Nachfrage wurde gar ein Badehaus eingerichtet, das heutige Rathaus. Hotels entstanden, repräsentative Wohnhäuser um die Hauptstraße in

**Mitte:** Der »Singende Töpfer« von Moffat
**Unten:** Stoffe werden in der Spinnerei der Welterbestätte New Lanark nicht mehr hergestellt, doch laufen die Maschinen weiterhin, um den Besuchern den bestmöglichen Einblick zu gewähren.

# Infos und Adressen

der Ortsmitte, welche die breiteste in ganz Schottland ist, vor Kurortzeiten Schauplatz eines bedeutenden Schafmarktes. Daran erinnert das Standbild eines muskulösen Schafbockes *The Moffat Ram*. Mit sechs Metern Breite ist das Star Hotel das schmalste Gästehaus des Landes.

Moffat ist Ausgangspunkt vieler Wanderrouten in die weitläufige, von Wäldern durchzogene Hügellandschaft. Im Sommer starten die traditionellen Rallyes historischer Fahrzeuge, die in Großbritannien eine große Anhängerschaft besitzen. Und hier begann 1759 die Geschichte der sagenhaften *Ossian Papers*, eines angeblich von Prinz Ossian, Sohn des schottischen Königs Fingal, verfassten gälischen Epos, das aber in Wahrheit von James Mcpherson (1736–96) stammt. Die Texte sind so aussagekräftig, dass sie auch Sir Walter Scott und Felix Mendelssohn-Bartholdy beeinflussten.

## Lanark und die Industrie

Im Stadtturm des Marktfleckens am Ostufer des Clyde südöstlich von Glasgow hängt die Glocke aus der alten St. Kentigern's Church. Sie stammt aus dem 12. Jahrhundert und ist damit die älteste noch aktive in ganz Großbritannien. Etwa in der gleichen Zeit begann die Tradition des Lanimer Days, der seither donnerstags zwischen dem 6. und 12. Juni zelebriert wird. New Lanark, UNESCO-Weltkulturerbe seit 2001, liegt am südlichen Ortsrand. In der einst größten Industrieanlage Schottlands trieb ab 1795 das Wasser des Clyde mehrere Wassermühlen zur Textilfabrikation an. In den Folgejahren entstand ein perfekt konzipiertes Sozialsystem mit Wohnungen, Schulen und allen notwendigen Einrichtungen für die Belegschaften. Fast 200 Jahre war die Fabrik unverändert in Betrieb, heute beherbergt sie Wohnungen, Museen, Hotels und Galerien.

### SEHENSWÜRDIGKEITEN

**New Lanark.** Verschiedene Werkstätten und Räumlichkeiten, Schule und Läden können besichtigt werden. Geöffnet April–Okt. 10–17, Nov.–März 10–16 Uhr, South Lanarkshire, ML11 9DB, Tel. 01555 66 13 45, www.newlanark.org

### ESSEN UND TRINKEN

**Star Hotel.** Bar und Restaurant des schmalen Familienbetriebs bieten trotz ihrer Enge eine sehr gemütliche Atmosphäre. 44 High Street, Moffat, Dumfriesshire, DG10 9EF, Tel. 01683 22 01 56, www.famousstarhotel.co.uk

### ÜBERNACHTEN

**New Lanark Mill Hotel.** Im Gebäude einer ehemaligen Baumwollspinnerei aus dem 18. Jahrhundert wurden 38 stilvolle Zimmer eingerichtet sowie Cottages für Selbstversorger. Mill No 1, New Lanark Mills, South Lanarkshire, ML11 9DB, Tel. 01555 66 72 00, www.newlanarkhotel.co.uk

**Star Hotel.** Das familiengeführte Hotel gilt laut dem Guinness Buch der Rekorde als das schmalste Hotel der Welt. Adresse s.o.

### INFORMATION

**Gretna.** Traditionsreiche Hochzeitsschmiede, Shops, Restaurants, Gretna Green DG16 5EA, Tel. 01461 33 60 01, www.gretnagreen.com

**Moffat.** Moffat Initiative, Town Hall, High Street, Moffat, DG10 9HF, Tel. 01683 22 11 02, www.visitmoffat.co.uk

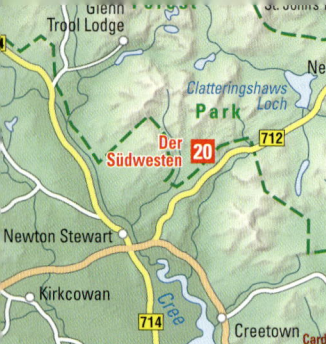

# 20 Der Südwesten
## Unentdecktes Schottland

**Der Galloway Forest Park nimmt den größten Teil der Berglands der Galloway Hills, »the Highlands of the Lowlands«, ein, die hervorragende Möglichkeiten für Wanderungen und ambitionierte Klettertouren bieten. Heidegebiete, nette Strände und kleine Städtchen, Kunst und eine beeindruckende Historie runden den lieblichen Eindruck ab.**

## Die Machars (oder: Machairs)

Der aus dem Gälischen stammende Name Machairs für die weit in den Solway Firth hineinragende Halbinsel ist eigentlich eine Bezeichnung für einen fruchtbaren Bodentyp. Die Region im Südwesten des Landes rollt und wiegt sich wellenförmig und reizvoll von der Luce Bay im Westen bis zur Wigtown Bay im Osten. Seen, Wälder, Moor- und Heidegebiete wechseln ab mit Weideflächen für Schafe und die charakteristischen Galloway-Rinder und die Belties. Dazwischen finden sich kleine Weiler und, gut versteckt, so manch historisch bedeutsamer Steinkreis oder Menhir.

Isle of Whithorn liegt am Südende der Halbinsel. Die ehemalige Insel ist durch einen Damm mit dem Festland verbunden. Bunte, hübsch nebeneinander aufgereihte Fischerhäuser im südlichsten Dorf Schottlands umrahmen den großen Yachthafen, in dem die Boote bei Ebbe hilflos im Schlick rasten müssen. Die Zufahrt zum Hafen überragt eines der ältesten Häuser im Dorf, das Isle Castle, ein vergleichsweise kleines Turmhaus von 1674. Eine enge Verbindung besteht zum ältesten schottischen Heiligen, St. Ninian (350–432), dem die

**Unten:** Der Fischer von Port William

kleine Kapelle unmittelbar an der Küste gewidmet ist. Die Ruine datiert in ihren Grundzügen aus dem 13. Jahrhundert und wurde von dankbaren Pilgern auf ihrer Reise nach Whithorn genutzt.

Whithorn, fünf Kilometer von der Isle entfernt, war die erste christliche Siedlung nördlich des Hadrianswalls und vermutlich der Geburtsort des Heiligen Ninian, der hier die erste steinerne Kirche Schottlands errichtete. Das Gotteshaus war weiß gestrichen für eine bessere Sichtbarkeit aus größerer Distanz, und es stand Pate für den Ortsnamen. Fortan entwickelte sich Whithorn zum Wallfahrtsort, der im 12. Jahrhundert eine eigene Kathedrale bekam, wovon nur noch Fragmente erhalten sind. Die breite Hauptstraße Whithorns ist gesäumt von Häusern aus dem 18. Jahrhundert.

Aus Bronze ist die Figur eines Fischers, der lässig am Zaun im Hafen von Port William lehnt. Der kleine, verträumte Ort an der Westküste der Machars ist alljährlich in der ersten Augustwoche Schauplatz eines der größten Karnevalsumzüge im schottischen Südwesten. Den Eindruck eines Seebades im Dornröschenschlaf macht das Dorf Garlieston an der Ostküste der Machars. Vom Kai vor der netten Häuserreihe an der Hafenpromenade

*Nicht verpassen*

## DIE BURG MIT DEN DREI ECKEN

Caerlaverock Castle zählt zu den großartigsten mittelalterlichen Burgen des Landes und ist die einzige mit einer ungewöhnlichen, dreieckigen Anlage. Zwei beeindruckende Türme bilden das Torhaus der Festung, die als Grenzposten und zur Verteidigung des schottischen Königreiches diente.

Im frühen 14. Jahrhundert belagerte Edward I. von England Caerlaverock mit seiner Armee, und bereits nach zwei Tagen musste sich die kleine Besatzung der Burg geschlagen geben. Für 13 Jahre befand sich die Burg daraufhin in englischer Hand. Der Clan Maxwell restaurierte und modernisierte seinen Stammsitz über die Jahrhunderte. Stilrichtungen verschiedener Epochen finden sich daher in der Burg wieder. Besonders das Nithsdale Lodgings, das Haupthaus im Inneren der Burg, beeindruckt mit einer im Renaissancestil gestalteten Außenfassade.

www.hist-scot.de

## ANDY GOLDS-
## WORTHY – KUNST
## IN DER LANDSCHAFT

Eine wildromantische Sackgasse führt vom Städtchen
Moniaive, dem langjährigen Wohnort
von James Paterson (1854–1932),
Künstler und Mitbegründer der Glasgow Boys, durch die einsame, hügelige und grüne Landschaft bis nach
Benbuie. Über einen Feldweg gelangt
man zu einem alten Feldsteinhaus
und einer angedeuteten Parkanlage.
Vom Gebäude wölbt sich ein großer
Bogen aus 31 roten Sandsteinblö-
cken in die Natur. Noch zwei weitere
dieser künstlichen Brücken stehen
auf den Hügeln, zu entdecken beim
entspannten Spaziergang. Es sind
Arbeiten des englischen Bildhauers,
Fotografen und Umweltaktivisten
Andy Goldsworthy (*1956), der damit
seine Naturverbundenheit und seine
Liebe zu seiner südwestschottischen
Wahlheimat ausdrückt.

www.morning-earth.org/
ARTISTNATURALISTS/
AN_Goldsworthy.html

legten noch Anfang des 20. Jahrhunderts
die Dampfschiffe zur Isle of Man ab.

# Der Geist der Lowlands

Seit 1997 trägt Wigtown den Titel »Schottlands
Bücherstadt«. Antiquariate beherrschen das vornehmlich georgianische Zentrum rund um Main
Street und High Street. Manche haben sich auf
bestimmte Fachgebiete spezialisiert, andere kom-
binieren ihr literarisches Mekka mit Cafeteria und
B&B-Möglichkeiten. Den Vogel schießt jedoch
»The Book Shop« ab, der unbestritten größte Ge-
braucht-Buchladen Schottlands. Zwischen den
hohen Regalen ist es utopisch, etwas Bestimmtes
zu finden. Treiben lassen in den schmalen Bücher-
gassen lautet die simple Devise. Ende September
steigt das große Buchfestival. Wigtown liegt auf
einem kleinen Hügel über dem River Bladnoch,
der der südlichsten Whiskybrennerei Schottlands
seinen Namen gab. Vor fast 200 Jahren begann
die Produktion des *Spirit of the Lowlands* gleich
neben einer alten Bogenbrücke.

Newton Stewart am River Cree, der sich in weiten
Schwüngen der Wigtown Bay entgegenwindet und
eine weite Auenlandschaft zum Blühen bringt,
wurde 1701 an einer Furt über den Fluss gegründet. Diesen etwas unbequemen Übergang ersetzte
gut 100 Jahre später die fein gearbeitete Granit-
brücke des schottischen Baumeisters John Rennie
(1761–1821). Am Ausgang des Cree-Deltas liegt
jenseits der A75 das Dorf Creetown, von dessen
Hafen Granit verschifft wurde. Diese große Zeit ist
lange vorbei, nur noch der stolze Uhrenturm und
die große weiße Kugelskulptur *The Sphere* des ja-
panischen Künstlers Hideo Furuta erinnern daran.

Aufkeimende Textilindustrie sorgte zu Beginn des
19. Jahrhunderts für ökonomischen Aufschwung

in Gatehouse of Fleet an der Mündung des River Fleet. Zu den Baumwollspinnereien gesellten sich alsbald Gerbereien, Seifensieder und weitere Produktionsstätten, die das Wasser des Flusses zum Antrieb ihrer Maschinen nutzten. Eine restaurierte Textilmühle beherbergt heute ein kleines Museum zur Industriegeschichte, ein Café und ein Antiquariat unter dem Dach. Sehenswert auch der Uhrenturm in der Ortsmitte, das Rathaus mit dem kleinen Rosengarten und das Angel Hotel.

Kurz vor Castle Douglas befinden sich die Ländereien des Threave Estate. Auf einer kleinen Insel inmitten eines Naturschutzgebietes in den Auen des River Dee steht die Ruine des mittelalterlichen Turmhauses Threave Castle, das nur durch eine kurze Bootsüberfahrt erreicht werden kann. Weiter südlich überblickt die Villa Threave House eine sehenswerte Park- und Gartenanlage unter der Verwaltung des National Trust for Scotland.

## Ruinen und Küste

Die zerklüftete Küste des Solway Firth säumen weitere Ruinen von herausragender Bedeutung: Dundrennan Abbey, östlich von Kirkcudbright, stellt einen der ältesten Sakralbauten Schottlands dar. Das Kloster wurde 1142 gegründet. Mary Queen of Scots verbrachte hier am 15. Mai 1568 ihre letzte Nacht auf schottischem Boden. Die beeindruckende Sweetheart Abbey aus rotem Sandstein südlich von Dumfries war das zuletzt gebaute schottische Zisterzienserkloster im Mittelalter (1273). Seinen Namen erhielt das Gebäude vom hier beerdigten, einbalsamierten Herzen John de Balliols, des Gatten der Devorguilla von Galloway.

Dumfries am River Nith lebt vor allen Dingen von seiner Beziehung zu Robert Burns, der seine letzten fünf Lebensjahre von 1791 bis 1796 hier ver-

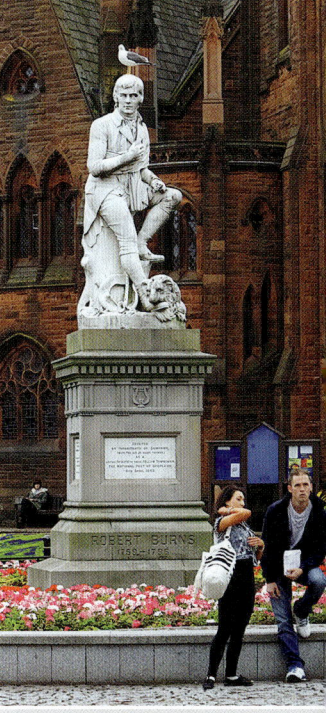

**Oben:** Brücke über den River Cree in Newton Stewart
**Unten:** Burns-Statue aus weißem Marmor vor der Greyfriars Kirk in Dumfries

**Oben:** Wegweiser an der Monreith Bay
**Mitte:** Trockenmauern aus lose aufgelegten Steinen begrenzen schon seit Jahrhunderten die Schafweiden.
**Unten:** Straßenkunst in Friars Vennel von Dumfries

brachte. Sein Wohnhaus ist heute Museum. Das weiße Denkmal des Poeten vor der Greyfriars Kirk gilt als eines der schönsten des Landes. Auch seine Lieblingspubs in der High Street existieren noch: das »Hole i' the Wa'« und der »Globe Inn«. 1306 ermordete Robert the Bruce vor dem Klosteraltar seinen Rivalen um den schottischen Thron, John Gomyn, den Earl of Badenoch. An den Tatort erinnert nur noch eine Plakette in der Castle Street. Die rote Backsteinbrücke über den Nith ist die älteste mehrbogige ihrer Art in Schottland und die längste aus der Zeit des Mittelalters.

Wenn die Dunkelheit der Nacht über dem Galloway Forest Park hereinbricht, wird aus dem großartigen, wald- und seenreichen Landschaftsschutzgebiet ein Mekka für Astronomen und Sternebeobachter. Ende 2009 erhielt die Region den Status eines »Dark Sky Parks«, dem damals ersten seiner Art in Großbritannien. Das Funkeln des überwältigenden Firmaments, die Nebel der Milchstraße, ja selbst das farbenfrohe Wabern von Polarlichtern im Winter können von hier aus problemlos und ohne zusätzliche optische Hilfsmittel beobachtet werden. Am Besucherzentrum Clatteringshaws an der Ostseite des gleichnamigen Sees, etwa auf halber Strecke der seit dem silbernen Thronjubiläum der britischen Königin 1977 als *The Queen's Way* bekannten 27 km langen Straße A712 zwischen New Galloway und Newton Stewart, führt der Rundwanderweg *Red Kite Trail* vorbei. Nach der Wiederansiedlung von Brutpaaren des Roten Milans ist die Wahrscheinlichkeit, einen der herrlichen Greifvögel zu sehen, stark gestiegen. Robert the Bruce legte ganz in der Nähe eine Verschnaufpause ein, nachdem er die Engländer beim Moor von Rapploch im Jahr 1307 zurückschlagen konnte. Bruce's Stone bietet einen schönen Aussichtspunkt über den See, die Wälder und das Bergland.

# Infos und Adressen

## SEHENSWÜRDIGKEITEN

**Galloway Forest Park.** Der weitläufige Landschaftspark und Dark Sky Park ist ideal für entspannte Wanderungen, er verfügt über Wanderhütten und Campingplatz. St. Johns Town of Dalry, Castle Douglas, DG7 3UP, Tel. 01671 40 24 20, www.gallowayforestpark.com

**Mill on the Fleet.** Besucherzentrum mit kulturhistorischen und Wechselausstellungen in alter Baumwollspinnerei. Geöffnet April–Ende Okt., High Street, Gatehouse of Fleet, Castle Douglas, DG7 2HS, Tel. 01557 81 40 99, www.millonthefleet.co.uk

**Dundrennan Abbey.** Geöffnet April–Sept. tägl. 9.30–17.30 Uhr, Dundrennan, DG6 4QH, Tel. 0131 668 88 00, www.hist-scot.de

**Sweetheart Abbey.** Geöffnet April–Sept. tägl. 9.30–17.30 Uhr, Okt.–März Mo, Di, Mi, Sa, So 9.30–16.30 Uhr, New Abbey Bridge, DG2 8BU, Tel. 01387 85 03 97, www.hist-scot.de

## ESSEN UND TRINKEN

**Hole i' the Wa'.** Uriger Robert-Burns-Pub aus dem 18. Jahrhundert voller Lokalkolorit. 156 High Street, Dumfries, DG1 2BA, Tel. 01387 25 27 70

**Cream o' Galloway.** Leckeres Eis direkt vom Erzeuger. Rainton, Gatehouse of Fleet, Castle Douglas, DG7 2DR, Tel. 01557 81 40 40, www.creamogalloway.co.uk

**Annandale Distillery.** Nach 90 Jahren wieder neu zum Leben erweckte Whiskybrennerei. Northfield, Annan, Dumfriesshire DG12 5LL, Tel. 01461 20 78 17, www.annandaledistillery.com

## ÜBERNACHTEN

**Cally Palace Hotel.** Die Zufahrt zum imposanten Herrenhaus führt durch einen dichten Wald und am 18-Loch-Golfplatz vorbei. Im ausgezeichneten Restaurant gibt es regionale Produkte der Saison. Gatehouse of Fleet, DG7 2DL, Tel. 01557 81 43 41, info@callypalace.co.uk, www.macmillanhotels.co.uk/hotels/cally-palace-hotel

**Creebridge House Hotel.** Die Familie Donnan bietet in ihrem zauberhaften Landhaus von 1760 mit lauschigem Garten eine perfekte Wohlfühlatmosphäre. Newton Stuart, Wigtownshire, DG8 6HP, Tel. 01671 40 21 21, www.creebridge.co.uk

## AKTIVITÄTEN

**7 Stanes.** Mehrere spannende Routen für Mountainbiker in der traumhaften Landschaft des schottischen Südens. Campbell House, Bankend Road, Dumfries, DG1 4UQ, Tel. 01387 70 22 28, www.7stanesmountainbiking.com

## INFORMATION

**Dumfries & Galloway Tourist Board.** 64 White Sands, Dumfries, DG1 2RS, Tel. 01387 25 38 62, www.visitdumfriesandgalloway.co.uk

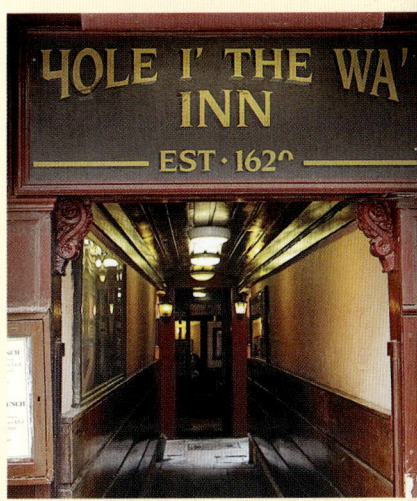

Wie oft Robert Burns diesen Pub aufsuchte, darüber schweigen die Geschichtsbücher.

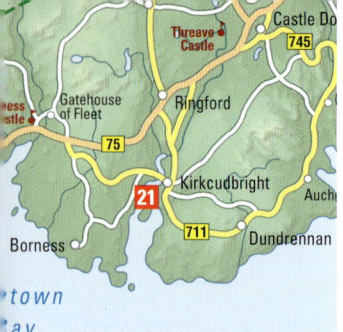

# 21 Kirkcudbright
## Von Künstlern gerühmt

**Das kleine Städtchen am Scheitelpunkt der Kirkcudbright Bay, einem Ausläufer des Solway Firth in Schottlands Süden, gilt als eines der bestbewahrten Kleinodien des Landes überhaupt. Gerühmt von vielen Künstlergenerationen wegen des ganz besonderen, etwas anderen Lichts, verströmen die gemütlichen Gassen und Straßen mit teils bunt getünchten Häusern eine entspannte Atmosphäre.**

Zwei bedeutende Namen der schottischen Kunstszene sind mit Kirkcudbright untrennbar verbunden: Edward Atkinson Hornel (1864–1933) und Jesse Marion King (1875–1949). Das Attribut als »Stadt der Künstler« findet seit 2003 alljährlich mit dem Art & Crafts Trail Anfang August eine gelungene, organisierte Fortsetzung.

Rundgang: Dauer etwa 2 Stunden
Ⓐ Dee-Ufer – Am Flussufer liegen einige ausgediente Boote malerisch im Schilf, ein perfektes Sujet für Künstler.
Ⓑ Hafen – Der starke Tidenhub sorgt dafür, dass die Schiffe am Hafen über Stunden auf Grund liegen.
Ⓒ Greyfriars Kirk – Die Kirche am kleinen Park geht zurück auf das 16. Jahrhundert.
Ⓓ MacLellan's Castle – Prominent liegt die Ruine der Stadtresidenz aus dem 16. Jahrhundert oberhalb des Hafens. Bemerkenswert das geheime Guckloch »Laird's Lug« neben der Feuerstelle, welches dem Herrn erlaubte, die Gespräche der Gäste in der Great Hall unerkannt zu belauschen.
Ⓔ Broughton House – E. A. Hornel, geboren in Australien, war Mitglied der Glasgow Boys, als er

**Mitte:** Die Parish Church überragt den Hafen von Kirkcudbright.
**Unten:** Colin und Pauline Saul am Tor des Greengate B&B

# Kirkcudbright

1901 sein Domizil in Kirkcudbridght aufschlug, wo er bis zu seinem Lebensende wohnte. Die Künstlergruppe Glasgow Boys steht für den innovativen schottischen Impressionismus. Das stattliche Broughton House an der High Street befindet sich nun im Besitz des National Trust for Scotland, der das Andenken Hornels bewahrt.

**F** Greengate – Jesse M. King gehörte zu den talentiertesten Eleven der Glasgow School of Art. Ihr Haus »Greengate« ist heute ein B&B, das von zwei lokalen Künstlern, Colin und Pauline Saul, im Sinne Jesse M. Kings geführt wird.

**G** Tolbooth Art Centre – Es dokumentiert die Geschichte der Kunst und der Künstler Kirkcudbrights. Erbaut 1625 diente das Gebäude als kombiniertes Rathaus, Gericht und Gefängnis.

**H** Stewartry Museum – In spätviktorianischer Zeit als Ausstellungsort errichtet, umfasst es Sammlungen aus der Region, die Leben, Handwerk und Traditionen illustrieren.

**I** Town Hall – Im ehemaligen Rathaus zeigen regionale Künstler in Wechselausstellungen ihre Werke.

# Infos und Adressen

### SEHENSWÜRDIGKEITEN

**MacLellan's Castle.** Castle Street, DG6 4JD, April–Sept., tägl. 9.30–17.30 Uhr, www.hist-scot.de

**Broughton House.** 12 High Street, DG6 4JX, April–Okt., tägl. 12–17 Uhr, Garten auch Feb.–März, Mo–Fr 11–16 Uhr, Tel. 01557 33 04 37, www.nts.org.uk/Property/Broughton-House-and-Garden

### ESSEN UND TRINKEN

**Castle Restaurant.** Frische lokale Produkte werden in nettem Ambiente serviert, manchmal begleitet von Livemusik. 5 Castle Street, DG6 4JA, Mo–Sa ab 18 Uhr, So und mittags auf Bestellung, Vorausbuchung notwendig, Tel. 01557 33 05 69, www.thecastlerestaurant.net

**Kirkpatrick's Restaurant.** Traditionell schottische Gerichte mit modernen Einflüssen, 29 St. Cuthberts Street, DG6 4DX, Mi–Sa ab 18.30 Uhr, Tel. 01557 33 08 88, sites.google.com/site/kirkpatricks-restaurantkirkcudb/home

### ÜBERNACHTEN

**The Greengate. B&B.** Das charaktervolle ehemalige Gästehaus für Künstler verströmt viel Atmosphäre und hat einen fantastischen Garten. 46 High Street, DG6 4JX, Vorausbuchung empfohlen, Tel. 01557 33 18 95, www.bluebellsandseashells.co.uk

**Kirkcudbright Bay Hotel.** Familiengeführtes Haus mit stilvollen Zimmern und nettem Restaurant, 25 St. Cuthberts Street, DG6 4DJ, Tel. 01557 33 95 44, www.kirkcudbrightbay.com

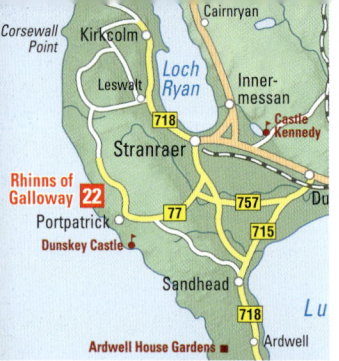

# 22 Rhinns of Galloway, Portpatrick
## Ein Hauch von Irland

**Der südwestliche Zipfel Schottlands ist ein touristischer Geheimtipp. Reisende lassen die charaktervolle und reizvolle Landschaft völlig zu Unrecht oft links liegen. Dabei bietet der Rhinns of Galloway eine schlicht zauberhaft entspannte Urlaubsregion voller Kleinodien.**

Drei Leuchttürme bilden die markanten Eckpfeiler der gut 50 km langen Halbinsel: Corsewall Point stellt die nördliche Flanke dar, erbaut 1815 und 1994 automatisiert, ist heute ein stilvolles Viersternehotel. Die Westküste des Rhinns of Galloway überblickt Killantringan Lighthouse etwas nördlich von Portpatrick, der erst 1900 seinen Betrieb aufnahm und 1988 automatisiert wurde. 2007 schließlich endete mit dem Abbau von Linsen und Beleuchtungsanlage auch der Dienst für die Schifffahrt. Das Wohnhaus der Leuchtturmwärter ist nun ein Ferienhaus. Als prominenteste Landmarke gilt das Leuchtfeuer am Mull of Galloway am ultimativen südlichen Ende Schottlands, das der National Trust for Scotland ebenfalls als Unterkunft anbietet.

## Irland am Horizont

**Mitte:** Die Terrassen am Hafen von Portpatrick werden allabendlich von der Sonne verwöhnt.
**Unten:** Am Küstenpfad nach Dunskey Castle

Schützend streckt sich der Rhinns vor der weiten Luce Bay und dem schmalen Loch Ryan in seiner gesamten Länge in die Irische See hinein. Die Silhouette der Isle of Man begrenzt den Horizont im Süden ebenso wie die Küste Nordirlands im Westen. Durch die exponierte Lage zum Meer präsentieren sich die Gestade rau und schroff, auf der den atlantischen Winden abgewandten Seite mit

weiten Sandbuchten dafür fast anmutig. Die grüne, leicht hügelige Landschaft wird vornehmlich als Ackerland und zur Viehwirtschaft genutzt. Mildes Klima, vom Golfstrom beeinflusst, begünstigt das Wachstum exotischer Blumen- und Pflanzenarten, die einigen Küstendörfern ein mediterranes Ambiente verleihen. In den Dunskey Gardens am Ortsrand von Portpatrick und in den Logan Botanical Gardens ist eine für diese Breiten recht ungewöhnliche Flora zu sehen.

An der Pforte zum Rhinns of Galloway liegt mit Stranraer die größte Siedlung der Halbinsel. Seit 1595 besitzt der Ort Handels- und Marktrechte und erlebte seinen Aufschwung, als er um 1870 den Irland-Fährverkehr von Portpatrick übernahm.

Mittlerweile legen die modernen Fährschiffe in Cairnryan auf der gegenüberliegenden Seite des Loch Ryan ab, und die Hafenanlagen Stranraers suchen neue Aufgaben. Das Stadtzentrum beherrscht das älteste Gebäude, Castle St. John aus dem 15. Jahrhundert. Vier Stockwerke hoch überragt das typische Turmhaus die umstehenden Bauten. Auf dem Vorplatz plätschert ein eiserner Brunnen, der 1897 zu Ehren des goldenen Thronjubiläums von Königin Victoria aufgestellt wurde.

*Nicht verpassen*

## TOTALE UND DETAIL

Auf gut 90 Meter hohen Klippen thront der strahlend weiße Mull-of-Galloway-Leuchtturm, bekannt als Stevenson Tower, der sich selbst nochmals 26 Meter in die Höhe reckt. Nach Erklimmen von 114 Stufen gibt es pfeifenden Wind und perfekte Aussicht. Im ehemaligen Wohngebäude des Leuchtturmwärters zeigt die Mull of Galloway Experience Interessantes rund um die Historie des zwischen 1828 und 1830 errichteten Turmes. Unterhalb steht das imposante Nebelhorn. Eine schmale Terrasse erlaubt von hier die gefahrlose Beobachtung des Vogellebens an den Klippen. Das Naturerlebnis schließt zudem eine große Zahl seltener Pflanzen ein. Auskunft gibt das RSPB-Besucherzentrum im weißen Cottage. Freiwillige Helfer beantworten die Fragen der Besucher und zeigen die schönsten Standorte der Orchideen.

www.mull-of-galloway.co.uk/

**MIT ENGELS-
STIMME**

Unter den Klosterruinen in Schottlands Süden nimmt Glenluce Abbey keine bedeutende Position ein. Dennoch verbirgt sich im Inneren des halb verfallenen Gebäudes ein ganz besonderer Schatz. Gegründet 1192 in einer Biegung des Water of Luce als Schwesterabtei des Zisterzienserklosters Dundrennan Abbey östlich von Kirkcudbright, war es bereits zu Beginn des 17. Jahrhunderts dem allmählichen Verfall preisgegeben. Lediglich der quadratische Kapitelsaal im Zentrum der Anlage blieb völlig intakt. Eine einzelne Säule trägt die hohe Gewölbedecke. Wer es wagt, sollte die Tür schließen und seine Stimme zu einem Lied erheben. Selbst unmusikalische Zeitgenossen erleben dann eine akustische Sensation.

www.historicenvironment.scot/visit-a-place/places/glenluce-abbey/

Pittoreskes Zentrum an der Westküste, ziemlich genau in der Mitte zwischen den beiden Leuchttürmen und selbst mit einem kleinen Leuchtturm an der Hafeneinfahrt (1861, heute Töpferei) ausgestattet, ist das Örtchen Portpatrick, das der Heilige Patrick der Legende nach als Ausgangspunkt für seine Reise nach Irland benutzte. Die Nähe zur großen Nachbarinsel prädestinierte den Hafen für die ersten planmäßigen Fährdienste, die bereits 1616 nach Donaghdee, County Down, führten. Allerdings entstand ein richtiger befestigter Hafen erst gut 150 Jahre später. Strenge westliche Winde und die geologische Beschaffenheit des Meeresabschnitts vor Portpatrick führten immer wieder zu Havarien und gefährdeten den Schiffsverkehr erheblich.

## Der längste Wanderweg

Schließlich stellte man den Fährbetrieb ein und verlegte ihn ins geschütztere Stranraer im Loch Ryan. Frachtschiffe liefen den Ort weiterhin an, der 1862 sogar eine Eisenbahnverbindung bekam. Den drohenden Niedergang Portpatricks zur Jahrhundertwende jedoch verhinderte der Einsatz der Familie Orr-Ewing, die aus Portpatrick ein hübsches familienfreundliches Seebad machte. Das elegante Portpatrick Hotel (1906) im Schottischen Baroniestil liegt oberhalb der Bucht mit schönem Ausblick über Ort und Hafen. Hier beginnt der Langstreckenwanderweg Southern Upland Way, der längste Wanderweg Schottlands, der über knapp 340 km bis nach Cockburnspath an die Küste Berwickshires führt.

Ein 18-Loch-Platz für Golffreunde befindet sich direkt am Hafen, dessen verträumtes Ambiente gern als stilvoller Zielpunkt für Rallyes mit historischen Fahrzeugen dient. Anfang Juli fallen beispielsweise für ein Wochenende gleich mehrere

Dutzend klassischer Lastkraftwagen ein, die man sonst höchstens aus alten Katalogen kennt.

Entlang der früheren Bahntrasse und der Klippenkante führt ein schmaler Pfad vom Ort aus südwärts bis zur Burgruine des mittelalterlichen, mehrfach erweiterten Dunskey Castle. Die wechselvolle Geschichte des Hauses endete abrupt um 1684, als der Laird seine Heimstatt aufgab. In den düsteren Mauern in exponierter, windumtoster Lage soll ein für seine Zunft untypischer haariger Geist sein Unwesen treiben. Noch weiter südlich, der Weg schlängelt sich zwischen den Klippen und Criagoch Moor, öffnet sich die versteckte Bucht der Spittal Bay zum Meer hin.

An diesem beschaulichen Platz trafen sich Dwight D. Eisenhower und Winston Churchill während des Zweiten Weltkriegs zu geheimen Unterredungen. Die Badewanne des amerikanischen Präsidenten steht noch immer in einem Badezimmer der eleganten Villa Knockinaam Lodge, heute eine luxuriöse Hotelunterkunft.

**Oben:** Die Westküste der Rhinns of Galloway an der Ardwell Bay.
**Unten:** Ein LKW-Veteran in seiner ganzen Schönheit am Hafen von Portpatrick.

**Oben:** Frische Fish'n Chips auf der Hand am Meer – ein Traum
**Mitte:** Die sieben Bassets von Portpatrick
**Unten:** Fischerhäuser in Port Logan

Thomas Telford konstruierte den kleinen, steinernen Leuchtturm am Pier des Hafens von Port Logan in den 1830er-Jahren, der gemäß den Vorstellungen der Planer Portpatrick als Umschlagplatz für Frachtschiffe Konkurrenz machen sollte. Dies misslang. Glücklicherweise, denn so konnte das Örtchen sein verschlafen-heimeliges Ambiente bewahren. Geschützt durch einen niedrigen Damm hinter einem breiten Sandstrand duckt sich die charakteristische Reihe weißer Fischerhäuser mit bunten Blendläden, Türen und Fenstern. Port Logan war Schauplatz der BBC-Serie *Two Thousand Acres of Sky* zwischen 2001 und 2003. Am anderen Ende der Port Nessock Bay findet der Besucher einen ungewöhnlichen, kreisrunden Fischteich zwischen den Felsen, den der Laird of Logan, Andrew McDouall 1788 anlegte, um immer frischen Fisch für die Tafel seines Hofes am nahen Logan House verfügbar zu haben. Die jetzigen Bewohner des *Tidal Fish Pond* – darunter Tod the Cod und Herbert the Turbot – sind handzahm.

## Weit im Süden

Drummore an der Luce Bay verführt mit dem Beinamen, das südlichste Dorf Schottlands zu sein. Folgerichtig prangt über dem Schaufenster des Supermarktes »Schottlands südlichster Shop«, noch kreativer die Royal Mail, die »Schottlands erste und letzte Poststation« preist. Die Anlage der Dorfstraßen war Mitte des 19. Jahrhunderts auf die Ankunft der Eisenbahn ausgerichtet. Doch die Portpatrick & Wigtonshire Joint Railway schaffte es nicht bis in den Süden des Rhinns of Galloway. Auf dem Friedhof des benachbarten Weilers Kirkmaiden befindet sich ein Leuchtturm aus dem 18. Jahrhundert, vielleicht der kleinste Schottlands. Kaum einen Meter hoch markiert er die Grabstätte des Sohnes des Hauptleuchtturmwärters des Mull of Galloway Lighthouse.

# Infos und Adressen

## SEHENSWÜRDIGKEITEN

**Mull of Galloway Experience.** Zwar ist der Leuchtturm nur 26 m hoch (115 Stufen), doch bietet er am südlichsten Punkt des Landes tolle Ausblicke nach England und Irland. Das kleine Museum vermittelt Einblick in die Leuchtturmtechnik und die lokale Historie. Café, Shop und Naturschutzzentrum. Geöffnet Mitte April–Mitte Okt. 10–16 Uhr, Stoneykirk, Stranraer, DG9 9DH, Tel. 01776 84 05 54, www.mull-of-galloway.co.uk

**Ardwell Gardens.** Die wunderschöne und üppige Gartenanlage verzaubert mit der Blütenpracht von Rhododendren, Azaleen und Kamelien. Ardwell House, Ardwell, DG9 9LY, Tel. 01776 86 02 27

## ESSEN UND TRINKEN

**Torrs Warren Country House Hotel.** Im hübschen Wintergarten des Familienbetriebs servieren Jim und Cindy Produkte der Saison aus der Region frisch zubereitet. Stoneykirk, Stranraer, DG9 9DH, Tel. 01776 83 02 04, www.torrswarrenhotel.co.uk

## ÜBERNACHTEN

**The Portpatrick Hotel**. Ein wunderbarer Ausblick bietet sich von dem stilvollen Haus oberhalb des Ortes über Hafen und Küste. Heugh Road, Portpatrick, DG9 8TQ, Tel. 01776 81 03 33,

Campbells Café am South Crescent in Portpatrick

www.coastandcountryhotels.com/our-hotels/the-portpatrick-hotel-portpatrick

**Knockinaam Lodge.** Zauberhaft gelegenes Luxushotel mit Ferienhaus »Shingle Lodge«. Portpatrick, Stranraer, DG9 9AD, Tel. 01776 81 04 71, www.knockinaamlodge.com

**Corsewall Lighthouse Hotel.** Nettes Hotel in toller Lage mit romantischem Restaurant. Kirkcolm, Stranraer, DG9 0QG, Tel. 01776 85 32 20, info@lighthousehotel.co.uk, www.lighthousehotel.co.uk

Churchill Room in der Knockinaam Lodge

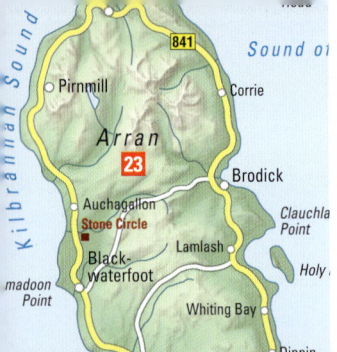

# 23 Isle of Arran
## Schottland en miniature

**Arran, die südlichste Insel der Inneren Hebriden am Übergang des Firth of Clyde zum Sound of Bute, wird gern als »Schottland im Miniaturformat« bezeichnet. Tatsächlich weist die Inseltopografie Parallelen zum Mutterland auf, eher flach mit weiten Moorlandschaften im Süden, dafür umso höher im Norden mit dem Goat Fell, dem »Ziegenberg« als höchster Erhebung und einem Hauch von Hochland.**

Mit 874 Metern fällt das Goat Fell zwar nicht in die Kategorie der Munros, dafür ist der Gipfel recht leicht zu erklimmen. Der Aufstieg belohnt bei optimalen Wetterverhältnissen mit fantastischem Rundumblick bis zur Isle of Man und der irischen Küste. Auch die übrige Bergwelt schwingt sich oft zu eindrucksvollen 750 Metern auf. Geologen begeistert auf dem knapp 430 Hektar großen Arran eine äußerst variationsreiche Spielwiese. Kalkstein aus dem Karbon, etwas jüngerer, roter Sandstein, Granit, Basalt sowie interessante Ablagerungen aus der Eiszeit sorgen für ein weites Betätigungsfeld.

Um Machrie Moor breitet sich eine üppige Heidelandlandschaft aus, in der bronzezeitliche Relikte in Form von allein zehn Steinkreisen, diversen Standing Stones sowie Grabkammern und Hügelgräbern zu finden sind. Im Wald von Auchagallon umfasst die größte runde Kultstätte 15 einzelne Steine. Einige der Menhire endeten zum Leidwesen der Archäologen als Meilensteine an der Straße oder als Mahlwerk in den Wassermühlen. In der Hauptstadt Brodick lebt der überwiegende Teil der etwa 5000 Bewohner Arrans. Die Übrigen vertei-

**Mitte:** Wegweiser vor der Kulisse des Goat Fells
**Unten:** Glen Rosa im Brodick Country Park mit Blick auf den Gipfel des Cir Mhor

# Spaziergang im Landschaftspark Brodick Castle

Besondere Aufmerksamkeit verdient die Parkanlage des ehrwürdigen Brodick Castle. Man findet hier einen ummauerten Garten, 1710 im französischen Stil angelegt, sowie einen »Woodland Garden« im Sinne der englischen Landschaftsgarten-Architektur als Vermittler zwischen Architektur, Garten und freier Natur.

🅐 Das **Besucherzentrum** mit Café und gut sortiertem National Trust Shop offeriert auch Pflanzen, Saatgut und Gartenzubehör.

🅑 Im verspielten **viktorianischen Garten** lockt eine üppige Blütenpracht mit vielen alten Rosensorten.

🅒 An den kleinen **Seerosenteichen** des Pond-Gartens blühen prächtige Iris.

🅓 Der hölzerne, alpine **Sommerpavillon** Bavarian Summerhouse mit einer Decke voller Tannenzapfen und zwölf Seiten entstand für die badische Prinzessin Marie, die 1852 durch die Hochzeit mit dem Duke zur Herzogin von Hamilton wurde. Das verspielte Gebäude sollte an ihre Heimat erinnern.

🅔 Das **Ice-House** stammt aus der Mitte des 19. Jahrhunderts und diente den Hamiltons als Freiluftkühlschrank.

🅕 Erst unlängst konnte ein alter, hervorragend restaurierter **Kalkofen** wieder zur Besichtigung freigegeben werden.

🅖 **Brodick Castle Kennels** ist eine fürstliche Unterkunft für Gruppen im ehemaligen Haus des Wildhüters.

🅗 Romantische **Wasserfälle** geben dem **Badeteich** der Herzogin einen rauschenden Hintergrund.

🅘 Für Veranstaltungen und Gruppenevents wurde 2012 ein rustikaler Nachbau eines **bronzezeitlichen Rundhauses** errichtet.

🅙 Das L-förmig angelegte **Sylvania-House** baute der Herzog 1913 für den Chefgärtner des Parks.

🅚 Die identisch gestalteten **Castle Cottage** und **Greenhyde Cottage** von 1885 werden heute als Unterkünfte für Angestellte des Castles genutzt.

🅛 Im Inneren des Castles sind so manche **Kunstschätze aus viktorianischer Zeit**, Porzellan, Silberschmuck, Mobiliar zu entdecken. In der Eingangshalle zeugt die stolze Präsentation von nicht weniger als 87 Hirschgeweihen von der Jagdleidenschaft der einstigen Besitzer.

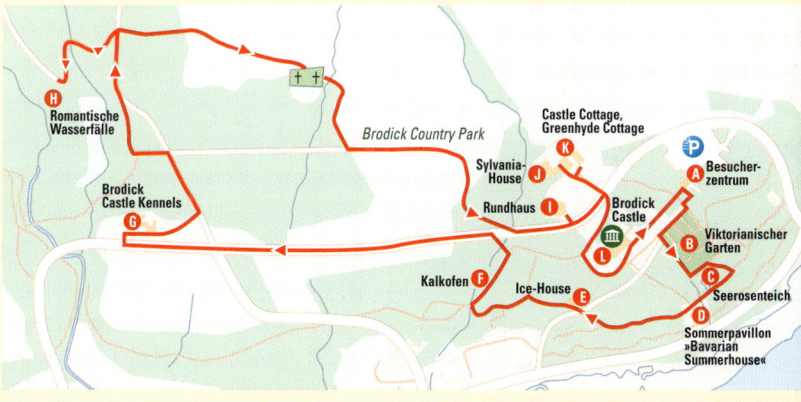

**APOSTEL-HÄUSER**

*Geheimtipp*

Der Weiler Catacol südlich von Lochranza weist eine architektonische Besonderheit auf: die »12 Apostel«, eine lange Reihe weiß getünchter Häuser hinter von Feldsteinmauern gesäumten Gärten. Sie stammen aus der Mitte des 19. Jahrhunderts, als Arran zum weitläufigen Jagdgebiet für den Duke of Hamilton werden sollte und er einige Dörfer zur Umsiedlung zwang, um Platz für den Wildbestand zu schaffen. Die gelernten Kleinbauern sollten Fischerei betreiben, doch dieser Plan misslang. Aus Protest verließen die meisten Betroffenen die Insel, die Häuser standen leer, mutierten zur *Hungry Row*. Charakteristisches Detail der Hausfassaden sind die Giebelfenster im Obergeschoss: jedes für sich hat eine andere Form. Beleuchtet mit einer Kerze, konnten dadurch die jeweiligen Eigentümer ihre Häuser im Dunkeln wiederfinden.

len sich auf die kleinen Siedlungen entlang der Küste. Alle leicht zu erreichen, denn die einzige Straße (A841) nimmt exakt diesen Verlauf, einmal über 92 Kilometer rund herum. Lediglich die B880 bildet eine abkürzende Querspange unterhalb des Goat Fell von West nach Ost.

Wegen des milden Klimas, so manche Palme und tropische Pflanze gedeiht prächtig, war Arran schon im 18. Jahrhundert ein beliebter Ausflugsort für Gäste vom Festland, speziell aus der Region um Glasgow. Dementsprechend vermitteln die breite Uferpromenade Brodicks und der vorgelagerte Strand den gefälligen Eindruck eines Seebades. Bemerkenswert ist der kleine Minigolfplatz, der einige bekannte Gebäude aus Schottland wie die Forth Rail Bridge in die Hindernisse integriert hat. Am Ende der Hauptstraße, gleich neben dem örtlichen richtigen Golfplatz an der Brodick Bay, berichtet das in einem alten Farmhaus eingerichtete Heritage Museum über die lokale Geschichte.

# Hauptstadt Klein-Schottlands

Der geschäftige Hafen stellt die wichtigste Transportverbindung zum Festland dar, hier laufen regelmäßig die Fähren aus Ardrossan in Ayrshire ein. Außerdem gibt es eine weitere Fährverbindung, die von Lochranza an der Nordküste innerhalb von 30 Minuten nach Claonaig in den Norden der Kintyre-Halbinsel übersetzt. Lochranza besitzt seit 1995 die Isle of Arran Whisky Distillery. Nach 150 Jahren war dies die erste legale Brennerei auf der Insel. Die typisch flachen Pagodendächer der Produktionsstätten fügen sich hervorragend in das Landschaftsbild am Ortsrand ein. Sie bilden einen starken Kontrast zu der auf einer schmalen Landzunge stehenden, eindrucksvollen Burgruine Lochranza Castle, ein imposantes Turmhaus aus dem

Die urzeitlichen Relikte der Standing Stones im Machrie Moor

16. Jahrhundert, das auf frühmittelalterlichen Grundfesten errichtet wurde. Ihre Silhouette soll den belgischen Zeichner und Illustrator Hergé zur TinTin-Episode *L'Île Noire* (»Tim und Struppi: Die schwarze Insel«) inspiriert haben, ein Privileg, welches aber auch Kisimul Castle auf Barra für sich beansprucht. Robert the Bruce betrat 1306 aus Irland kommend in Lochranza wieder schottischen Boden, um von hier seinen Feldzug zur Unabhängigkeit von England zu starten. Richtung Süden kommt zunächst das Straßendorf Catacol, und einige Kilometer weiter installierte die Post 1891 in der Dougarie Lodge das erste Telefon der Insel.

Brodick Castle, wie der Country Park unter Verwaltung des National Trust for Scotland und wichtigstes Ausflugsziel Arrans, wacht am Fuße des Goat Fell, ebenfalls Teil der Ländereien, über die weite Bucht von Brodick. Das Schloss befand sich einst, wie der überwiegende Teil der Insel, im Besitz der Familie des Duke of Hamilton. Teile des zentralen runden Turms stammen aus dem frühen 13. Jahrhundert, mit dem eigentlichen Hauptgebäude begannen die Handwerker des Grafen gegen 1558.

## Infos und Adressen

### ANREISE
Von Ardrossan nach Brodick, April – Okt. von Claonaig nach Lochranza.
www.cal-mac.de

### INFORMATION
**Visit Arran.** www.visitarran.com

### SEHENSWÜRDIGKEITEN
**Brodick Castle, Country Park und Goatfell.** Geöffnet April 11–15, Mai–. Sept. 11–16, Okt. 11–15 Uhr, Park ganzjährig zugänglich. Brodick, Isle of Arran, KA27 8HY, Tel. 0844 493 21 52, www.nat-trust-scot.de

### ESSEN UND TRINKEN
»A Taste of Arran«: Whisky, Bier, Käse oder Schokolade, Market Road, Brodick, Isle of Arran, KA27 8AU, Tel. 01770 30 23 74, www.taste-of-arran.co.uk

### ÜBERNACHTEN
**Auchrannie Resort.** Brodick, Isle of Arran, KA27, 8BZ, Tel. 01770 30 22 34, www.auchrannie.co.uk

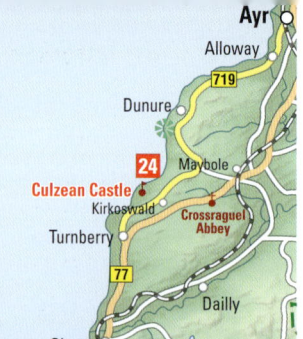

# 24 Culzean Castle
## Auf den Spuren von Eisenhower

**Dramatischer kann die Lage für einen herrschaftlichen Landsitz kaum sein: Hoch über der schroffen Küste Ayrshires thront Culzean Castle majestätisch an der Klippenkante als architektonisches Glanzlicht eines weitläufigen Landschaftsparks. Der frühere Stammsitz des Clans Kennedy, deren Familiengeschichte bis zum Schottenkönig Robert the Bruce zurückreicht, befindet sich seit 1945 im Besitz des National Trust for Scotland.**

Der berühmte schottische Architekt Robert Adam (1728–1792) nahm sich des ursprünglichen Wohnturms aus dem 12. Jahrhundert an. In der späten Phase seines Schaffens zwischen 1777 und 1792 schuf er für den 10. Earl von Cassillis, David Kennedy, ein elegantes, schlossartiges Herrenhaus, in welches er Teile des alten Gebäudebestands integrierte. Weder Adam noch der Earl erlebten jedoch die Fertigstellung des Castles. Auch die umliegenden Bauwerke im Park, ein Viadukt und eine Farm, heute das Besucherzentrum, entstammen Adams kreativen Eingebungen. Das zentrale, ovale Treppenhaus in Culzean Castle gilt als Meisterwerk des begnadeten Baukünstlers.

Im Eingangsbereich, der im Jahr 1877 gemeinsam mit einem Erweiterungsbau neu entstand, bestaunen Besucher die umfangreichste historische Waffensammlung der Welt, nach jener der Queen auf Windsor Castle. Die weitere Ausstellung gibt einen guten Einblick in das aristokratische Leben des 18. Jahrhunderts. Atemberaubend ist ganz bestimmt der runde Salon mit den großen Fenstern hinaus zum Clyde.

**Mitte:** Culzean Castle inmitten eines weitläufigen Landschaftsparks
**Unten:** Das Schlafgemach des Eisenhower Apartments

# Domizil des amerikanischen Präsidenten

Nach 1945 baute der National Trust for Scottland die obere Etage Culzeans zur Wohnung um. General Dwight D. Eisenhower (1890–1969) durfte dort exklusiv und lebenslang residieren, als freundschaftliche Geste für die Unterstützung Amerikas und seine Rolle als Oberbefehlshaber der alliierten Streitkräfte während der Kriegsjahre. Viermal, auch während seiner Amtszeit als Präsident der USA, nahm der passionierte Golfer dies in Anspruch. Das Apartment kann nun als stilvolle Eisenhower-Suite gemietet werden.

Eine weitere Präsentation zeigt das Werk des schottischen Ingenieurs William Murdoch (1754–1839), technischer Pionier der frühen Industrialisierung, der auch die vernetzte Gasbeleuchtung in Städten ersann. In den Katakomben von Culzean Castle wurde bis zur Mitte des 20. Jahrhunderts Stadtgas für derlei Zwecke produziert.

Trotz steter Besucherströme dient die ehrwürdige Villa häufig als repräsentative Stätte für aufwendige Filmproduktionen. Sie war Lord Summerisle's Castle in *The Wicker Man*, herrschaftlicher Hintergrund in *The Queen* mit Helen Mirren, und selbst die indischen Filmfabriken entdeckten Culzean für ihre Leinwandspektakel.

1969 öffnete der riesige Landschaftspark von Culzean Castle als erster Country Park Schottlands seine Pforten für die Öffentlichkeit. Besonders Familien verbringen hier ganze Tage mit Picknick, Spiel und Spaß. Diverse Einrichtungen sorgen für reichlich Kurzweil. Es gibt formelle Gärten, einen Wintergarten voll üppiger Blütenpracht, einen riesigen Schwanenteich und »The Pagoda«. Das kleine Haus war vor 200 Jahren in Benutzung als Affenhaus.

# Infos und Adressen

### SEHENSWÜRDIGKEITEN
**Culzean Castle.** 1. April–31. Okt., tägl. 10.30–17 Uhr, Besucherzentrum: Nov.–März Sa, So 11–16; 1. April–31. Okt. tägl. 10–17 Uhr, Country Park & Walled Garden, ganzjährig geöffnet. Maybole, Ayrshire, KA19 8LE, Tel. 01655 88 44 55, www.nts.org.uk/Property/Culzean-Castle-and-Country-Park/

### ÜBERNACHTUNG
Das **Eisenhower Apartment** verfügt über 6 Doppel- bzw. Zweibettzimmer, die einzeln oder für Gruppen vermietet werden, culzean@nts.org.uk, die **Brewhouse Flat** bietet vier Personen eine komfortable Selbstversorger-Unterkunft im Schloss. www.nts.org.uk/Holidays/Find-Accommodation/Glasgow-Ayrshire-Argyll-Kintyre

Darüber hinaus stehen für jeweils vier Personen das **Royal Artillery Cottage,** die **Ardlochan Lodge** und die **Segganwell Cottages** als Ferienhäuser zur Verfügung, holidays@nts.org.uk

Ausblick von der Schlossterrasse über den Firth of Clyde

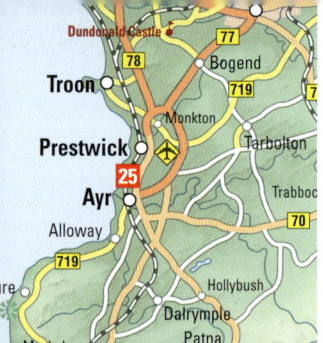

Schottlands Süden

# 25 Am Ostufer des Firth of Clyde
## Glasgow ist nicht weit ...

**Von Landwirtschaft dominiert, erstreckt sich Ayrshire an der schottischen Westküste von den Southern Uplands, den Hügelketten Galloways und den Carrick Hills bis zu den südlichen Ausläufern des Hochlands. Hochkarätige Golfplätze und einige Seebäder waren und sind beliebt als Naherholungs- und Ausflugsgebiet für die Metropolregion um Glasgow. Der Nationalheld William Wallace stammt vermutlich ebenfalls von hier.**

## Turnberry

Als einzige Region in Schottland vereint Ayrshire mit Royal Troon, Prestwick und Turnberry gleich drei Golfplätze, auf denen schon die hochkarätigen Open Championships ausgetragen wurden. Turnberry genießt dabei aber mit Abstand wohl das beste internationale Renommee. Geradezu symbolträchtig liegt der Leuchtturm an der Küste als Bestandteil des The Ailsa-Kurses, einer von drei Golfanlagen, vor dem Panorama Ailsa Craigs und der Halbinsel Kintyre am Horizont.

**Mitte:** Rings um den markanten Leuchtturm erstrecken sich die renommierten Golfplätze von Turnberry.
**Unten:** Der Haupteingang zum Trump Turnberry Hotel

Schon zur vorletzten Jahrhundertwende frönten die Schotten hier ihrem grünen Sport. Erst 1906 kam der repräsentative Hotelbau hinzu. Ursprünglich angelegt als Bahnhofshotel der Glasgow & South Western Railway, war das Gebäude modern ausgestattet. Das Haus, mittlerweile im Besitz der amerikanischen Präsidentenfamilie Trump, konnte trotz diverser Umbauten und Erweiterungen seinen Charme der Goldenen Zwanzigerjahre des vo-

112

rigen Jahrhunderts bewahren, den die Gäste noch heute im vielleicht besten Hotel des Landes genießen.

**Einfach gut!**

## Ayr

Das größte Seebad an der Westküste gedenkt dem bedeutendsten Sohn der Stadt, Robert Burns, mit einem Standbild am Burns Statue Square. Der Nationaldichter wuchs im nahen Alloway auf und verbrachte viel Zeit in der Stadt mit der beeindruckend langen Strandpromenade, die sich an warmen Tagen einer regen Geschäftigkeit rund um das Casino erfreut. An der High Street, die noch heute dem historischen Verlauf aus dem 13. Jahrhundert folgt, liegen eine Reihe beachtenswerter Stadthäuser aus viktorianischer Zeit, darunter aber auch der neugotische Wallace Tower (1832) und der imposante, 69 Meter hohe Rathausturm von 1827. Die Pferderennbahn Ayr Racecourse ist Schottlands berühmteste Rennbahn und Austragungsort des *Scottish Grand National*.

## Kilmarnock

Im Jahr 1786 erschien der erste Gedichtband von Robert Burns, gedruckt in der größten Stadt East

**ZUM SCHIESSEN: CURLING-GRANIT**

Wie ein großer, runder Klumpen ragt Ailsa Craig aus dem Firth of Clyde heraus, als gut sichtbare Landmarke von der Küste Ayrshires ebenso wie von Arran und dem Osten der Kintyre-Halbinsel. Die äußere Form hat gewisse Ähnlichkeit zu dem wichtigsten Erzeugnis der 99 Hektar großen und 338 Meter hohen Insel: dem polierten Curling-Stein. Die besonderen Eigenschaften des Granits von Ailsa eignen sich bestens für das winterliche Sportgerät. Lange Zeit kam der Rohstoff ausschließlich von »Paddy's Milestone«, so genannt, weil es auf halber Strecke vom nordirischen Belfast nach Glasgow liegt. Leuchtturmwärter waren bis zur Automatisierung des Stevenson-Gebäudes, erbaut 1868, in den 1980er-Jahren die letzten Bewohner. Nun regieren die Seevögel über Turm, Pier und Burgruine. Tagesausflüge sind von Girvan aus möglich. Ailsa Craig kann käuflich erworben werden.

www.ailsacraig.org.uk

## NOSTALGIE AUF DEM WASSER

Maritime Veranstaltungen auf dem River Clyde vor den Küsten Inverclydes und Ayrshires sind keine Seltenheit. Ein Wasserfahrzeug fällt dabei immer auf, tief in den Fluten liegend, mit zwei markanten, geneigten Schornsteinen: die »PS Waverley«. Es ist der einzige hochseetüchtige Schaufelraddampfer der Welt. Gebaut am Clyde im Jahr 1947, stellt er den Nachbau eines ähnlichen Typs dar, der 1940 vor Dünkirchen sank. Bis in die 1900er-Jahre im Linienbetrieb in Westschottland im Einsatz, übernahm die Paddle Steamer Preservation Society das Schiff, das nach dem ersten Roman von Sir Walter Scott benannt ist. Regelmäßige Ausflugsfahrten finden meist ausgehend vom Riverside Museum in Glasgow zwischen April und Oktober statt.

**Waverley Excursions Ltd.**
36 Lancefield Quay, Glasgow G3 8HA, Tel: 0845 130 46 47, www.waverleyexcursions.co.uk

Ayrshires, die vor allen Dingen bekannt war durch ihre Textilindustrie und die dortige Herstellung der typischen »Schottenmütze«, Kilmarnock-Bonnet, aus roter, blauer oder schwarzer Wolle. Dem Dichter und dem Drucker John Wilson ist ein Denkmal in der Stadtmitte gewidmet. Ein weiteres Standbild ehrt John Walker (1805–1857), der seine Kenntnisse in der Zubereitung exquisiter Teemischungen zur Produktion von Walker's Kilmarnock Whisky nutzte und später Namenspatenschaft übernahm für einen der weltweit bekanntesten Blended Whiskys. Das schwarz-weiße Logo des stolz marschierenden Herrn mit Zylinder und Spazierstock schuf 1908 der Engländer Tom Browne (1870–1910).

Etwa acht Kilometer östlich von Kilmarnock steht die Schlossruine von Loudoun Castle, das als schottisches Windsor bekannt war, aber 1941 einem Feuer zum Opfer fiel. Das großartige Herrenhaus geht zurück auf das 15. Jahrhundert und verfügte nach dem Umbau um 1810 über zwölf Türme und 365 Fenster, für jeden Monat und jeden Tag des Jahres. An der südlichen Mauer wächst eine gut 700 Jahre alte Eibe, unter der 1707 der Unionsvertrag zwischen England, Wales und Schottland diskutiert und verabschiedet wurde. Im Norden Kilmarnocks befindet sich mit Dean Castle aus dem 14. Jahrhundert ein weiterer, sehenswerter Palast. Zwischen Kilmarnock und Glasgow liegt mit der Whitelee Windfarm der umfangreichste landgebundene Windmühlenpark Großbritanniens. Die stählernen Riesen mit ihren rotierenden Propellern wirken auf dem hügeligen Hochmoor wie kraftvolle Fabelwesen.

## Largs

Freizeityachten dümpeln in der Marina, Ausflügler promenieren über den Strandboulevard. 1263 ging

# Spaziergang auf den Spuren von Robert Burns

Robert Burns ist Kult. Der Nationaldichter Schottlands wurde nur 37 Jahre alt, doch seine Aura bleibt vital und lebendig. Geboren 1759 in Alloway, wuchs er mit sechs Geschwistern in ärmlichsten Verhältnissen auf, verdankte es seinem Vater, dass er recht früh eine Schule besuchen konnte und eine gute Ausbildung erhielt. Um 1775 verfasste er erste eigene Lyrik, die meist von seinen zahlreichen Liebschaften handelte. Seine Gedichte und Verse erregten bald größeres Aufsehen, Burns erlangte Zutritt in höhere Gesellschaftsschichten, die ihn zunächst hofierten, die er selbst jedoch sehr kritisch beobachtete. Die politische, sozialkritische Denkweise, der vorbildliche Einsatz für Menschenrechte, verpackt in Lieder und Verse, brachte ihm sehr viel Respekt ein und bildet einen festen Anker in der schottischen Seele. Ein absoluter Klassiker ist sein »Auld Lang Syne«, das ganz Großbritannien traditionell zum Jahreswechsel intoniert. Unweit des reetgedeckten Geburtshauses entstand das repräsentative Robert Burns Birthplace Museum. Ein Rundweg führt zu Stationen aus Burns Leben, illustrativen Objekten und Darstellungen aus seinem Werk.

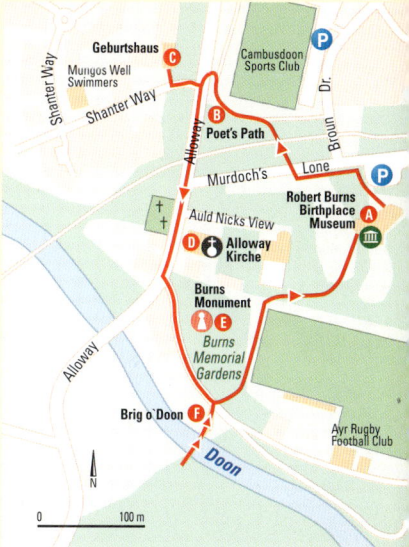

Dauer: ca. 2 Stunden

**Ⓐ Birthplace Museum** – Das Museum präsentiert handschriftliche Originale, die Sammlung der Werke begann bereits 1796, und eine virtuelle Dokumentation seines Lebens sowie seine weitreichenden Einflüsse bis in die Neuzeit.

**Ⓑ Poet's Path** – Auf dem Poetenpfad ist in Versform die märchenhafte Erzählung *Tam o' Shanter* anhand von kunstvollen Wetterfahnen dargestellt.

**Ⓒ Geburtshaus** – Von einer historischen Gartenanlage umgeben, steht in der Küche des niedrigen Gebäudes das Kastenbett, in dem er zur Welt kam.

**Ⓓ Alloway-Kirche** – An der Ruine der Kirche vollführten die Hexen aus *Tam o' Shanter* ihre Tänze, begleitet vom Dudelsackspiel des Teufels.

**Ⓔ Burns Monument** – Das kleine, tempelartige Monument überblickt die Landschaft, die der Poet so sehr mochte.

**Ⓕ »Brig o'Doon«** – Die Brücke über das Flüsschen Dun bewahrte Tam vor dem Zugriff der Fabelwesen.

Alte Bücher mit den Liedern und Texten des Nationaldichters sind Bestandteil der Ausstellungen.

es in Largs weniger gemütlich zu: Die Wikinger unter König Håkon IV. lieferten sich eine Seeschlacht mit den Schotten. Aus dieser Zeit stammt die Legende, welche die Distel in den Status der Nationalblume hob. Die bei Dunkelheit an Land einfallenden, barfüßigen Nordmänner traten auf die stacheligen Pflanzen und weckten mit ihren Schmerzensschreien ihre Gegner aus dem Schlaf, die sofort zum erfolgreichen Gegenangriff übergingen. Das Andenken an dieses Ereignis wird durch das jährliche »Largs Viking Festival« in der ersten Septemberwoche lebendig gehalten.

## Gourock

Aus dem Seebad am westlichen Ende Renfrewshires, wo der River Clyde sich südwärts wendet, kommt der auf dem schottischen Frühstücksmenü beliebte *Kipper*. 1688 entdeckte in einer Hütte am Pier ein Händler zufällig die besondere Form der Haltbarmachung von Heringen, die durch pökeln und räuchern zum *Red Herring* werden. Als Ausflugsort für betuchte Bürger Glasgows erlebte Gourock seine Blütezeit zur letzten Jahrhundertwende. Die lange Promenade am Clyde bietet wunderbare Ausblicke über das Wasser und die beeindruckende Berglandschaft am anderen Ufer.

**Oben:** Der Clyde bietet immer wieder fantastische Aussichten.
**Mitte:** Der »Pfad des Dichters« führt vom Birthplace Museum zu Robert Burns Geburtshaus.
**Unten:** Blütenzauber dank den Einflüssen des Golfstroms

## GUT ZU WISSEN

### VERSTÄNDNIS FÜR BURNS
So groß die Begeisterung für die Gedichte und Lieder von Robert Burns auch ist, er bleibt ein sehr schottischer Poet. Selbst beste Übersetzungen können nur ansatzweise die tatsächlichen Inhalte wiedergeben, bleiben zumeist oberflächlich und ohne Tiefe. Seine Aura bleibt davon jedoch unberührt, insbesondere wegen der einzigartigen Liedtexte, welche die ganze Welt zu beeindrucken vermögen.

# Infos und Adressen

### SEHENSWÜRDIGKEITEN

**Robert Burns Birthplace Museum.** Geöffnet tägl. 10–17 Uhr, Murdoch's Lone, Alloway, Ayr, KA7 4PQ, Tel. 01292 44 37 00, www.burnsmuseum.org.uk

**Burns House Museum.** Das urige kleine Cottage in der Castle Street des Dörfchens Mauchline war das erste Wohnhaus von Robert Burns und seiner Frau Jean Armour, die er im Pub kennenlernte. Zu sehen sind einige Originalschriften des Poeten. Geöffnet Di–Sa, 10–16 Uhr, Eintritt frei. Castle Street, Mauchline, KA5 5BZ, Tel. 01290 55 00 45, www.museumsgalleriesscotland.org.uk

**Vikingar!** Historische Begebenheiten und zeitgemäße Freizeitgestaltung in harmonischer Eintracht. Greenock Road, Largs, Ayrshire, KA30 8QL, Tel. 01475 68 97 77, www.kaleisure.com

### ESSEN UND TRINKEN

**Wildings Hotel.** In Sichtweite des Turnberry-Leuchtturms kredenzt das gemütliche Restaurant des Familienbetriebs Fisch und Meeresfrüchte vom Allerfeinsten. Anschließend empfiehlt sich eine Wanderung entlang der Küste bis Culzean Castle. Harbour Road, Maidens, KA26 9NR, Tel. 01655 33 14 01, www.wildingshotel.com

### ÜBERNACHTEN

**Trump Turnberry Resort.** Der Inbegriff von Luxus und Understatement. Legendärer Rasensport vereint mit der Noblesse einer eleganten Unterkunft und fantastischer Restaurants – allerdings alles zu seinem Preis. Turnberry, Ayrshire, KA26 9LT, Tel. 01655 33 10 00, www.trumpturnberry.com

**Crossbasket Castle.** Das historische Towerhouse aus dem 15. Jahrhundert ist nun elegante Luxusherberge. Stoneymeadow Road, High Blantyre, Glasgow, G72 9UE, Tel. 01698 82 94 61, www.crossbasketcastle.com

### INFORMATION

**What's on!** Ayrshire. 21 Wellington Square, Ayr, KA7 1EZ, Tel. 01292 26 26 27, www.whatsonayrshire.com

Robert Burns an einer Tafel mit den Ikonen des 20. Jahrhunderts

# SCHOTTLANDS MITTE

# 26 Loch Lomond & Trossachs National Park
## Das Herz Schottlands

**Loch Lomond & Trossachs National Park sind Schmuckstücke in der Mitte Schottlands. Schottlands größter See, Loch Lomond, bildet mit seinen viel besungenen »Bonnie, Bonnie Banks of Loch Lomond«, seinen schönen Ufern, das Herzstück des Parks. Von hier aus erstreckt er sich in alle Himmelsrichtungen und verbindet die sanfte Hügellandschaft der Trossachs mit dem Argyll Forest und den majestätischen Gipfeln des Breadalbane. Es ist eine Landschaft von beeindruckender Schönheit.**

Die wunderschöne Landschaft des Nationalparks erschließt sich auf vielfältige Weise. Wandern ist eine großartige Möglichkeit, den Park zu entdecken. Ob eine sanfte Wanderung entlang schöner Seeufer und über heidebewachsene Hügel oder die Besteigung des Ben More, mit 1174 Metern der höchste Gipfel im Park, es ist für jeden Anspruch etwas dabei. Über 20 Seen sind Teil des Nationalparks, ein großartiges Revier für Wassersportler: Kanu- oder Kajakfahren, Wasserski oder Segeln, alles ist möglich. Wem diese Arten der Fortbewegungen zu Wasser zu anstrengend sind, dem sei eine Fahrt mit dem Loch Lomond Water Bus empfohlen, eine angenehme Art, reizvolle Ziele rund um den See zu entdecken.

## Rund um Loch Lomond

Loch Lomond, der größte unter Schottlands fjordartigen Seen, ist gesprenkelt mit kleinen Inseln, seine Ufer schmücken malerische Dörfer wie Helensburgh, Luss und Balmaha. Nähert man sich

**Seite 118/119:** Scone Palace, die Wiege schottischer Monarchie, ist bekannt für seine lebhaften Pfauen. **Mitte:** Markante Bergformationen prägen die Silhouette des Nationalparks. **Unten:** Entspannung am Ufer des größten schottischen Sees

# Loch Lomond...

**Einfach gut!**

dem See von Süden über die A82, erreicht man mit dem belebten Ort Balloch das Tor zum Nationalpark. Zahlreiche Geschäfte und Restaurants, ein Yachthafen und der Balloch Castle Country Park bieten eine große Vielfalt an Freizeitaktivitäten. Die großen Park- und Waldflächen des Balloch Castle Country Parks sind von Wanderwegen durchzogen, ein historischer, ummauerter Küchengarten lässt das Herz des Gartenliebhabers höher schlagen. Es finden sich viele ruhige Plätze zum Picknicken, und das Visitor Centre bietet eine Ausstellung zur artenreichen heimischen Flora und Fauna. Entlang des belebten Westufers führt die A82 über die gesamte Länge des Sees von Balloch im Süden bis nach Ardlui im Norden. In regelmäßigen Abständen laden Park- und Picknickplätze zu einer Pause am Seeufer ein. Für Radfahrer verläuft entlang des Westufers der etwa 28 Kilometer lange West Loch Lomond Cycle Path. Ein lohnenswerter Stopp an dieser Seite des Sees ist das unter Denkmalschutz stehende, malerische Dorf Luss. Die hübschen kleinen Cottages, die in den Sommermonaten liebevoll mit farbenfrohen Blumenarrangements geschmückt werden, sind wunderbare Fotomotive.

Die sehr populäre Wanderstrecke West Highland Way, die Königsstrecke unter Schottlands Fernwanderwegen, schlängelt sich auf ihrem 154 Kilometer langen Weg durch Schottland entlang des ruhigen Ostufers des Loch Lomond. Mit dem Auto ist das Ostufer lediglich bei Balmaha und bei Inversnaid zu erreichen. Das idyllische Dorf Inversnaid ist ein Paradies für Naturliebhaber und bietet spektakuläre Ausblicke über den See auf die Arrochar Alps. Dieses Panorama und die umliegenden dichten Eichenwälder sind zu jeder Jahreszeit ein Highlight der Region. Balmaha ist Ausgangspunkt für Ausflüge nach Inchcailloch, der größten Insel im Loch Lomond.

## KINDERSPIEL

Queen Elizabeth II. eröffnete im Mai 2002 mit dem Schiffshebewerk »Falkirk Wheel« eines der signifikantesten Bauwerke der modernen Industriearchitektur des 21. Jahrhunderts. Mittels weltweit einzigartiger Technik aus zwei rotierenden Gondeln, einer Art drehbare Schiffsbadewannen, können Boote bis zu einem Maximalgewicht von 200 t bewegt werden. Es dient der Verbindung des »Forth and Clyde Canals« mit dem »Union Canal«, damit der durchgängigen Wasserstraße zwischen Edinburgh und Glasgow. Bei der technischen Umsetzung half den Ingenieuren das dänische Kinderspielzeug LEGO. Mittels Modellen aus den Kunststoffsteinen bekamen sie das Problem in den Griff, die Gondeln immer in der Waagerechten zu halten. Darüber hinaus benötigt das Hebewerk für eine Rotation nicht mehr 1,5 kW Energie, was gerade einmal dem Energieverbrauch von acht gleichzeitig betätigten Wasserkochern entspricht!

www.thefalkirkwheel.co.uk

## INCHMAHOME ABBEY

Einem Übersetzungsfehler verdankt der Lake of Menteith die Tatsache einziger See (Lake! nicht Loch) Schottlands zu sein. Vor fast 800 Jahren richteten Augustinermönche auf der Insel mitten im See eine Abtei ein, die durch ihre Abgeschiedenheit besonderen Seelenfrieden zu vermitteln vermochte. Dies erkannten auch Robert the Bruce, der dort gleich dreimal spirituelle Zuflucht suchte, und die junge Mary, Queen of Scots, die im Alter von fünf Jahren auf Geheiß ihrer Mutter für drei Wochen dort verweilte. Seit dem 17. Jahrhundert waren Kloster und Kirche dem Verfall preisgegeben, und einmal mehr erkannte Sir Walter Scott die paradiesischen Gegebenheiten des Ortes. Besucher können nach fünfminütiger Bootsüberfahrt das ungewöhnliche Kleinod besichtigen, das indische Filmemacher schon mehrfach für die knallbunten Inszenierungen ihrer Bollywood-Streifen nutzten.

www.hist-scot.de

# Rob Roy Country

Der östliche Teil des Loch Lomond & Trossachs National Parks ist Heldenland – Rob Roy Country. Rob MacGregor, einer der berühmtesten schottischen Clanchefs, war eine schillernde Persönlichkeit, ein wenig schottischer Robin Hood, ein bisschen Schurke, aber auf jeden Fall ein legendärer und bis heute verehrter Volksheld. Es bietet sich an, mit dem Rad eine Rundtour zu unternehmen, die in Aberfoyle beginnt und endet (s. rechte Seite). Aberfoyle ist außerdem ein guter Ausgangspunkt, um den Queen Elizabeth Forest Park zu erkunden oder eine Wanderung zu unternehmen. Für Abenteuerlustige ist der preisgekrönte Wald-Abenteuerpark »Go Ape!« ein Muss. Hoch in den mächtigen Bäumen schwingt man wie Tarzan von Baum zu Baum, rauscht an Drahtseilen durch den Wald und balanciert auf Hängebrücken durch die Baumkronen. Auf der A81 geht es in Richtung Osten nach Lake of Menteith, der einzige See in einem Land voller Lochs. Eine kurze, aber reizvolle Bootsfahrt bringt Besucher zur Inselabtei Inchmahome. Durch Waldgebiet führt die Strecke nach Callander. In der Kleinstadt mit einladenden Teestuben und kleinen Geschäften begegnet man dem berühmten Rob Roy MacGregor im Rob Roy & Trossachs Visitor Centre.

## Mit dem Rad rund um Loch Katrine und über den Duke's Pass

Der Duke's Pass, benannt nach Rob Roys Erzfeind, dem Duke of Montrose, führt auf geschwungenen Straßen von Aberfoyle in Richtung Callander und in die Trossachs. Diese Panoramastrecke gehört zu den landschaftlich schönsten Routen des Nationalparks und lässt sich bequem in eine etwa 40 km lange Fahrrad-Rundtour mit vielen interessanten Stopps integrieren, atemberaubende Aussichten und herrliche Natur inbegriffen.

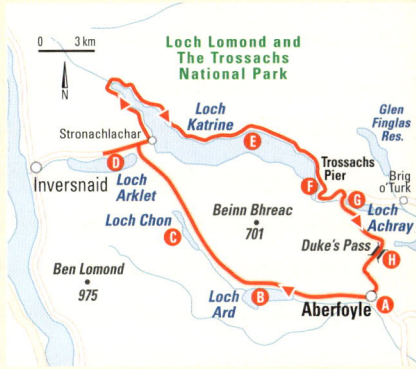

**A** Beginnt man die Tour in **Aberfoyle,** lohnt für Naturschutzinteressierte zu Beginn die Ausstellung im »The Lodge–Forest Visitor Centre«.

**B** Zunächst geht die Radfahrt in nordwestlicher Richtung entlang des **Loch Ard**, der als Ursprung des River Forth gesehen wird,

Schottlands Natur ist auch per Rad ein Erlebnis.

**C** dann durch den verwunschenen **Loch Ard Forest** zum **Loch Chon**.

**D** Man passiert den **Loch Arklet**, ein beliebtes Angelrevier.

**E** Noch bevor der große **Loch Katrine** erreicht ist, hat man schon die Hälfte der Strecke geschafft. Der See bildet das Wasserreservoir für die Stadt Glasgow.

**F** Am **Trossachs Pier** ist eine gute Gelegenheit für eine Verpflegungspause und das Beobachten der Ausflugsschiffe. Auch wer nur die Toilette benutzen will, ist hier herzlich willkommen.

**G** Denn dann geht es vorbei am **Loch Achray**, einem stillen, ruhigen See, an dessen Ufer sich die für Hochzeiten populäre **Trossachs Church** spiegelt

**H** zum sportlichen Höhepunkt dieser Radtour – dem **Duke's Pass**, den man nach einer langgezogenen Steigung erreicht,

**A** bevor man wieder glücklich und zufrieden am Abfahrtsort **Aberfoyle** eintrifft.

123

Kurz hinter Callander, ganz in der Nähe der Abzweigung auf die A821, befindet sich die Kilmahog Woollen Mill. In der 250 Jahre alten Mühle wird Schottlands lange Tradition der Textilverarbeitung informativ präsentiert. Neben dem angrenzenden Tourist Shop, in dem man Produkte aus feinstem Harris Tweed und edlem schottischen Kaschmir erstehen kann, gibt es ein Clan Tartan Centre, einen sehr gut sortierten Whisky Shop sowie die obligatorische Teestube. Nach der Abbiegung auf die A821 in Richtung Westen erreicht man nach einer kurzen Fahrt Loch Venachar. Einen der besten Aussichtspunkte der Trossachs findet man am Venachar Lochside Harbour Cafe. Großartig ist der Blick über den glasklaren See zu den Menteith Hills, Ben Venue und nach Westen auf die Trossachs & Breadalbane. Hier wird sie sichtbar, die berühmte Schnittstelle der Lowlands und Highlands. Die Hügel werden zu Bergen, die Wälder immer dunkler, die Landschaft dramatischer und die Seen magischer.

Nur wenige Kilometer weiter westlich liegt Loch Katrine. Schon Sir Walter Scott liebte Loch Katrine und setze ihm, obwohl es ganz unspektakulär der Trinkwasserspeicher für Glasgow und Umgebung ist, mit seiner berühmten Ballade »The Lady of the Lake« ein musikalisches Denkmal. Was zur Folge hatte, dass bereits im 19. Jahrhundert diese herrliche Gegend zu einem beliebten Touristenziel wurde. Noch heute durchzieht der kleine viktorianische Dampfer »Sir Walter Scott« die ruhigen Gewässer des Lochs, in denen sich die umliegende, wunderschöne Landschaft spiegelt. Touren mit dem Dampfer starten am Loch Katrine Pier, am östlichen Seeufer. Fährt man die kleine Zugangsstraße vom Pier zurück auf die A821 in Richtung Aberfoyle, gelangt man über den beeindruckenden Duke's Pass zurück zum Ausgangspunkt in Aberfoyle.

**Oben:** Angelvergnügen auf dem Lake of Menteith
**Mitte:** Die Whisky-Bar im Cameron House verströmt Destillerie-Atmosphäre.
**Unten:** Die »Lady of the Lake« wartet auf Ausflügler am historischen Loch-Katrine-Pier.

# Infos und Adressen

## SEHENSWERT

**The Hill House.** Ein Meisterwerk von Charles Rennie Mackintosh und der ganze Stolz des Ortes Helensburgh. Upper Colquhoun Street, Helensburgh G84 9AJ, Tel. 01436 67 39 00, www.nts.org.uk/property/the-hill-house

**Balloch Castle Country Park.** Balloch Castle, Balloch, Dunbartonshire G83 8LX, Tel. 01389 72 26 00, www.lochlomond-trossachs.org

**Inchmahome Priory.** Nur mit der Fähre zu erreichen ab Port of Menteith, FK8 3RA Tel. 01877 38 52 94, www.hist-scot.de

## ESSEN UND TRINKEN

**Monachyle Mhor Hotel & Restaurant.** Das feine Restaurant ist eine Pilgerstätte für alle Freunde bester schottischer Küche aus frischen, lokalen Produkten. Vorausbuchungen empfehlenswert. Monachyle Mhor, Balquhidder, Lochearnhead, Perthshire FK19 8PQ, Tel. 01877 38 46 22, www.mhor.net

**Glengoyne Distillery.** Deren Blending Session ist ein Muss für Whisky-Liebhaber! Dumgoyne, Killearn, Glasgow G63 9LB, Tel. 01360 55 02 54, www.glengoyne.com

## ÜBERNACHTEN

**Cameron House on Loch Lomond.** Luxuriöses Hotel-Domizil mit Chauffeurdiensten, auch per Wasserflugzeug. Alexandria G83 8QZ, Tel. 01389 31 07 77, www.cameronhouse.co.uk

## AKTIVITÄTEN

**Go Ape!** The Lodge-Forest Visitor Centre, Queen Elizabeth Forest Park, Aberfoyle, Stirling FK8 3SY, Tel. 0845 643 92 15, www.goape.co.uk/days-out/aberfoyle

## EINKAUFEN

**Scottish Wool Centre Aberfoyle.** Umfangreiches Angebot an Kleidung aus feinstem Kaschmir und edlem Harris Tweed, Country Mode, Geschenkartikeln, schottischen Spezialitäten und Whisky sowie interessante Vorführungen von Hütehunden und Schafen. Off Main Street Aberfoyle, Stirlingshire FK8 3UQ, Tel. 01877 38 28 50, www.scottishwoolcentre.co.uk

## INFORMATION

www.lovelochlomond.com

Restaurantbereich des Cameron House Hotels

# 27 Stirling – Dunblane – Bannockburn
## Ringen um Unabhängigkeit

**Durch die Eröffnung des neuen Besucherzentrums des Bannockburn Battlefields erlangt diese im Herzen Schottlands liegende Region ganz besondere Aufmerksamkeit. Der 700. Jahrestag der letzten erfolgreichen Schlacht gegen die Engländer im Jahre 1314 wird mit einer bisher weltweit einzigartigen 3D-Technologie den Besuchern vor Augen geführt.**

Stirling, seit 2002 jüngste Stadt des Landes, ist eine Gemeinde mit vielen modernen Einflüssen und zeitgemäßem Lebensstil, aber gleichzeitig von Historie durchtränkt. Stirling spielte über viele Jahrhunderte eine entscheidende Rolle in der schottischen Geschichte. Die mächtige Felsenburg Stirling Castle war eine der bedeutendsten Festungen des Landes – wer immer dort residierte, er/sie herrschte über die Schotten. Aufgrund seiner strategischen Position hoch auf einem vulkanischen Felsen und an der Schnittstelle zwischen Lowlands und Highlands war Stirling für lange Zeit die Hauptstadt des Landes. Die mächtigen Stuart-Könige liebten die imposante Burg, deren Silhouette schon von Weitem sichtbar ist.

## Wege in die Unabhängigkeit

Große schottische Helden versammelten hier ihre Armeen, um für die Unabhängigkeit Schottlands zu kämpfen. In ihrer langen, oft sehr blutigen Geschichte wurde die Burg viele Male belagert. Sieben geschichtsträchtige Schlachtfelder sind von der Burg aus zu sehen, darunter Stirling Bridge, an der William Wallace 1297 den berühmten Kampf

**Mitte:** Piper am Eingang zu Stirling Castle
**Unten:** Einhorn auf Wandteppich in Stirling Castle

Das Wallace Monument im mystischen Nebel

gegen die Engländer focht, und das Schlachtfeld von Bannockburn, auf dem Robert the Bruce seinen historischen Sieg errang. In der Ausstellung im Inneren des markanten National Wallace Monuments, fertiggestellt im Baroniestil 1869, wird die Geschichte von Schottlands großem Nationalhelden *Braveheart,* Sir William Wallace, erzählt.

Stirling Castle erlangte besondere Berühmtheit durch die Krönungszeremonie der gerade einmal neun Monate alten Mary, Queen of Scots, im Jahr 1543. Die Burganlage ist groß, man sollte sich Zeit nehmen für diesen besonderen Ort. Neben dem königlichen Palast James' V. von 1540, auffällig die Fassade im Stil der französischen Renaissance, und der bedeutenden *Great Hall,* der großen Halle von 1503, gibt es die Schlosskapelle, einen großen Küchentrakt sowie die Schlossgewölbe zu besichtigen. In der *Queen's Inner Hall* befinden sich sieben einzigartige Wandteppiche, welche die Geschichte des schottischen Einhorns illustrieren. Handgewebt nach Originaltechniken mit den Farben und Materialien aus dem frühen 15. Jahrhundert, werden diese in den Tapestry Studios auf dem Burggelände nachgearbeitet. Von den sogenannten *Wall Walks,* den Wegen auf den Burg-

*Nicht verpassen*

**WIMBLEDON IN PERTHSHIRE**

Ein Tennisplatz in den Original-Farben der Courts von Wimbledon in den Gartenanlagen des Cromlix House Hotels ist der einzige Hinweis auf den Besitzer des historischen Gebäudes von 1880, den Olympiasieger 2012 und Wimbledonsieger 2013, Andy Murray, der auch 2016 diese beiden Turniere gewann, das Jahr als Weltranglisten-Erster abschloss und schließlich sogar noch als einer der jüngsten Briten überhaupt in den Ritterstand, als »Sir Andy«, erhoben wurde.

Einst als herrschaftliches Cottage für die Familie Drummond gebaut, dient es heute als stilvolle Luxusherberge mit 15 Zimmern und Suiten und einem Restaurant im gemütlichen Wintergarten, in dem allerhöchste Küchenkunst zu genießen ist. Ein ganz besonderes Feature des Gebäudes stellt die integrierte Kapelle dar, die für Hochzeiten oder Taufen genutzt werden kann.

www.cromlix.com

**Oben:** Die Kathedrale von Dunblane
**Unten:** Im Thronsaal von Stirling Castle

mauern, genießt man einen guten Überblick über die Stadt und die umliegende Landschaft, während eine kopfsteingepflasterte Straße hinunterführt von der Burg ins Stadtzentrum und vorbei an weiteren sehenswerten Gebäuden. Argyll's Lodging ist eines der repräsentativen Stadthäuser aus dem 17. Jahrhundert. Seine Einrichtung spiegelt den Lebensstil seiner damaligen Bewohner, der mächtigen Familie der Argylls, wider. Im Schatten der großen Burg erbauten die Mächtigen von Stirling im 15. Jahrhundert eine Kirche, so groß wie eine Kathedrale. Die junge Königin Mary, Queen of Scots, ließ ihren Sohn James VI. hier zum König krönen. Architektonische Glanzlichter der Kirche sind die mittelalterliche Eichenbalkendecke und die Bleiglasfenster. Zu Füßen des Schlossbergs befindet sich die sogenannte Lower Town, das Geschäftszentrum der Stadt. Viele unabhängige Geschäfte, Cafés und Restaurants sowie einige sehr einladende Einkaufspassagen machen Stirling zu einer beliebten und sehr attraktiven Einkaufsstadt.

Etwas weiter nördlich liegt die kleine Stadt Dunblane. Sie beheimatet die älteste Privatbibliothek Schottlands. In der Leighton Library aus dem Jahr 1687 befinden sich über 4500 Bücher. Neben der Bibliothek ist die Stadt stolz auf ihre große Kathedrale, bis zur Reformation Sitz der römisch-katholischen Bischöfe. Berühmtester Sohn der Stadt ist Sir Andy Murray, Tennisprofi und Wimbledon-Sieger 2013 und 2016. Seine Geschichte ist eng verbunden mit einem sehr traurigen Kapitel der Stadtgeschichte, dem Schulmassaker von 1996. Sechzehn Erstklässler sowie eine Lehrerin der Dunblane Primary School wurden Opfer eines Amokläufers. Andy Murray war zu jener Zeit Schüler an dieser Schule. Ein Denkmal für die Opfer des Massakers befindet sich auf dem örtlichen Friedhof.

# Infos und Adressen

### SEHENSWÜRDIGKEITEN

**The Battle of Bannockburn Visitor Centre.** Geöffnet März–Okt. 10–17.30, Nov.–Feb. 10–17 Uhr. Glasgow Road, Whins Of Milton, Stirling, Stirlingshire, FK7 0LJ, Tel. 01786 81 26 64, www.battleofbannockburn.com

**Stirling Castle.** Geöffnet April–Sept. 9.30–18, Okt.–März 9.30–17 Uhr. Castle Esplanade, Stirling FK8 1EJ, Tel. 01786 45 00 00, www.stirlingcastle.gov.uk

**Argyll's Lodging.** Geöffnet tägl. nachmittags, aber nur in Verbindung mit einer organisierten Führung von Stirling Castle. Castle Wynd, Stirling FK8 1EG, Tel. 01786 43 13 19, www.stirlingcastle.gov.uk

**National William Wallace Monument.** Geöffnet Juli–Aug. 9.30–18, April, Mai, Juni, Sept., Okt. 9.30–17, Nov.–März 10.30–16 Uhr. Abbey Craig, Hillfoots Road, Stirling FK9 5LF, Tel. 01786 47 21 40, www.nationalwallacemonument.com

**The Pineapple.** Ferienhaus inmitten einer Park- und Waldlandschaft mit bizarrer Dachkonstruktion in Ananas-Form. Near Airth, Falkirk FK2 8LU, Tel. 01383 88 03 59, www.nts.org.uk/Property/The-Pineapple/

### ESSEN UND TRINKEN

**Allanwater Brewhouse.** Herzhaftes schottisches Essen und vor Ort gebrautes Bier in gemütlicher Atmosphäre. Queens Lane, Bridge of Allan, Stirlingshire FK9 4HP, Tel. 01786 83 45 55, www.bridgeofallan.co.uk

### ÜBERNACHTEN

**Wyvis B&B.** Fünfsternepension mit Blick auf die Ochil Hills. 70 Stirling Street, Tillicoultry, Clackmannanshire FK13 6EA, Tel. 01259 75 15 13, www.wyvisbandbscotland.com

**Stirling Court Hotel.** Komfortable Unterkunft auf dem Campusgelände der Universität. University of Stirling Campus, Stirling FK9 4LA, Tel. 01786 46 60 00, www.stirlingcourthotel.com

### INFORMATION

www.visitstirling.org
www.dunblane.info

Im Bannockburn Visitor Centre können Besucher die historische Schlacht von 1314 nachspielen.

Die Haggis-Praline als Vorspeise ist ein Highlight im »Chez Roux« des Cromlix House Hotels in Dunblane.

**Die natürlichen Gegebenheiten bestimmten die Entwicklungen am Herd und in der Küche. Produkte aus und mit Hafer, Gemüse aus dem Garten, Fleisch von Schaf, Rind, Wild, Fisch und artenreiches Meeresgetier spielen eine zentrale Rolle in der schottischen Kulinarik. Mitunter kann diese geschmacklich eine echte Herausforderung für den kontinentalen Gaumen sein.**

Inzwischen gibt es neben der traditionellen heimischen Küche eine erkleckliche Anzahl an Restaurants mit Michelin-Sternen und hochdekorierten Küchenchefs, die sich anschicken, den angeschlagenen Ruf der britischen Kochkunst zu kitten. Internationales Niveau und feinste Haute Cuisine findet man allenthalben nicht nur in den Städten, sondern auch – zuweilen gut versteckt – im ganzen Land.

Das zeitgemäße Küchen-Credo liegt in der Rückbesinnung auf lokale und regionale Qualitätsprodukte. Klassische Gerichte bekommen ein modernes stilvolles Gewand durch neue Interpretationen und Einflüsse aus aller Welt. Zu den wichtigsten Protagonisten der Kochzunft, die wie überall Einzug in die heimischen Wohnzimmer gehalten hat und als private Kochinspiration dient, gehören u.a. Gordon Ramsay, Nick Nairn, Andrew Fairlie, Tom Kitchin oder Lady Claire MacDonald. Selbst die oft verpönte Schnellkost *Fish´n´Chips* hat häufig hervorragende Qualität.

Hafer ist traditionell die kulinarische Basis, die nicht nur am Morgen als Haferbrei, dem gern als lebenserhaltend kolportierten *Porridge*, serviert, sondern beinahe bei jeder klassischen Speise mitverarbeitet wird, so auch bei der Zubereitung von *Haggis*. Dem schottischen Nationalgericht, dieser kräftig gewürzten Mischung aus Schafsinnereien in Wurstform, eilt ein dubioser Ruf voraus. Probieren lohnt jedoch auf jeden Fall. Die Bezeichnungen uralter schottischer Gerichte bergen in sich schon eine gewisse Poesie: *Haggis, Neeps & Tatties* – eine Scheibe Haggis mit zweierlei Püree von Rüben und Kartoffeln; *Cook-a-Leekie-Soup* – eine kräftige Hühnersuppe mit Backpflaumen und Lauch; *Rumbledethumbs* - Auflauf aus pürierten Kartoffeln, Zwiebeln und Weißkohl; *Cullen Skink* – eine sämige Fischsuppe aus geräuchertem Schellfisch, Zwiebeln, Kartoffeln und Milch – oder *Clootie Dumpling* – gedämpfter Früchtepudding. Wobei Pudding im Vereinigten Königreich im Gegensatz zu kontinentalen Gepflogenheiten immer mit klein gehackten Bestandteilen zu tun hat.

Neben Whisky als dem Nationalgetränk überhaupt, spielt Tee eine herausragende Rolle. Schwarzen Tee genießen die Schotten zu jeder Gelegenheit und Tageszeit, kräftig und gern mit Milch verfeinert. Den augenzwinkernden Glaubensdisput, ob erst die Milch oder erst der Tee in die Tasse kommt, ficht der Schotte bisweilen genussvoll aus. Das nachmittägliche Teezeremoniell hingegen folgt einem gestrengen Ritual, das nach Sandwiches zu Beginn Scones mit clotted cream (fetter Schlagsahne) und süßer Konfitüre vorsieht, es folgt ein typischer Butterkeks, das shortbread. Mit der »Wee Tea Company« mit Sitz in Dunfermline produziert Schottland seit 2014 sogar seinen eigenen Tee.

# 28 Pitlochry
## Die Bergstadt

**Es war im Jahr 1866, als Queen Victoria einen bedeutsamen Eintrag in ihr Tagebuch machte. Ein wenig unverfroren behauptete sie, dass einer der großartigsten Aussichtspunkte in Schottland, der Queen's View in der Nähe der kleinen Bergstadt Pitlochry, nach ihr benannt worden war. Korrekt ist wohl eher, dass der Queen's View ursprünglich an Queen Isabel erinnern sollte, die Ehefrau des legendären Königs Robert the Bruce.**

Wie dem auch sei, es ist wohl Queen Victorias Begeisterung für diese Gegend zu verdanken, dass Pitlochry mit seiner malerischen Umgebung schon Ende des 19. Jahrhunderts zu einem beliebten Urlaubs- und Ausflugsziel wurde und es bis heute geblieben ist. Zahlreiche Bauwerke im viktorianischen Stil erinnern an die Ursprünge des Tourismus. Sie verleihen der Stadt einen besonderen Charme und zahlreichen Hotels, Cafés und Restaurants ein repräsentatives Domizil. Auch eine vielfältige Auswahl an unabhängigen Geschäften findet sich in den Häusern des Stadtzentrums. Sie sind in den Sommermonaten mit farbenfrohen Blumenarrangements geschmückt und laden zu einem Einkaufsbummel ein.

Am südlichen Ufer des River Tummel liegt, vis-á-vis zum Stadtzentrum, das »Pitlochry Festival Theatre«, ein kleines Juwel in der Theaterlandschaft Schottlands. Zwischen Mai und Oktober findet dort das inzwischen überregional bekannte Theater-Festival statt. Das Theater bietet das ganze Jahr hindurch ein facettenreiches Programm aus Vorstellungen, Konzerten, *Ceilidhs*-Tanzveran-

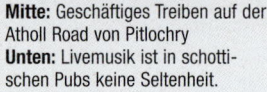

**Mitte:** Geschäftiges Treiben auf der Atholl Road von Pitlochry
**Unten:** Livemusik ist in schottischen Pubs keine Seltenheit.

# Pitlochry

staltungen, Lesungen und Ausstellungen. Es hat sich zu einem wichtigen Wirtschaftsmotor für die Stadt und ihre Umgebung entwickelt. Karten erhält man direkt an der Theaterkasse oder im Ticketoffice Just Ticket an der Main Street in Pitlochry.

Einen kleinen Fußmarsch vom Stadtzentrum entfernt befindet sich die »Moulin Brewery«. In der kleinen Brauerei werden heute vier klassische Biere in alter Handwerkstradition gebraut. Sie tragen so klangvolle Namen wie Braveheart Ale und Old Remedial, was so viel bedeutet wie »alte Hilfsmaßnahme«. Probieren kann man die Ales im kleinen Shop der Brauerei oder im »Moulin Inn Pub«.

Der Fluss Tummel, der sich auf seinem Weg von Loch Tummel in den Fluss Tay an Pitlochry vorbeischlängelt, zaubert mit den umliegenden Wäldern und dem nahe liegenden Ben Vrackie eben jene malerische Landschaft, die nicht nur Königinnen begeistert. Entlang des Flusses und durch die Wälder um Loch Faskally führen viele Wanderwege.

## Schloss mit Privatarmee

Die zentrale Lage von Pitlochry ermöglicht eine Vielzahl von Ausflugsmöglichkeiten in alle Himmelsrichtungen. Eine kurze Fahrt in Richtung Norden führt zu einer der meistbesuchten Sehenswürdigkeiten Schottlands. Blair Castle, eine der ältesten Burgen des Landes, datiert zurück bis ins Jahr 1269. Sie ist die Heimat der einzigen legalen Privatarmee Europas, der *Atholl Highlanders*, ein Überbleibsel aus alten Clan-Zeiten. Jährlich am letzten Maiwochenende können die *Atholl Highlanders* bei einer Parade zu Ehren ihres Clan-Chefs, dem Duke of Atholl, bewundert werden. Blair Castle öffnete als eines der ersten Privatschlösser seine Türen für die Öffentlichkeit. Seit 1936 stehen ins-

*Geheimtipp*

### DIE DREI MÄNNER VON EDRADOUR

Die »Edradour Whisky-Destillerie« ist ein Bollwerk des traditionellen, handgemachten Single Malt Whiskys. Drei Männer produzieren hier in alter Tradition nur etwa zwölf Fässer pro Woche. Die moderne Massenproduktion hat diesen scheinbar verwunschenen Ort noch nicht erreicht. Wer nach Edradour kommt, besucht die kleinste Destillerie Schottlands und mit Sicherheit eine der schönsten. Kleine, weiß getünchte Farmgebäude mit leuchtend roten Toren reihen sich aneinander, ein kleiner Bach, der Edradour Burn, rauscht durch das Anwesen. Die Führungen durch die Brennerei sind dank der sympathischen Führer ebenso unterhaltsam wie informativ, und selbstverständlich gibt es zum Schluss eine Kostprobe des schottischen Zaubertranks.

Die Destillerie ist von Mitte April bis Mitte Oktober für Besucher geöffnet. www.edradour.co.uk

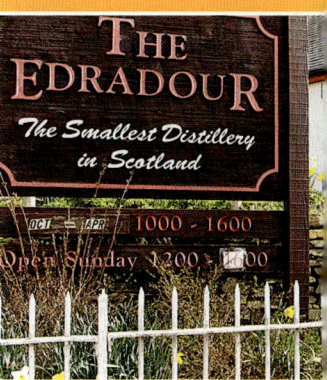

133

gesamt 30 Räume zur Besichtigung zur Verfügung, eine Zeitreise durch die Jahrhunderte und eine beeindruckende Darbietung der Sammelleidenschaft der Dukes of Atholl. John Murray, der dritte Duke of Atholl, ließ im 18. Jahrhundert einen Waldpark anlegen und ein kleines repräsentatives Gebäude namens Ossian's Hall bauen, um seine Gäste zu erfreuen und zu beeindrucken. Von hier aus genießt man einen guten Blick auf die Wasserfälle des Flusses Braan. Heute ist die Anlage als Dunkeld Hermitage bekannt. Sie steht unter der Obhut des National Trust for Scotland. Ein Netzwerk aus zahlreichen Spazier-und Wanderwegen durchkreuzt auf einer Länge von mehr als 30 Kilometern den Park.

Das kleine Landstädtchen Dunkeld war im frühen Mittelalter das kirchliche Zentrum Schottlands. Die beeindruckende Kathedrale ist heute teils Ruine, teils Pfarrkirche der kleinen Gemeinde und zeugt von der einstigen Bedeutung dieses beschaulichen Ortes. Am Loch of the Lowes lebte bis vor einiger Zeit die legendäre Fischadlerdame Lady, die bei der Aufzucht ihres Nachwuchses per Webcam eingehend beobachtet werden konnte.

## GUT ZU WISSEN

### LACHSANGELN IM RIVER SPEY

Lachsangeln kann in Schottland Luxus sein. Wer sein Angelrecht am berühmten River Spey nicht von blaublütigen Verwandten erbt, muss es sich für viele Pfund erkaufen. Das muss nicht sein: Im Fluss Tummel ist es auch für jeden Normalsterblichen erschwinglich, wenn auch vielleicht nicht ganz so ergiebig. Wer Freude am Angeln hat, kauft sich einen Angelschein im Pitlochry Tourist Centre. Und wer die Lachse lieber springen, als am Angelhaken zappeln sieht, kommt an die Fischleiter in Pitlochry.

**Oben:** Authentischer Nachbau einer Pfahlbehausung im Crannog Centre auf Loch Tay bei Kenmore
**Unten:** Das Schaf als Aushängeschild eines Hotels in Fortingall

# Infos und Adressen

## SEHENSWÜRDIGKEITEN

**Blair Castle**. Geöffnet April–Okt. 9.30–17.30 Uhr.
Blair Atholl, Pitlochry PH18 5TL,
Tel. 01796 48 12 07, www.blair-castle.co.uk

**Dunkeld Hermitage.** Nähe Dunkeld, Perthshire
PH8 0HX, Tel. 0844 493 21 92,
www.nts.org.uk/property/hermitage

Im Watermill Buchcafé von Aberfeldy

## ESSEN UND TRINKEN

**The Old Mill Inn.** Pub mit Gästezimmern in historischer Mühle mit gutem Essen und Livemusik. Mill
Lane, Pitlochry PH16 5BH, Tel. 01796 47 40 20,
www.theoldmillpitlochry.co.uk

**Blair Athol Distillery.** Geöffnet April–Okt. tägl.
10–17, Nov.–März tägl. 10–16 Uhr.
Perth Road, Pitlochry, PH16 5LY,
Tel. 01796 48 20 03,
www.discovering-distilleries.com/blairathol/

**Moulin Inn & Brewery.** Kirkmichael Road,
Pitlochry PH16 5EW, Tel. 01796 47 21 96,
www.moulininn.co.uk

## ÜBERNACHTEN

**Fonab Castle Hotel.** Eine Luxusunterkunft mit
Schlossambiente. Foss Road,

Pitlochry PH16 5ND, Tel. 01796 47 01 40,
www.fonabcastlehotel.com

**Craigmhor Lodge & Courtyard.** Modernes
Viersterne-B&B-Gästehaus. 27 West Moulin Road,
Pitlochry PH16 5EF Tel. 01796 47 21 23,
www.craigmhorlodge.co.uk

## EINKAUFEN

**House of Bruar.** Shopping in den Highlands auf
höchstem Niveau. Blair Atholl, Perthshire PH18
5TW, Tel. 01796 48 49 45,
www.houseofbruar.com

## AKTIVITÄTEN

**Nae limits.** Spaß und Abenteuer in der wilden
Natur mit White Water Rafting, Cliff Jumping,
Kayaking, Schluchtenwanderungen und vielem
mehr. Ballinluig bei Pitlochry PH9 0LG,
Tel. 01796 48 26 00, www.naelimits.co.uk

**Pitlochry Festival Theatre.** Port-Na-Craig,
Pitlochry PH16 5DR, Tel. 01796 48 46 26,
www.pitlochryfestivaltheatre.com

**Enchanted Forest.** Seit 2002 verwandelt sich
alljährlich im Herbst der Wald um Pitlochry in
eine farbenprächtig illuminierte Märchenwelt.
www.enchantedforest.org.uk

## INFORMATION

www.pitlochry.org

Ob das Kochen etwas mit Spiritistik zu tun hat?

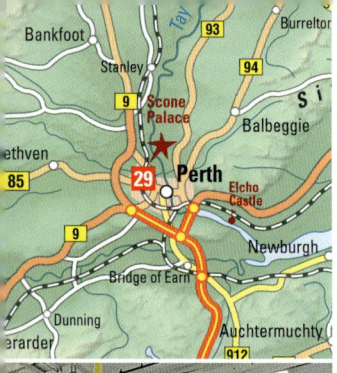

# 29 Perthshire
## Das Land der großen Bäume

**Die Grafschaft Perthshire mit ihrer Provinzhauptstadt Perth ist auch bekannt als das Land der großen Bäume. Sanfte Hügel, weite Wälder und saftiges Ackerland sind charakteristisch für diese Region, und die Schotten sind stolz auf ihre ausgedehnten Wälder im »Big Tree Country«, denn ein großer Wald ist in den ausgedehnten Moor- und Heidelandschaften von Schottland eher eine Rarität.**

Die ausgedehnten Waldflächen, die das Land einst bedeckten, wurden im Mittelalter durch großflächige Rodungen stark reduziert. Samuel Johnson (1709–1784), bedeutender britischer Schriftsteller und Gelehrter, meinte, »Bäume seien in den schottischen Highlands eine ebenso große Sensation wie Pferde in Venedig«. Der einstigen Abgeschiedenheit der Region ist es wohl zu verdanken, dass die grünen Giganten bis heute die Landschaft prägen.

## Königsstädte in sanfter Landschaft

Aufgrund ihrer zentralen Lage und der guten Anbindung an die Hauptstadt Edinburgh entwickelte sich die alte Königsstadt Perth zu einem beliebten und belebten Zentrum. Die Stadt am mächtigen Fluss Tay, der Lebensader des Landes, ist von sanften Hügeln, den Sidlaw Hills, umgeben. Neben dem Fluss beherrscht die große Kirche St. John the Baptist als eines der ältesten Bauwerke das Stadtbild. Noch älter ist lediglich das Fair Maid's House aus dem 14. Jahrhundert. Es diente Sir Walter Scott als atmosphärische Kulisse für seine Novelle *The Fair Maid of Perth*. Der Inhalt: Eine

**Mitte:** Ausstellung in der Weberei der Stanley Mills
**Unten:** Scone Palace gilt als die Wiege der schottischen Monarchie. Viel Häupter, die hier ihre Krone empfingen, spielten eine wichtige Rolle in der ehrwürdigen Geschichte des Landes.

River Earn bei Crieff

schöne Schottin brennt lieber mit einem
Schmied durch, als einen Herzog zu heiraten. Das kleine Fair Maid's House am
North Port beherbergt heute die Royal Scottish Geographical Society.

Als eines der ältesten Museen Großbritanniens
rühmt sich das Perth Museum & Art Gallery einer
umfangreichen Sammlung von fast 500 000 Exponaten, die umfassenden Einblick in die Geschichte
der Stadt und ihrer Bewohner gewähren. Im ehemaligen Wasserwerk der Stadt am Marshall Place
befindet sich die Fergusson Gallery. Sie präsentiert
das Werk des gefeierten Impressionisten und Mit-
glieds der Gruppe der Schottischen Koloristen, John
Duncan Fergusson (1874–1961), sowie seiner Le-
benspartnerin Margret Morris, einer Pionierin des
modernen Tanzes.

Stanley Mills, etwas nördlich der Stadt, repräsentiert eines der besterhaltenen Relikte der industriellen Revolution des 18. Jahrhunderts. Der beeindruckende Komplex aus wasserbetriebenen
Baumwollmühlen wurde in den 1780er-Jahren an
einem weiten Bogen des Flusses Tay gegründet,
erst 1989 verließen die letzten Beschäftigten die
Fabrikationsstätten. Das Besucherzentrum infor-

*Nicht verpassen*

## SCONE PALACE – SCHICKSALSORT UND SCHATZKAMMER

Nur wenige Orte in Schottland sind historisch so bedeutend
wie Scone Palace. Seit dem 9. Jahrhundert wurden die schottischen
Könige auf dem legendenumrankten
*Stone of Scone*, dem »Stein des
Schicksals«, auf dem Moot Hill gekrönt. Nicht nur die Wiege der schottischen Monarchie, der Moot Hill war
auch ein wichtiger religiöser Ver-
sammlungsort der Pikten, und eine
der ersten christlichen Kirchen wurde dort gebaut. Oftmals entschied
sich in Scone das weitere Schicksal
der schottischen Nation. Heute ist es
das Zuhause des 8. Earls of Mansfield
und seiner Familie. Sie öffnet die
weitläufige Parkanlage ebenso wie die
Tore ihres Palastes, der angefüllt ist
mit einer beindruckenden Sammlung
an Kunstwerken, Antiquitäten und
Kostbarkeiten aller Art, auch für inte-
ressierte Besucher.

www.scone-palace.co.uk

137

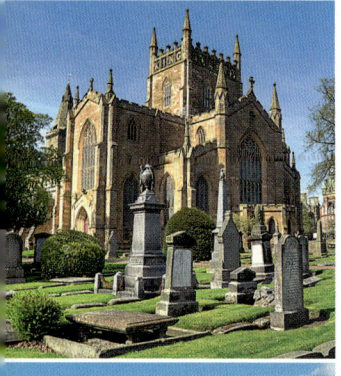

**Oben:** Anmut einer großartigen Landschaft: Loch Earn
**Mitte:** Dunfermline Abbey aus dem 13. Jahrhundert
**Unten:** Die spektakulären Golfplätze am Gleneagles Resort

miert über die Arbeit in den Mühlen, die Menschen und die Produkte, die sie einst herstellten.

Die alte Königsstadt Dunfermline liegt 50 Kilometer südlich von Perth. Bekannt ist Dunfermline vor allem für seine große Abtei, deren Geschichte bis in das Jahr 800 zurückreicht. Neben zahlreichen weiteren schottischen Herrschern ist auf dem Abteifriedhof der legendäre Schottenkönig Robert the Bruce begraben, sein Herz jedoch fand man in Montrose. Auch die Mutter Bravehearts, des legendären schottischen Helden William Wallace, ruht auf dem Abteifriedhof. Eine kleine Tafel an einem Dornenbusch erinnert an sie.

Auf halber Strecke zwischen Perth und Dunfermline, nahe der Stadt Kinross, kreuzt man einmal mehr den verworrenen Lebensweg von Maria Stuart. Auf einer Insel im Loch Leven liegt das gleichnamige Castle, eine Burgruine mit Tower House und Ort historischer Ereignisse. Maria wurde hier 1567 gefangen gesetzt und zur Abdankung gezwungen. Elf Monate später gelang ihr unter dramatischen Umständen die Flucht. Man erreicht die Insel mit einem kleinen Passagierboot. Der Weg zum Bootsanleger ist von Kinross aus beschildert.

## GUT ZU WISSEN

### SCHOTTISCHER WEIN UND STERNEKÜCHE?

Wer zum Festschmaus im Restaurant von Andrew Fairlie im »Gleneagles Hotel«, dem König der schottischen Gourmetküche und einzigem Zwei-Sterne Koch des Landes, einen Wein aus Schottland genießen möchte, sucht leider vergeblich in der Karte. – Wein aus Schottland? Kein Witz, es gibt ihn wirklich, denn Perthshire gilt als Obstgarten Schottlands, und aus diesen Früchten entstehen tatsächlich Fruchtweine. Auf Bauernmärkten kann man ihn probieren und erwerben.

# Infos und Adressen

### SEHENSWÜRDIGKEITEN

**Lochleven Castle**. Nur mit dem Boot kommt man
zur Besichtigung. Geöffnet tägl. April–Sept.
10–17.30 Uhr, Kinross KY13 8UF,
Tel. 01577 86 26 70, www.hist-scot.de

**Perth Museum & Art Gallery.** Geöffnet Di–Sa
10–17 Uhr, 78 George St, Perth PH1 5LB,
Tel. 01738 63 24 88,
www.culturepk.org.uk/museums-galleries/

**Stanley Mills.** Geöffnet tägl. April–Sept.
9.30–17.30, Okt. 10–16 Uhr, Stanley,
Perthshire PH1 4QE, Tel. 01738 82 82 68,
www.hist-scot.de

**Dunfermline Abbey & Palace.** Geöffnet tägl.
April–Sept. 9.30–17.30, Okt.–März Mo–Mi und
Sa–So 9.30–16.30 Uhr, Dunfermline, Fife KY12
7PD, Tel. 01383 73 90 26, www.hist-scot.de

### ESSEN UND TRINKEN

**Gleneagles Restaurant.** Unbestrittener Star der
kulinarischen Angebote im Gleneagles Resort ist
der Haute-Cuisine-Tempel des mit zwei Michelin-

Schotten verstehen sich auch auf Desserts.

Sternen ausgezeichneten Starkochs Andrew Fairlie, der Französisches mit Schottischem auf exzellente Weise kombiniert. Reservierung erforderlich,
nur abends geöffnet.
www.gleneagles.com/hotel/dining/andrew-fairlie

### ÜBERNACHTEN

**Kinloch House Hotel.** Ein Country-House-Hotel
wie im Bilderbuch. Blairgowrie, Perthshire PH10
6SG, Tel. 01250 88 47 32, www.kinlochhouse.com

**The Gleneagles Hotel.** Ein Weltklasse-Resort,
nicht nur für Golfer und Konferenzen. Auchterarder,
Perthshire PH3 1NF, Tel. 01764 66 22 31,
www.gleneagles.com/de

**The Green Hotel Golf & Leisure Resort.** Übernachten und auf dem hoteleigenen Golfplatz spielen. 2 The Muirs, Kinross, Perthshire KY13 8AS,
Tel. 01577 86 34 67, www.green-hotel.com

### AKTIVITÄTEN

**Caledonian Classics.** Erfahrener Vermieter von
»classic cars« inkl. Transfers vom Flughafen.
Kennels Cottage, Dollarbeg, by Dollar, Clackmannanshire FK14 7PA, Tel. 01259 74 24 76,
www.caledonianclassics.co.uk

Gleneagles gelangte 2005 in die Schlagzeilen als
Austragungsort des G8-Gipfels.

### INFORMATION

www.highlandperthshire.org

# 30 St. Andrews und das Kingdom of Fife
## »Home of Golf«

**Das Königreich von Fife – der klangvolle Name weist auf die einstige Bedeutung dieser Region hin, die im frühen Mittelalter das Machtzentrum Schottlands darstellte. Fife ist an drei Seiten von Wasser umgeben, im Süden vom Meeresarm Forth, im Norden vom Mündungsarm des Flusses Tay und im Osten von der Nordsee. Fruchtbare, landwirtschaftliche Flächen prägen eine Landschaft, die garniert ist mit einer großartigen Küste und malerischen Dörfern.**

Unantastbar ist Fifes Anspruch auf den Titel »Home of Golf«. Mehr als 45 Plätze, von klassischen Links bis Parkland Courses, verteilen sich in der Region. Golfer aus aller Welt verwirklichen hier ihren Traum vom Spiel an der Wiege des gepflegten, grünen Sports. St. Andrews steht besonders im Fokus, denn der legendäre Old Course gilt gemeinhin als des Golfers Heiligtum. Nirgendwo wurde das wichtigste Golfturnier, die British Open, öfter ausgetragen als auf den hiesigen, heiligen Grüns und Fairways, erstmals 1873.

## Jenseits der Tees

St. Andrews lebt jedoch nicht vom Golf allein. Die kleine Stadt blickt stolz auf eine große Geschichte zurück. So ist die 1413 gegründete University of St. Andrews nicht nur älteste Hochschule Schottlands, sondern auch die drittälteste im englischsprachigen Raum, und sie gehört bis heute, neben Cambridge und Oxford, zu den Elite-Ausbildungsstätten. Selbst die Boulevard-Journaille stellte auf dem Campus Nachforschungen an, denn hier nahm

**Mitte:** St. Andrews Castle fasziniert in seinem Inneren mit seiner geradezu beängstigenden Mystik düsterer Geheimgänge.
**Unten:** Jeder ambitionierte Golfer träumt einmal vom Spiel auf dem Old Course von St. Andrews.

das Liebesglück des britischen Thronfolgers HRH Prinz William und seiner bürgerlichen Gemahlin Kate Middleton seinen Anfang.

Noch älter ist die Ruine der Kathedrale von St. Andrews. Bereits im 8. Jahrhundert entstand hier eine frühchristliche, keltische Siedlung. Zu dieser Zeit wurden vermutlich Teile der Reliquien des Apostels Andreas hierher gebracht. Er gab der Stadt ihren Namen, und das Mysterium seiner Andenken machte den Ort im Mittelalter zur bedeutenden Pilgerstätte. Auf Andreas geht das Kreuz in der schottischen Flagge zurück. Schon 908 war St. Andrews Bischofssitz und über Jahrhunderte religiöses Zentrum. 1160 begann der Bau der Kathedrale, welche Anhänger der Reformation im 16. Jahrhundert zerstörten. Die prächtigste und größte Kirche Schottlands blieb seither Ruine, und der Verbleib der Reliquien wartet noch immer auf seine Aufklärung.

Am Stadtrand liegt die Ruine der Bischofsburg St. Andrews Castle. Im Mittelalter offizielle Residenz des schottischen Bischofs, demonstrierten die immensen Ausmaße der Burg Macht und Wohlstand

**Oben:** Die eindrucksvollen Ruinen der Kathedrale von St. Andrews
**Unten:** Der Kingarrock Hickory Club bietet das Golfspiel im Stil des Jahres 1920 auf dem traditionsreichen Golfplatz an.

*Nicht verpassen*

**CULROSS**

Der National Trust for Scotland sorgt seit etwa 1930 für die Bewahrung des Örtchens am Nordufer des Firth of Forth. Nach sensibler Restaurierung wirken die kleinen weißen Häuser mit ihren Treppengiebeln und roten Dächern höchst idyllisch. Die Kopfsteinpflastergassen, die *Causeways*, führen zwischen dem orangegelben Palace, dem Rathaus und der Abtei bergauf, wie sie es schon vor gut 400 Jahren taten. Damals war Culross ein florierender Handelsplatz, von dem aus in der Nähe abgebaute Bodenschätze, insbesondere Kohle, verschifft wurden. Salzgewinnung war ebenfalls ein gutes Geschäft, doch in viktorianischer Zeit war die Bedeutung des Hafens dahin, Culross, in dem der Legende nach St. Mungo, Gründer und Patron Glasgows, geboren wurde, geriet in Vergessenheit. Dafür ist es heute umso populärer als authentischer Drehort der Outlander-Filme.

www.nat-trust-scot.de

hoher Kirchenfürsten. Auslösende Ereignisse der schottischen Reformation im Jahr 1560 gingen von hier aus, darunter die Verbrennung des protestantischen Predigers George Wishart (1513–1546) und die spätere Ermordung Kardinal Beatons (1494–1546). Highlight einer Burgbesichtigung sind in den Felsen gehauene Geheimgänge, die einen schaurichen Einblick in das Grauen mittelalterlicher Belagerungskriege geben.

## Stadt und Land im kleinen Königreich

St. Andrews präsentiert sich als sympathische Mischung aus Jung und Alt. Auf kopfsteingepflasterten Gassen trifft man internationale Studenten ebenso wie Kulturreisende. Cafés und Restaurants laden zur Einkehr, nette Boutiquen zum entspannten Einkauf, die stadtnahen, weiten Strände für erholsame Kurzweil jenseits des grünen Sports.

Westlich der Küste stößt man in dem denkmalgeschützten Ort Falkland auf eine weitere historische Sportstätte. Das Jagdschloss Falkland Palace war eine der Lieblingsresidenzen von Mary Queen of Scots. Sie streifte mit ihren Falken durch die Wälder und spielte – Tennis! Das war im 16. Jahrhundert und Historiker schwören, die Anlage am Palast ist der älteste aktive Tennisplatz Großbritanniens. Golfen war zu dieser Zeit per Edikt von König James II. verboten. Er meinte, seine Mannen sollten sich eher im Bogenschießen üben. Auf dem historischen 9-Loch-Golfplatz des Kingarrock Hickory Clubs bei Cupar kann man indes golfen wie in den 1920er-Jahren, mit hölzernen Schlägern, die stilecht in Leder- oder Leinentasche transportiert werden. Der Whisky am ersten Abschlag gehört ebenso zur sportlichen Zeitreise wie Ingwer-Bier und Shortbread am Ende.

# Infos und Adressen

## SEHENSWÜRDIGKEITEN

**St. Andrews Cathedral.** Geöffnet Apil–Sept. tägl. 9.30–17.30, Okt.–März 10–16 Uhr, The Pends, St. Andrews, Fife KY16 9QL, Tel. 01334 47 25 63, www.hist-scot.de

**St. Andrews Castle.** Geöffnet April–Sept. tägl. 9.30–17.30, Okt.–März 10–16 Uhr, The Scores, St. Andrews, Fife KY16 9AR, Tel. 01334 47 71 96, www.hist-scot.de

**Falkland Palace & Garden.** Geschichtsträchtiges Jagdschloss mit zauberhafter Parkanlage. Geöffnet März–Okt., Mo–Sa 11–17, So 12–17 Uhr, Falkland, Cupar, Fife KY15 7BU, Tel. 1337 85 73 97, www.nat-trust-scot.de

**Scotland's Secret Bunker.** Geheimer Schutzbunker im Falle eines atomaren Angriffs, für Besucher zugänglich. Geöffnet März–Okt. tägl. 10–18 Uhr, Crown Buildings, Troywood, St. Andrews, Fife KY16 8QH, Tel. 01333 31 03 01, www.secretbunker.co.uk

## ESSEN UND TRINKEN

**Anstruther Bar & Restaurant.** 42–44 Shore Street, Anstruther, Fife KY10 3AQ, Tel. 01333 31 05 18, www.anstrutherfishbar.co.uk

## ÜBERNACHTEN

**The Old Course Hotel, Golf Resort & Spa.** Luxushotel mit Blick auf den berühmtesten Golfplatz der Welt. St Andrews, Fife KY16 9SP, Tel. 01334 47 43 71, www.oldcoursehotel.co.uk

**Inn at Lathones.** Charmanter, alter Coaching Inn mit modernen Gästezimmern und hervorragender Küche. Largoward, St. Andrews, Fife KY9 1JE, Tel. 01334 84 04 94, www.innatlathones.com

## AKTIVITÄTEN

**St. Andrews Links Trust.** Zum Trust gehört u.a. der berühmteste Golfplatz der Welt – der »Old Course« in St. Andrews. Startzeiten erhält man in der Regel nur nach schriftlicher Bewerbung oder durch ein Losverfahren, das sogenannte »Ballot«. St. Andrews, Fife KY16 9SF, Tel. 01334 46 66 66, www.standrews.org.uk

**Kingarrock Hickory Golf Course.** Forester's Cottage, Hill of Tarvit, Cupar, Fife KY15 5PB, Tel. 01334 65 34 21, www.kingarrock.com

## INFORMATION

www.visitstandrews.com
www.visitscotland.com/destinations-maps/kingdom-fife

Der »Jigger Inn« unmittelbar am »Old Course« ist populärer Treffpunkt der Golfer.

# WANDERN

## immer an der Küste entlang

Über 188 Kilometer erstreckt sich der »Fife Coastal Path« von der Mündung des Flusses Forth in den Meeresarm Firth of Forth bei Kincardine bis zur Mündung des Rivers Tay in den Firth of Tay bei Newburgh. Dabei umläuft der Weg exakt die gesamte, in vielen Teilen sehr malerische Küstenlänge des Kingdom of Fife. In seinem Kernbereich zwischen Elie und Crail passiert er tolle Strände und zauberhafte Fischerorte.

Viele der großartigen Strände in Fife rühmen sich der Auszeichnung *Scotland's Blue Flag Award*. Diesen sehr begehrten, streng kontrollierten Titel erhalten nur diejenigen Küstenabschnitte, die besonders sauber und naturbelassen sind. In den Dörfern voll eigentümlichen Charakters und Charmes scheint die Zeit stehen geblieben zu sein. An der Ruby Bay im bis ins 12. Jahrhundert zurückreichenden heutigen Doppelort Earlsferry und Elie beginnt der abwechslungsreichste Teil des Wanderweges rund um den East Neuk.

1054 soll Macduff, der damalige Earl of Fife, von Earlsferry auf der Flucht vor dem legendären König Macbeth nach North Berwick übergesetzt sein. Pilger auf dem Weg nach St. Andrews nutzten ebenfalls diese uralte Fährverbindung. Der kleine Hafen Elies liegt vorgelagert auf einer Landzunge und wirkt vor allem bei Niedrigwassser wie ein riesiger Sandkasten. Segelboote liegen auf dem Trockenen und Spaziergänger genießen flanierend die salzgeschwängerte frische Brise vom Meer. Auf einem weiteren Landvorsprung gleich nebenan befinden sich der kleine, runde Leuchtturm Elie Ness von 1908 und der würfelförmige »Gas Room«.

## Zwischen Meer und Felsen

Die Mauerfragmente von Ardross Castle auf dem Klippenrand sind der nächste markante Punkt auf der hier sehr entspannten Wanderung zwischen Meer und Sandsteinfelsen. In geringer Entfernung ist schon die markante Ruine des Herrenhauses aus dem 16. Jahrhundert – Newark Castle – zu erkennen und dahinter die Kirche aus dem 14. Jahrhundert mit der achteckigen Spitze sowie das Dorf und die beiden ineinander verschachtelten Häfen von St. Monans. Bis 1990 gab es hier eine florierende Bootsbauindustrie. Auf der ehemaligen Slipanlage stehen nun bunte, mit Blumen geschmückte und von Kindern gepflegte Gummistiefel, die das malerische Idyll der Fassaden der Fischerhäuser ringsum veredeln.

Der sehr malerisch gelegene alte Hafen von Crail

Der für Schottland eher ungewöhnliche Anblick einer Holländer-Windmühle steht augenfällig am Küstenstreifen in Richtung Pittenweem. Die letzte Mühle ihrer Art diente in Fife einmal zum Pumpen von Meerwasser, um Salzpfannen zu füllen. Das getrocknete Salz trug im 17. und 18. Jahrhundert zum Wohlstand der Region bei. Heute sind die Pfannen zugewachsen und wirken wie die ungeliebten Bunker eines Golfplatzes, während das alte Meerwasserschwimmbad nur hartgesottenen Gemütern Anreiz zur körperlichen Ertüchtigung bereitet.

Pittenweem verfügt über die einzige noch aktive Fischereiflotte. Besser bekannt ist das kleine Dorf mit den eng aneinander gekuschelten Häuschen mittlerweile für die lebhafte Künstlerszene, die jedes Jahr im August ein Arts Festival abhält. Ein kleiner Marktstand an der Fischauktionshalle versorgt die Dorfbewohner mit frischem Meeresgetier. Der heilige St. Fillan soll im siebten Jahrhundert in einer urigen Sandsteinhöhle unterhalb eines Klosters gelebt haben. Den Schlüssel zum Besuch der Grotte, die auch Schmugglern als Lager diente, bekommt man bei der Kirche. Der Ortsname Pittenweem ist eine ungewöhnliche Mixtur aus dem Piktischen und dem Gälischen und bedeutet in der Übersetzung so viel wie »Platz an den Höhlen«.

## Verträumte Orte

Im einstigen Royal Burgh, vom Bachlauf Dreel Burn in zwei Hälften geteilten Anstruther, lohnt ein Besuch des Fischereimuseums und des »Anstruther Fish Bar & Restaurant«, ein mit vielen Auszeichnungen dekoriertes Fischrestaurant, das als einfacher Imbiss begann und schon oft zum besten Fish-&-Chips-Restaurant Schottlands gekürt wurde. Die Dichte an ausgezeichneten, typisch schottischen Fast Food Shops ist wahrhaft erstaunlich. Vielleicht aber wenig verwunderlich, wenn man weiß, dass der Heringsfang hier früher eine große Rolle spielte. Hübsche kleine Geschäfte in den Gassen und an der langgestreckten Hafenpromenade sorgen für ein kurzweiliges Bummelvergnügen in der größten Ansiedlung am Küstenstreifen East Neuk.

Der Weg führt nun weiter ins direkt angrenzende und wahrhaft verträumte Cellardyke, das in Anlage und Baustil an flämische Dörfer erinnert. Zur Gemeinde

Der Hafen von Pittenweem

Salzpfannen und die alte Windmühle von St. Monans am Fife Coastal Path

Anstruther gehört auch der mysteriöse »Scotlands Secret Bunker«. Gebaut 1951 und betriebsbereit gehalten bis 1993, ist der nun als Museum aufbereitete Atombunker ein beklemmendes Mahnmal der schrecklichen Bedrohungen des Kalten Krieges. Lange, kunstlichtdurchflutete Gänge führen hinab in 30 Meter Tiefe und in eine skurrile Technik- und Wissenswelt der 1950er-Jahre.

Stets begleitet die gut ausgeschilderte Route des »Coastal Path« die Aussicht über die breite Mündung des Forth mit dem ikonischen weißen Eiland »Bass Rock« in der Ferne, dem Domizil abertausender Basstölpel, und der kleinen Insel May, die sich jedes Jahr zum Ende des Herbstes mit einer zeitweiligen Überbevölkerung an Seehunden zu arrangieren hat und zu der im Sommer die kleine Fähre »May Princess« von Anstruther aus verkehrt. Vor Crail passiert man die

Caiplie Caves, skurrile von Erosion geformte Sandsteinformationen, in die Pilger auf dem Weg nach St. Andrews Kreuze ritzten. Der rote Sandstein dominiert auch den weiteren Streckenverlauf, bis der winzige Hafen von Crail erreicht ist.

Hummer- und Krabbenfischer halten den Betrieb aufrecht in dem engen steinernen, mittelalterlich anmutenden Hafenrund unterhalb der Anlagen des früheren königlichen Forts, das noch in Ansätzen erkennbar ist. Crail Harbour darf für sich in Anspruch nehmen, zu den populärsten Postkartenmotiven des Landes zu gehören. Zauberhaft und von vielen Künstlern endlos portraitiert, kuschelt er sich in die kleine Bucht, die Häuser aus dem 18. Jahrhundert säumen. Über Kopfsteinpflastergassen gelangt man zum Ortszentrum mit einem kleinen Museum im Tolbooth und sehenswerter Töpferwerkstatt. (www.fifecoastalpath.co.uk)

147

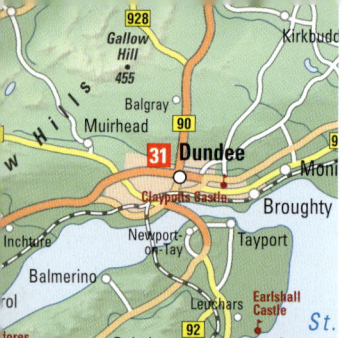

# 31 Dundee und Angus
## Jam und anderes ...

**Dundee konnte in den letzten Jahren ein wenig von seinem Mauerblümchenimage ablegen und entwickelt sich allmählich zu einer interessanten, weltoffenen Stadt, die mit guten Einkaufsmöglichkeiten und interessanten Museen lockt. Als Einzige unter den schottischen Großstädten nach Süden hin ausgerichtet, kokettiert Dundee damit, sonnigste Stadt des Landes zu sein.**

Gemeinhin ist Dundee bekannt für die drei Js: *Jam, Journalism*, Jute. Hier schlug vor mehr als 200 Jahren die Geburtsstunde der *Dundee Orange Marmelade*. 1797 entstand die erste Marmeladenfabrik der Welt. Ein Zufallsprodukt, weil die findige Janet Keiller, Frau des Kaufmanns Keiller, eine Schiffsladung spanischer Bitterorangen nicht wegwerfen wollte, sondern damit kochtechnisch experimentierte. Durch Zugabe von Zucker entstand Marmelade, die per definitionem nur aus Südfrüchten und Zucker hergestellt wird. Darauf begründet sich eine bis heute währende Begriffsverwirrung in Sachen Fruchtaufstrich – denn den Süddeutschen und Österreichern ist alles Marmelade – egal ob Orange, Zitrone oder Himbeere.

1905 öffnete mit D. C. Thomson der erste Zeitungs- und Buchverlag, dem viele weitere folgten. Die Hafenlage in unmittelbarer Nähe zur Nordsee verschaffte Dundee schon im Mittelalter einen schnellen Aufstieg als Handelsstadt. Im 19. Jahrhundert setzte eine rasante Industrialisierung durch die Produktion von Jute ein. Statt auf Jute setzt Dundee heute auf moderne Technologie, so zählt die Universität zu den besten Hochschulen für Naturwissenschaften und Technologie in Großbri-

**Unten:** Die RRS Discovery ist das Wahrzeichen des Dundee Discovery Centres, neben dem die neue Dependance des Victoria and Albert Museums entsteht.

# Dundee und Angus

tannien. Gemeinsam mit der Stadt eröffnete die Hochschule 1999 das Museum und Kunstzentrum DCA. Lohnenswertes Ziel für alle großen und kleinen Forscher ist das »Dundee Science Centre«, wo an über 60 Exponaten die Welt der Naturwissenschaften hautnah und höchst anschaulich entdeckt werden kann.

Als attraktive Landmarke zwischen den beiden Tay-Brücken ging die »RSS Discovery« am Discovery Point vor Anker. Der traditionelle Holzdreimaster, der als Letzter gebaute seiner Spezies in Großbritannien, wurde speziell für den Einsatz in der Arktis entwickelt und lief 1901 in Dundee vom Stapel. Der Großsegler ging in die Geschichte ein, als der Polarforscher Scott (1868–1912) mit ihr seine erste Forschungsreise in die Antarktis unternahm. Derzeit entsteht in direkter Nachbarschaft des stolzen Seglers das beeindruckende »V&A Museum of Design«, eine Niederlassung des weltberühmten Victoria und Albert Museums in London.

## Golfen und Räuchern

Die A930 führt in Richtung Nordosten entlang des Tay aus der Stadt hinaus bis an die Nordsee. Nach 25 Minuten ist das Küstenstädtchen Carnoustie erreicht, das vor allem durch seine erstklassigen Links-Golfplätze große Bekanntheit genießt. Der Carnoustie Championship Course gehört als einer der anspruchsvollsten Links Golf Courses der Welt regelmäßig zu den Austragungsorten der British Open. Wer hier spielen möchte, sollte auf jeden Fall weit im Voraus eine Startzeit buchen.

Die *Arbroath Smokie*, eine ebenso geschützte Marke wie Parmaschinken und Champagner, ist eine gesalzene und geräucherte Fischspezialität, die nur aus Haddock (Schellfisch) und nur in Ar-

broath bzw. im Fischerdorf Auchmithie produziert werden darf. Typisch schottisch gibt es auch hier einige, zum Teil haarsträubende, Theorien zur Entstehung. Die Fischverkäufer von Arbroath erzählen sie den Besuchern sehr gern und nicht ohne die eine oder andere recht abenteuerliche Ausschmückung.

Naturliebhaber finden entlang der Küste in Richtung Montrose herrliche Küstenwanderwege, auf denen frische, würzig-salzige Seeluft um die Nase weht. Beeindruckende Felsformationen mit klangvollen Namen wie Devil's Head und Needle's Eye sorgen für optische Kurzweil. Lunan Bay zahlt zu den schönsten Sandstränden Schottlands, während abseits der Küste durch die Angus Glens großartige Wanderrouten verlaufen wie das Corrie Fee – ein durch einen eiszeitlichen Gletscher entstandenes Tal – im Glen-Clova-Naturreservat. Die Natur ist hier wild und atemberaubend.

## Die Mutter schottischer Schlösser

Man passiert das schmiedeeiserne Tor, fährt die prächtige, lange Allee entlang, im Hintergrund schimmern die Berge der Cairngorms und da ist es – Glamis Castle. Die Mutter der Königin, Queen Mum, verbrachte auf Schottlands ultimativem Märchenschloss ihre Kindheit, überall finden sich Erinnerungsstücke der Familie, vor allem die Bilder und Fotos mit den Royals halten die aristokratische Atmosphäre lebendig. Man spürt sehr eindringlich, dies war nicht nur eine Festung, sondern war seit über 600 Jahren und ist noch immer das Zuhause der Earls of Strathmore. Die schottischen Grand-Proms-Konzerte finden alljährlich im August in der traumhaften Parklandschaft statt, in der die Natur, je nach Jahreszeit, ein Feuerwerk an Farben zaubert.

**Oben:** Spinnen für die Galerie im Industriemuseum Verdant Works
**Mitte:** Die königliche Familie sorgte für den glamourösen Glanz von Glamis Castle.
**Unten:** Oldtimer auf den Ländereien von Glamis Castle

# Infos und Adressen

### SEHENSWÜRDIGKEITEN

**Glamis Castle.** Geöffnet tägl. April–Okt. 10–18 Uhr, Angus DD8 1RJ, Tel. 01307 84 03 93, www.glamis-castle.co.uk

**V&A Museum of Design, Dundee.** Der exakte Eröffnungstermin und die genauen Öffnungszeiten standen bei Drucklegung noch nicht fest (vorauss. Anfang 2018). Tel. 01382 30 56 65 (Projektbüro), www.vandadundee.org

**Scotland's Jute Museum @ Verdant Works.** »Fünfsterne-Sehenswürdigkeit« und preisgekröntes Europäisches Industriemuseum. Geöffnet tägl. April–Okt. 10–18, Mi–So, Nov.–März 10.30–16.30 Uhr, West Henderson's Wynd, Dundee DD1 5BT, Tel. 01382 30 90 60, www.rrsdiscovery.com

**Dundee Contemporary Arts (DCA).** Museum und Zentrum für zeitgenössische Kunst mit wechselnden Ausstellungen und Filmtheater. Geöffnet tägl. 10–18 Uhr. 152 Nethergate, Dundee DD1 4DY, Tel. 01382 90 99 00, www.dca.org.uk

Westport Apartments nahe der Seafront von Dundee

**Dundee Science Centre.** Geöffnet tägl. 10–17 Uhr. Greenmarket, Dundee, Angus DD1 4QB, Tel. 01382 22 88 00, www.dundeesciencecentre.org.uk

### ESSEN UND TRINKEN

**The Royal Arch.** Gutes und preisgünstiges Essen in historischer Pub-Atmosphäre. 285 Brook Street, Broughty Ferry, Dundee, DD5 2DS Tel. 01382 77 97 41, www.royal-arch.co.uk

### ÜBERNACHTEN

**Westport Luxury Serviced Apartments.** Moderne Ferienwohnungen in zentraler Lage von Dundee. 138 West Marketgait, Dundee DD1 1NJ, Tel. 01382 31 36 66, www.westportservicedapartments.com

### AKTIVITÄTEN

**Carnoustie Golf Links.** 20 Links Parade, Carnoustie, Angus DD7 7JE, Tel. 01241 80 22 70, www.carnoustiegolflinks.co.uk

### INFORMATION

www.dundee.com
www.visitangus.com

Ungewöhnliche Ausstellungskonzepte prägen das Contemporary Arts Museum in Dundee.

# SCHOTTLANDS OSTEN

# 32 Royal Deeside
## Nicht nur Balmoral

**Streng genommen beginnt die Royal Dee-side am Hafen von Aberdeen. Hier mündet der River Dee in die Nordsee, hier legte Queen Victorias Schiff an, als sie 1848 gemeinsam mit Prince Albert zum ersten Mal Balmoral besuchte. Seither verbringt die königliche Familie jeden Sommer eini-ge Urlaubswochen auf Balmoral Castle in Deeside – eine Tradition, die der Region ihren königlichen Beinamen verlieh.**

Geografisch bezeichnet Deeside den Landstrich, der sich von Aberdeen aus am River Dee entlang nach Westen bis nach Braemar erstreckt. In sei-nem Verlauf folgt der Dee einem sehr wechseln-den Landschaftsbild: von den kargen Höhen seines Quellgebiets in den Cairngorm Mountains durch die beinahe schon voralpin anmutende Gebirgs-landschaft um Braemar und Ballater, durch be-waldete Hügel und sanft gewelltes Agrarland bis schließlich zu seiner Mündung im Stadtgebiet von Aberdeen.

## Burgen und Schlösser

Westlich von Aberdeen präsentiert sich das Tal des Dee zunächst als weite, grüne Flusslandschaft mit Auen und Kiesbänken. Nur etwa 15 Kilometer au-ßerhalb der Metropole, zwischen Peterculter und Drumoak, liegt Drum Castle. 1323 übergab Robert the Bruce die Burg und die umgebenden Lände-reien der Familie Irvine, die es bis 1975 in ihrem Besitz behielt. Heute gehört es dem National Trust for Scotland. Besucher beeindruckt besonders der wuchtige, 1296 erbaute Wohnturm, ältester seiner Art im Land.

**Seite 152/153:** Zur Tracht gehört die perfekte Haltung.
**Mitte:** Herbststimmung in Banchory am Ufer des Dee
**Unten:** Die ehemalige Bahntrasse dient in Ballater nun als Rad- und Wanderweg.

Einige Kilometer weiter lädt Crathes Castle in seine schillernde Historie. Das verschwenderisch mit Türmchen und Erkern bestückte Wohnschloss aus dem 16. Jahrhundert umgibt ein weitläufiger Landschaftspark. Der Legende nach geistert ein Hausgespenst umher. Im Green Lady's Room soll sich ab und an eine grüne Dame zeigen – zwar selten, aber dann auch so illustren Gästen wie Queen Victoria.

Nahe von Crathes Castle, auf der anderen Seite der A93, liegt die kleine Siedlung Milton of Crathes, die aus restaurierten Steincottages besteht mit Galerie, Kunstgewerbeladen und Restaurant. Gleich nebenan haben Eisenbahnfreunde ein Museumsprojekt ins Leben gerufen, indem sie ein Gleisstück der alten Deeside Railway Line wiederherstellten, auf dem manchmal restaurierte Loks mit nostalgischen Zügen entlangschnaufen. Bis 1966 verband die Linie Aberdeen und Ballater und wurde von der königlichen Familie für die Anreise nach Balmoral genutzt. Das ehemalige Gleisbett ist nun der Deeside Way zum Wandern oder Radeln von Aberdeen nach Ballater.

Banchory ist vor allem ein Versorgungszentrum für das Umland. Beim sommerlichen Zwischenhalt

*Einfach gut !*

### BRAEMAR CASTLE

Obwohl die Burg mit ihren Verteidigungsgittern und der Ringmauer wie eine Festung aussieht, war sie in erster Linie als Jagdsitz gedacht. Die schützenden Bollwerke baute der Earl of Mar ein, da er als einflussreicher Adeliger um seine Macht fürchtete. Seine direkten Nachbarn, die Farquharsons of Invercauld, gelangten 1734 tatsächlich in den Besitz der fünfstöckigen Burg, die 1689 niederbrannte und 1748 mit ihren zahlreichen Türmchen wiederhergestellt war. Das Gebäude befindet sich im Besitz der Gemeinde, die auch für die Finanzierung von Renovierungen zuständig ist. Besucher können die authentisch rekonstruierten Räumlichkeiten der Familie Farquharson besichtigen. Ein Raum ist Robert Louis Stevenson gewidmet, der 1881 in Braemar die ersten Kapitel des Romans *Die Schatzinsel* verfasste.

www.braemarcastle.co.uk

155

## KÖNIGSSPIELE

Die *Highland Games* feiern alljährlich am ersten Wochenende im September mit dem *Braemar Royal Highland Gathering* ihren absoluten Saisonhöhepunkt. Es sind jedoch nicht nur die Athleten, die Glanzlichter setzen, sondern auch die Ehrengäste. Die britische Königin Elizabeth II. höchstpersönlich mit Prinzgemahl und weiteren Mitgliedern der royalen Familie lässt es sich seit über 60 Jahren nicht nehmen, diesem traditionellen schottischen Ereignis beizuwohnen. Vom extra hergerichteten Pavillon aus beobachtet sie die Wettkämpfe der starken berockten Männer mit den Baumstämmen und den Gewichten und die behände über die gekreuzten Schwerter fliegenden Mädchen in ihren karierten Söckchen. Selbstverständlich übernimmt die Queen auch einige Ehrungen der Sportler.

www.braemargathering.org

*Nicht verpassen*

an der Bridge of Feugh, die eine felsige Klamm eines Zuflusses zum River Dee überspannt, können mit Glück bachaufwärts springende Lachse beobachtet werden. Das pittoreske Dörfchen Kincardine o'Neil zwischen Banchory und Aboyne gehört mit zu den ältesten Ansiedlungen im Tal des Dee. Einst war es recht bedeutend wegen einer Furt, die sich als gute Querung eignete, die vormals wichtige Viehtriebroute von den Highlands zu den Märkten im Süden. Viele der heutigen Wanderrouten befinden sich auf Teilen dieses uralten Wegenetzes.

## Im größten Nationalpark Großbritanniens

Das gut erschlossene Wandergebiet Glen Tanar südwestlich des Dee ist Teil des Cairngorm Mountains National Parks. Wanderer gelangen von hier aus zu den Angus Glens. Weniger Ambitionierte genießen die herrliche Waldlandschaft auf einem Rundweg. Dabei passiert man eine alte Kapelle, die letzte verbliebene Zeugin einer einst blühenden Ansiedlung in Glen Tanar, die fast gänzlich verschwunden ist.

Kurz vor Ballater auf der A93 Richtung Westen eröffnet sich die tolle Aussicht auf die Felskrone von Lochnagar, mit 1155 Höhenmetern ein kapitaler »Munro«. Lochnagar ist berüchtigt für seine plötzlichen Wetterumschwünge, daher sollte man stets vorsichtig sein. Als geeigneten Startpunkt zum Aufstieg wählen viele Wanderer den Parkplatz von Glen Muick, den man auf einer etwa 13 Kilometer langen Schlängelstrecke durch die Hochlandeinsamkeit erreicht. Ein Rundwanderweg um Loch Muick führt an Victoria Lodge vorbei, eine Granitvilla von Queen Victoria am Seeufer, die noch heute Mitglieder des Königshauses ab und an nutzen.

# Royal Deeside Castle Trail

**A** Kurz vor Ballater zweigt die A97 nach Norden ab und führt ins Tal des **River Don**, der ebenfalls in den Cairngorm Mountains entspringt. Das Don-Tal bietet eine kontrastreiche Landschaft und eine Fülle von Burgen und Schlössern, zum Teil entlang des Castle Trail (braune Beschilderung).

**B** Es bietet sich aber auch an, zunächst von Ballater in östlicher Richtung über Aboyne und Banchory nach **Crathes Castle** zu fahren.

**C** Danach wartet die Wohnburg **Castle Fraser** bei Dunecht.

**D** Wer sich für prähistorische Megalith-Kultur interessiert, findet bei der **Kirche von Midmar** (B9119) einen besonders gut erhaltenen **Steinkreis**.

**E** Als Kontrast wird der Besucher das rosarote **Märchenschloss Craigievar** (über die B980) empfinden.

**F** Freunde von Oldtimern und »classic cars« kommen sicherlich im **Grampian Transport Museum** in Alford auf ihre Kosten.

Castle Fraser ist eine von zahlreichen, malerischen Burgen und Schlössern des Landes.

**G** Sehr eindrucksvoll ist die wuchtige Ruine von **Kildrummy Castle** (A97). Zu Füßen von Kildrummy Castle laden die verwunschenen Kildrummy Castle Gardens zum Verweilen ein.

**H** Und zum Abschluss noch die schneeweiße Garnison **Corgarff Castle** (B939). Wer noch Zeit und Lust hat – von hier geht es steil hinauf in spektakuläre Hochlandszenerie und zu den Cairngorms.

**A** Wieder zurück am Ausgangspunkt in Ballater.

## Königliches Sommeridyll

Im kleinen Örtchen Ballater fallen viele Ladentüren mit königlichen Wappen auf, den Ehrenabzeichen der Hoflieferanten. Vom 1866 gebauten Bahnhof aus, der 2002 Museum wurde, setzte Queen Victoria per Kutsche ihren Weg nach Balmoral fort. Sie sorgte dafür, dass die Eisenbahn hier endete und betrieb so nicht uneigennützig frühen Landschaftsschutz. Von Anfang April bis Ende Juli sucht man über Balmoral Castle vergeblich das königliche Banner als Zeichen royaler Präsenz: Während dieser Zeit ist der Park für Besucher geöffnet, jedoch bleiben die Innenräume, abgesehen von Ballsaal und Kutschensammlung, verschlossen. Auch der 9-Loch-Golfplatz im Park von Balmoral kann und darf bespielt werden.

Das heutige Balmoral Castle wurde anstelle des ursprünglichen Schlosses gebaut, das Victoria und Albert nicht repräsentativ genug erschien. Der Aberdeener Architekt John Smith schuf Ersatz im schmuckreichen Scottish-Baronial-Stil aus typischem Aberdeen-Granit. In Crathies Kirk gegenüber der Zufahrt zum Schloss besuchen die Royals traditionell den Gottesdienst. Nicht weit befindet sich auch die Royal Lochnagar Distillery, der Hoflieferant für Whisky.

Braemar am Scheitelpunkt der A93, die hier abrupt nach Süden abknickt, ist ein beliebter Anlaufpunkt für Ausflügler, die sich an schneereichen Wintertagen, die bis in den Mai dauern, aber auch komplett ausfallen können, im Skizentrum von Glenshee auf die Bretter wagen möchten. Unweit der aufgegebenen St. Margaret's Church, die für Ausstellungen und Veranstaltungen genutzt wird, befindet sich das Haus, in dem Robert Louis Stevenson ab 1881 für einige Zeit wohnte und die ersten Kapitel seines Romans »Die Schatzinsel« schrieb.

**Oben:** Der Bahnhof von Ballater mit dem kleinen Museum zu Ehren von Queen Victoria
**Unten:** Mitglieder der königlichen Familie wohnen traditionell, wenn meist auch nur für eine gute Stunde, dem Royal Highland Gathering in Braemar bei.

# Infos und Adressen

### SEHENSWÜRDIGKEITEN

**Balmoral Castle.** Geöffnet April–Juli 10–17 Uhr. Balmoral Estates, Ballater, Aberdeenshire AB35 5TB, Tel. 0133974 25 34, www.balmoralcastle.com

Sommersitz der Royals seit Queen Victoria: Balmoral Castle

**Crathes Castle, Garden & Estate.** Geöffnet April–Okt. tägl. 10.30–17 Uhr, Nov–März Sa–So 11–16 Uhr. Banchory, Aberdeenshire AB31 5QJ, Tel. 0844 493 21 66

**Castle Fraser.** Geöffnet Juli–Aug. tägl. 11–17, April–Juni, Sept.–Okt. Mi–So 12–17 Uhr. Sauchen, Inverurie, Aberdeenshire AB51 7LD, Tel. 0844 493 21 64

**Craigievar Castle.** Geöffnet Juli–Aug. tägl. 11–16.45, April–Juni, Sept. Fr–Di 11–16.45 Uhr. Alford, Aberdeenshire AB33 8JF, Tel. 0844 493 21 74

**Drum Castle, Garden & Estate.** Geöffnet Juli–Aug. tägl. 11–16, April–Juni, Sept. Do–Mo 11–16 Uhr. Drumoak, By Banchory, Aberdeenshire AB31 5EY, Tel. 0844 493 21 61, www.nat-trust-scot.de

**Corgarff Castle.** Geöffnet April–Sept. 9.30–17.30 Uhr. Castle Lodge, Corgarff, Strathdon, Aberdeenshire AB36 8YP, Tel. 01975 65 14 60, www.hist-scot.de

### ESSEN UND TRINKEN

**Royal Lochnagar Distillery.** Balmoral, Crathie, Ballater, Aberdeenshire AB35 5TB, Tel. 013397 427 00, www.discovering-distilleries.com/royallochnagar

### ÜBERNACHTEN

**Glen Tanar Estate.** Gemütliche, naturnahe Ferienhäuser. Brooks House, Glen Tanar, Aboyne, Aberdeenshire AB34 5EU, Tel. 013398 864 51, www.glentanar.co.uk

**Banchory Lodge Hotel.** Idyllisch am River Dee. Dee Street, Banchory, Aberdeenshire AB31 5HS, Tel. 01330 826 25, www.banchorylodge.co.uk

### AKTIVITÄTEN

**The Royal Deeside Railway.** Milton of Crathes, Banchory, Aberdeenshire AB31 5QH, Tel. 01330 84 44 16, www.deeside-railway.co.uk

**Walk Deeside.** Wandertouren. 1 Balnastraid Cottages, Dinnet, Aboyne Aberdeenshire, AB34 5NE, Tel. 013398 800 81, www.walkdeeside.com

Mountainbiker auf dem Glen Tanar Estate

**Deeside Activity Park.** Outdoor-Aktivitäten. Dess, Aboyne, Aberdeenshire AB34 5BD, Tel. 01339 88 35 36, www.deesideactivitypark.com

### INFORMATION

**Visit Royal Deeside.** www.visitroyaldeeside.com www.aberdeen-shire.de

# 33 Cairngorm Mountains National Park
## Wasser und Berge

**Mit rund 4528 Quadratkilometern ist der Cairngorm Mountains National Park der größte Nationalpark Großbritanniens. Sein Kernstück ist das Massiv der Cairngorm Mountains, deren Berge zu den höchsten der Insel zählen. Weite Teile sind zum Naturschutzgebiet erklärt. Wer seine Freizeit gern draußen verbringt, dem steht eine Vielfalt an Aktivitäten offen.**

Das Cairngorm-Massiv liegt zwischen Braemar im Süden und Grantown-on-Spey im Norden. Seine höchsten Berge sind der Cairn Gorm (1245 m) und der Ben Macdui (1309 m). Touristisches Zentrum der Cairngorm Mountains ist der Ort Aviemore. Hier dreht sich alles um Outdoor-Sport wie Skifahren, Wandern oder Mountainbiking. Die meisten Geschäfte sind in einer postmodernen, nüchternen Ladenzeile untergebracht. Direkt dahinter befindet sich der gepflegte, historische Bahnhof mit Direktanschlüssen nach Edinburgh, Glasgow und Inverness. Von hier starten auch die Eisenbahn-Oldtimer der Strathspey Railway nach Boat of Garten – ein Vergnügen für Liebhaber alter Dampfrösser.

## Natur erleben

Das CairnGorm Mountain Centre, knapp 15 Kilometer von Aviemore entfernt, ist ein beliebtes Wintersportziel. Eine Bergbahn, die einzige Standseilbahn im Königreich, bringt Besucher zur 1067 Meter hoch gelegenen Bergstation. Ski und Snowboards können vor Ort geliehen, Skipässe online gekauft werden. Im Sommer ist die Bergstation

**Mitte:** Torphins am östlichen Ausläufer der Cairngorm Mountains
**Unten:** Der Wolf ist in Schottlands Wäldern nur selten anzutreffen.

Der River Dee am Ortsrand von Braemar

auch zu Fuß erreichbar. Von einer Aussichtsplattform oder vom SB-Restaurant bietet sich ein beeindruckendes Bergpanorama. Entsprechende Ansichtskarten können in den höchstgelegenen Briefkasten Britanniens eingeworfen werden.

Zwar sind die Cairngorm Mountains ein Paradies für Wanderer, aber auch Wassersportler kommen auf ihre Kosten. Loch Morlich (10 Autominuten von Aviemore) und Loch Insh bei Kincraig sind lohnenswerte Ziele für Segler, Windsurfer und Kajakfahrer. Die landschaftlich reizvollen Seen bieten u. a. Bootsverleihe und Gastronomie. Nur ein paar Kilometer außerhalb von Aviemore können Besucher im Rothiemurchus Estate Aktivurlaub pur erleben. Zu den Angeboten zählen z. B. Landrover-Safaris, Kletterpfade, Pony-Trekking, Rafting oder Bogenschießen. Sollte sich der Nachwuchs danach immer noch langweilen, schafft ein Besuch des Landmark Forest Adventure Park bei Carrbridge mit Wildwasserrutschen, Kletterpark und vielem mehr garantiert Abhilfe. Carrbridge ist zudem bekannt für eine grazile Steinbrücke aus dem 18. Jahrhundert.

*Geheimtipp*

**SKIFAHREN**

Schnee in Schottland ist, wenn es um Wintersport geht, ein höchst unsicheres Pflaster. Die Winter können so mild sein, dass kaum ein weißes Zipfelchen die Berggipfel krönt, andere bringen viel zu viel weiße Pracht. Und dann haben die Skiregionen wie Glenshee Ski Centre am Rand des Nationalparks Cairngorm Mountains Hochkonjunktur. Es bietet bei einer Höhe von 650 Meter die größte Vielfalt an wintersportlichen Aktivitätsmöglichkeiten mit Loipen und Pisten in allen Schwierigkeitsstufen auf weitläufigen, mit Liften leicht erreichbaren Anlagen. Die mit zwei Kilometer längste Abfahrt *Glas Maol* gilt gleichzeitig als die wohl beste des Landes. Liftkarten und Ausrüstung können bereits online gebucht werden, was das mitunter lästige Stehen in der Schlange erspart, die Preise für Tageskarten gestalten sich recht moderat.

www.ski-glenshee.co.uk

161

## Schottlands Osten

Der über 100 Hektar große Highland Wildlife Park bei Kincraig ist Heimat von Bisons, Bären und Co., denen man aus sicherer Entfernung auf den Pelz rücken kann. Seit den 1950er-Jahren beherbergt das Cairngorm Reindeer Centre bei Loch Morlich eine Rentierherde. Etwa 150 Tiere leben das ganze Jahr über auf den Hängen des Cairn Gorm und können zur Fütterung auf einer geführten Wanderung besucht werden. Distanzierter geht es im Naturschutzgebiet von Loch Garten bei Boat of Garten zu. Im Unterstand des »Osprey Centre« wartet man, das Fernglas im Anschlag, auf das Erscheinen wild lebender Tiere. Die Fischadler (engl. osprey), die sich im Frühjahr zum Brutgeschäft einfinden, sind die unbestrittenen Stars.

Wer sich für menschliches Leben und Arbeiten in den Highlands interessiert, kann sich im Highland Folk Museum bei Newtonmore ausgiebig dazu informieren. Etwas außerhalb des benachbarten Kingussie erhebt sich die Ruine der Ruthven Barracks. Die Kaserne wurde infolge des Jakobitenaufstands von 1715 gebaut, um weitere Rebellionen in den Highlands zu unterdrücken. 1746 wurde sie nach der Schlacht von Culloden von Jakobiten niedergebrannt und nicht wieder aufgebaut.

**Oben:** Schneeeule im Kincraig Wildlife Park
**Mitte:** Heidelandschaft am Cairn o'Mount.
**Unten:** Die meisten Aussichtspunkte in Schottland bedürfen keines speziellen Hinweises.

## GUT ZU WISSEN

### MIT MIET-MOTORRAD DURCH DIE HIGHLANDS?

Wie viele andere lohnenswerte Motorradstrecken in Schottland bietet der Cairngorm National Park Fahrgenuss in atemberaubender Landschaft. An den Linksverkehr gewöhnt man sich schnell. Nur das schottische Wetter ist bekanntermaßen ziemlich launisch. Doch wie heißt es so treffend: Es gibt kein schlechtes Wetter, nur falsche Kleidung. Also – regendichte Ausrüstung mitnehmen und trotzdem fahren! In Aberdeen kann das Zweirad auch geliehen werden, z. B. bei »Scotland by Bike«.

# Infos und Adressen

## SEHENSWÜRDIGKEITEN

**Highland Folk Museum.** Ein Blick in die schottische Lebensgeschichte. Geöffnet tägl. April–Aug. 10.30–17.30, Sept.–Okt. 11–16.30 Uhr, Eintritt frei. Aultlarie Croft, Kingussie Road, Newtonmore, Invernessshire PH20 1AY, Tel. 01540 67 35 51, www.highlifehighland.com

**Highland Wildlife Park.** Geöffnet tägl. Juli–Aug. 10–18, April–Juni und Sept.–Okt. 10–17, Nov.–März 10–16 Uhr. Kincraig, Kingussie, Inverness-shire PH21 1NL, Tel. 01540 65 12 70, www.highlandwildlifepark.org.uk

**Ruthven Barracks.** Ruthven, Kingussie, PH21 1NR, Tel. 01667 46 02 32, www.hist-scot.de

## ESSEN UND TRINKEN

**Boat Bar & Bistro.** Gourmet-Dining im Bistro-Stil in nettem Ambiente zu jeder Tageszeit. The Boat Hotel, Boat of Garten, near Aviemore, Invernessshire, PH24 3BH, Tel. 01479 83 12 58, www.boathotel.co.uk

## ÜBERNACHTEN

**The Old School.** Großzügige Ferienwohnungen in einem historischen Gebäude mit Grünanlage. Duthill, Carrbridge, PH23 3NA, Tel. 01479 84 13 06, www.theoldschoolcarrbridge.com

## AKTIVITÄTEN

**The Strathspey Railway.** Aviemore Station, Dalfaber Road, Aviemore PH22 1PY, Tel. 01479 81 07 25 oder 01479 81 22 20, www.strathspeyrailway.co.uk

**CairnGorm Mountain Railway.** Aviemore PH22 1RB, Tel. 01479 86 12 61, www.cairngormmountain.org

**Rothiemurchus Centre.** Ein Zentrum für vielfältige Outdoor-Aktivitäten für Besucher und Familien. Geöffnet tägl. 9.30–17.30 Uhr. Rothiemurchus, By Aviemore, Inverness-shire PH22 1QH, Tel. 01479 81 23 45, www.rothiemurchus.net

## INFORMATIONEN

**Visit Cairngorms.** Das Besucherportal für den Cairngorms National Park. www.visitcairngorms.com

Die Wanderwege in den königlichen Highlands sind üblicherweise perfekt ausgeschildert.

**Mitte:** Auf dem Dorfplatz von Fettercairn
**Unten:** Dämmerung am Hafen von Stonehaven
**Seite 165:** Wash Stills in der Fettercairn Destillerie, die 1824 als zweite Whiskybrennerei überhaupt eine offizielle Lizenz erhielt.

# 34 Stonehaven – Dunnottar Castle
## Das südliche Aberdeenshire

**Das Gebiet Kincardineshire erstreckt sich südlich von Aberdeen und wird auch »Mearns« genannt. Landschaftlich bietet die Region eine einzigartige Mischung aus dramatischer Steilküste, fruchtbarem Agrarland und den kargen Ausläufern der Cairngorm Mountains. Augenfällige sowie versteckte Highlights laden zu ungestörtem Naturerleben, Besichtigungstouren oder genussvoller Einkehr ein.**

Das 25 Kilometer südlich von Aberdeen gelegene Stonehaven ist mit dem Auto über die A90, aber auch per Bus und Bahn günstig zu erreichen. Der Ort erstreckt sich entlang der Stonehaven Bay, die von einer Steilküste flankiert wird. Das geschäftige Ortszentrum wird im Sommer mit liebevoll gepflegtem Blumenschmuck herausgeputzt. Besonderer Anziehungspunkt für Einheimische und Besucher ist der pittoreske Hafen am Rand schützender Klippen. Früher sorgte eine Fangflotte für ein florierendes Fischereigewerbe, heute liegen hier vor allem die Boote der Seenotrettung, von Hummerfischern und Freizeitkapitänen. Besonders an Sommerabenden trifft man sich gern vor den Pubs bei einem Pint Bier oder lässt auf der alten Kaimauer Beine und Seele baumeln.

Am Hafen steht das älteste Gebäude der Stadt, die *Tolbooth* (»Zollhaus«) aus dem 16. Jahrhundert – einst Speicher und Gefängnis, heute Heimatmuseum. Die Old Town rund um den Hafen ist in der Silvesternacht Schauplatz der traditionellen *Fireball Ceremony*, ein feuriges Spektakel, das Tausende Schaulustiger anlockt.

N°1
WASH STILL
CONTENT 17,274 LTRS.

## DIE BAYVIEW EXECUTIVE BEACH APARTMENTS, STONEHAVEN

*Geheimtipp*

Die Apartments befinden sich in der oberen Etage eines gepflegten Hauses direkt am Strand von Stonehaven und nur wenige Schritte vom Ortszentrum mit Geschäften, Restaurants und Coffee-Shops entfernt. Der bildhübsche Hafen von Stonehaven ist vom Haus aus auf einem kurzen Spaziergang entlang der Bucht zu erreichen. Die Wohnungen sind geschmackvoll und mit viel Liebe zum Detail eingerichtet. Die Fensterfronten, jeweils mit Zugang zu einem kleinen Balkon, lassen viel Licht herein und bieten einen weiten Blick auf Meer und Steilküste. Zum Haus gehören auch Zimmer zur Vermietung als Bed & Breakfast sowie ein kleines Strandcafé im Erdgeschoss mit Zugang zur Strandpromenade.

www.executivebeachapartments.com

# Mutige Frauen

Etwa 3 Kilometer südlich von Stonehaven thront die wildromantische Ruine von Dunnottar Castle auf einer Felsenhalbinsel hoch über dem Meer. Man erreicht sie per Auto oder auf einem Fußweg von Stonehaven mit malerischen Ausblicken auf die Steilküste. Die bewegte Geschichte der Festung ist voller Legenden. So wurden im schottisch-englischen Bürgerkrieg die schottischen Kronjuwelen auf Dunnottar Castle vor Oliver Cromwell versteckt. Der erzürnte Feldherr reagierte mit monatelanger Belagerung. Einer listigen Pfarrersfrau gelang es jedoch, die Preziosen an Cromwells Truppen vorbeizuschmuggeln und in ein neues Versteck zu bringen – unter die Bodenfliesen der Old Church in Kinneff, wo man sich über die waghalsige Aktion informieren kann.

Von Dunnottar Castle aus führt der *Coastal Trail* (A92) in südlicher Richtung zu den steilen Klippen von Fowlsheugh, wo im Sommer Tausende arktischer Seevögel nisten. Hinter dem Ort Inverbervie streift der *Coastal Trail* die Fischerdörfer Gourdon und Johnshaven sowie das Naturreservat von St. Cyrus mit seinem weiten Sandstrand. Eine kurvige Landstraße zweigt in die ländliche Idylle von Arbuthnott ab. Arbuthnott House & Garden aus dem 17. Jahrhundert können zu bestimmten Zeiten besichtigt werden. Das Grassic Gibbon Centre ist dem Autor James Leslie Mitchell (1901–1935), besser bekannt als Lewis Grassic Gibbon, gewidmet. Seine Romane erzählen vom Leben in den Mearns und gelten als Klassiker.

Zwischen der A90 und den Ausläufern der Cairngorm Mountains erstreckt sich die Ebene der Mearns. Von Laurencekirk aus erreicht man das Dorf Fettercairn mit seinen Sandsteinbauten. Ein Mini-Triumphbogen, errichtet zu Ehren Queen

# Stonehaven – Dunnottar Castle

Perfekter Standort für eine eindrucksvolle Burg: Dunnottar Castle

Victorias, ziert den Ortseingang. Etwas außerhalb befindet sich Fasque Castle, ein Herrenhaus aus dem frühen 19. Jahrhundert und einst im Besitz der Familie Gladstone. Heute ist Fasque Castle Tagungsort und Unterkunftsbetrieb. Die »Fettercairn Distillery« produziert heimischen Whisky und bietet Führungen an. Hinter dem Ort windet sich eine steile Passstraße (B974) zum Cairn o' Mount hinauf. Der prähistorische Steinhügel (*Cairn*) auf dem Gipfel gewährt einen weiten Ausblick über die Mearns. Von hier aus schlängelt sich die B974 durch karges Hochland zum Wandergebiet von Glen Dye und nach Deeside.

## GUT ZU WISSEN

### FREIBADEN IN SCHOTTLAND?

Badefreuden unter freiem Himmel sind nicht gerade das, was man mit Schottland verbindet. Dennoch lohnt der Besuch des Stonehaven Open Air Pools, der in den 1930er-Jahren im Art Deco Stil gebaut wurde und mit seinem Retro-Ambiente als das letzte Freibad seiner Art in Schottland gilt. Wem das 50-Meter-Becken jedoch zu lang oder das auf 29° C erwärmte Meereswasser zu warm oder salzig ist, kann auch mit trockener Badehose gleich ins Splash Café gehen.

# 35 Newburgh – Castle Trail und Coastal Trail
## Gärten nördlich von Aberdeen

**Buchan und Formatine heißen die Regionen, aus denen sich der Landstrich nördlich von Aberdeen zusammensetzt. Auf den ersten Blick mag die Gegend nach einer wenig spektakulären Agrarlandschaft aussehen, bei genauerem Hinsehen entdeckt man jedoch, wie viel Sehenswertes in ihr steckt – von naturbelassener Küste über Schlösser und Gärten bis zur Begegnung mit prähistorischer Vergangenheit.**

Gleich hinter der Mündung des River Don erstreckt sich eine gewaltige Dünenkette über etwa 18 Kilometer bis nach Newburgh (Coastal Trail North). Hier, an der Mündung des River Ythan, beginnen die Forvie Sands – ein Naturschutzgebiet wie geschaffen für ausgedehnte Dünen- und Strandspaziergänge. Das Besucherzentrum liegt einige Kilometer weiter nördlich bei Collieston, das schon mehrfach zum schönsten Dorf im Lande gekürt wurde.

Das Örtchen Cruden Bay mit seinem idyllischen Hafen liegt an einer Sandbucht gleichen Namens. Hinter Cruden Bay und oberhalb des fantastischen, schon recht betagten Golfplatzes dräuen die zackigen Zinnen der unheimlichen Ruine von Slains Castle. Das düstere Gemäuer soll Bram Stoker (1847–1912) während eines Aufenthalts in Cruden Bay zu seinem Roman »Dracula« inspiriert haben.

Von Cruden Bay aus führt ein Fußweg zu dem Weiler Bullers o' Buchan und zu einer ungewöhnlichen Felsformation in den Klippen. Ursprünglich befand sich hier eine große Höhle mit einem direk-

**Mitte:** Collieston wurde schon mehrfach als schönster Hafen Schottlands ausgezeichnet.
**Unten:** Die Bibliothek von Haddo House umfasst eine großartige Sammlung schottischer Literatur.

# Rundwanderung Königlicher Castle Trail

Im Inland, nordwestlich von Aberdeen, verläuft ein Abschnitt des Castle Trails.

**A** Das Wohnschloss **Delgatie Castle** bei Turriff stammt aus dem 12. Jahrhundert. In einem seiner Schlafzimmer soll Maria Stuart übernachtet haben. Delgatie Castle wurde im 20. Jahrhundert von einem Mitglied des Clans Hay liebevoll zu einem Wohnsitz restauriert. Heute ist es im Besitz des Delgatie Castle Trust.

**B** Folgt man der Schlösser-Route in südlicher Richtung, ist bald das allein schon durch seine Größe beeindruckende **Fyvie Castle** erreicht. Die Anlage geht auf das 13. Jahrhundert zurück, wurde aber sukzessive ausgebaut. Fyvie Castle rühmt sich seines dekorativen Interieurs und einer beachtlichen Gemäldesammlung.

Pitmedden Gardens mit dem Herrenhaus Pitmedden

**C** Bei Methlick führt eine herrschaftliche Zufahrt nach **Haddo House**. Es wurde im 18. Jahrhundert als Wohnsitz der Familie Gordon, den Marquesses of Aberdeen and Temair, gebaut. 1978 wurde es vom National Trust for Scottland übernommen und kann auf geführten Touren besichtigt werden. Besuchern stehen zudem die Gärten und der umgebende Country Park offen.

**D** **Tolquhon Castle** bei Pitmedden, ehemalige Wohnresidenz der Familie Forbes, stammt aus dem 16. Jahrhundert. Viele bauliche Details dieser stimmungsvollen Anlage sind noch erhalten.

**E** **Pitmedden Garden** wurde im 17. Jahrhundert als Teil von Pitmedden House angelegt und 1952 vom NTS übernommen. Die neue Gestaltung der Anlagen richtet sich sehr authentisch nach dem Vorbild der formalen Gärten jener Epoche. Das Ergebnis ist schlicht eine Augenweide.

**F** Gleich nebenan führt das **Museum of Farming Life** durch die regionale Kultur- und Sozialgeschichte des örtlichen Agrarraums.

169

## HINKELSTEINE IN DER LANDSCHAFT

Ein einzelner Mensch würde sicher einen Zaubertrank benötigen, um einen prähistorischen Megalithen auch nur einen Zentimeter zu verrücken. Tatsächlich weist der Nordosten Schottlands landesweit die größte Dichte dieser steinernen Zeugen der Vorgeschichte auf. Zumeist handelt es sich um sogenannte *Standing Stones* (einzelne Monolithe) und mehr oder weniger vollständig erhaltene Steinkreise, den *Stone Circles*. Man schätzt, dass sie etwa im 3. bis 4. Jahrtausend v. Chr. geschaffen wurden und der Beobachtung der Mondbewegungen dienten. Ein besonders eindrucksvolles Beispiel ist der Loanhead Stone Circle auf einem Hügel bei Oldmeldrum.

www.historicenvironment.scot/
visit-a-place/places/
loanhead-stone-circle/

ten Zugang zum Meer. Erosion brachte die Decke im Lauf der Zeit zum Einsturz und schuf eine 70 Meter tiefe Öffnung, in der das Echo von Wellen und Möwengeschrei widerhallt.

## Peterhead und Preußen

Einige Kilometer weiter nördlich gelangt man zum industriell geprägten Peterhead. Früher lagen im Hafen der 18 000-Einwohner-Stadt die größten Walfang- und Heringsflotten Britanniens, heute ist er Europas größter Weißfischhafen und ein wichtiges Offshore-Zentrum. Ein Gang durch diese Stadt mit seinen Ecken und Kanten führt zur Statue des Feldmarschalls James Keith vor dem alten Rathaus. James Keith wurde 1696 in Inverugie bei Peterhead geboren. Seine militärische Laufbahn verschlug ihn auf den Kontinent und in die Dienste Friedrichs des Großen. Der hochgeschätzte Vertraute des Preußenkönigs während des Siebenjährigen Krieges starb 1758 während der Schlacht in Hochkirch und liegt in Berlin begraben, wo der »Alte Fritz« ihm ein Denkmal setzte.

## Infos und Adressen

Auf dem Golfplatz von Cruden Bay, einem klassischen Links-Kurs

### SEHENSWÜRDIGKEITEN

**Fyvie Castle.** Turriff, Aberdeenshire AB53 8JS, Tel. 01651 89 12 66, www.nts.org.uk/Property/Fyvie-Castle

**Haddo House.** Methlick, Ellon, Aberdeenshire AB41 7EQ, Tel. 01651 85 14 40, www.nts.org.uk/property/haddo-house

**Pitmedden Garden.** Pitmedden, Aberdeenshire AB41 7PD, Tel. 01651 84 23 52, www.nts.org.uk/Property/Pitmedden-Garden

**Forvie Sands National Nature Reserve.** Collieston, Aberdeenshire AB41 8RU, Tel. 01358 75 13 30, www.nnr-scotland.org.uk/forvie

**Tolquhon Castle.** Geöffnet April–Okt. 9.30–17.30 Uhr. Tarves, Aberdeenshire AB41 7LP, Tel. 01651 85 12 86, www.hist-scot.de

**Delgatie Castle.** Geöffnet 10–17 Uhr. Delgaty, Turriff, Aberdeenshire AB53 5TD, Tel. 01888 56 34 79, www.delgatiecastle.com

### ESSEN UND TRINKEN

**Formatine's.** Alles, was man für einen gelungenen Familienausflug und zum Rasten braucht. Geöffnet 9.30–17.30 Uhr. Tarves, Ellon, Aberdeenshire AB41 7NU, Tel. 01651 85 11 23, www.formartines.com

**Brewdog Brauerel.** Balmacassie Drive, Ellon, Aberdeenshire AB41 8BX, Tel. 01358 74 33 00

### ÜBERNACHTEN

**Meldrum House Country Hotel & Golf Course.** Für anspruchsvolle Gäste, Gourmets und Golfer. Oldmeldrum, Aberdeenshire AB51 0AE, Tel. 01651 87 22 94, www.meldrumhouse.com

**MacLeod House & Lodge.** Luxus-Hotelunterkunft in unmittelbarer Nähe des Trump International Golf Links (Golfplatz). Menie Estate, Balmedie, Aberdeenshire AB23 8YE, Tel. 01358 74 33 00, www.trumpgolfscotland.com

### AKTIVITÄTEN

**Cruden Bay Golf Club.** Aulton Road, Cruden Bay, Aberdeenshire AB42 0NN, Tel. 01779 81 22 85, www.crudenbaygolfclub.co.uk

**Formatine and Buchan Way.** Fernradweg von Dyce bis Fraserburgh an der Küste auf der Trasse der Formatine & Buchan Railway

### INFORMATION

www.newburghgolfclub.co.uk
www.visitabdn.com

Sammlung edlen Porzellans im Haddo House

# 36 Speyside
## Auf den Spuren des Whiskys

**Hier finden Whiskyfreunde, was in der Welt des Scotch Whiskys Rang und Namen hat. Der Malt Whisky Trail führt zu berühmten Destillerien im Tal des River Spey und an der Küste des Moray Firth. Aber nicht nur Fans und Kenner des schottischen Nationalgetränks kommen auf ihre Kosten. Dafür sorgen das vielfältige Landschaftsbild und die reiche Geschichte der Region.**

Der Spey legt als zweitlängster Fluss Schottlands zwischen Quelle in den Highlands und Mündung am Moray Firth gut 160 Kilometer zurück. Dabei passiert er die Cairngorm Mountains und erreicht bei Grantown-on-Spey die berühmte Whiskyregion Speyside. Der Name ist Synonym für den Whisky Trail, markiert durch das typische Pagodendach der Destillerien. Herrliche Landschaften geleiten zu Brennereien, die für Besucher offen stehen. Geführte Touren geben Einblick in die Whiskyherstellung mit anschließender Kostprobe. Man lernt, dass ein Schluck Whisky *dram* genannt wird.

Ein Ausgangspunkt des Whisky Trails ist Grantown-on-Spey am Nordrand des Cairngorm National Parks. Als eine der ersten »planned towns« (geplante Ansiedlungen) des Landes im Jahr 1765 gegründet, gedieh sie im 19. Jahrhundert zum extravaganten Ferienort, dessen gediegener Kleinstadtcharme noch heute spürbar ist.

**Mitte:** Strathisla-Whisky
**Unten:** Maischbottich in der Cardhu-Destillerie bei Knockando

## Der Speyside Way

Am Ufer des Spey eignet sich der Speyside Way für eine ausgedehnte Wanderreise. Start- oder

# Unterwegs auf dem Malt Whisky Trail

Von Grantown aus folgt die A95 dem Lauf des Spey nach Ballindalloch Castle. Hier lebt seit dem 16. Jahrhundert die Familie MacPherson-Grant. Schloss und Garten können besucht werden.

**A** Einige Kilometer südlich von Ballindalloch Castle liegt die **Glenlivet Distillery**, die ihren Besuchern heute eine Whiskyschule anbietet.

**B** Nur wenige Kilometer westlich von Ballindalloch Castle findet man die **Cragganmore Distillery**.

**C** Ballindalloch selbst ist Standort der **Glenfarclas Distillery**.

**D** In **Aberlour** werden gleich zwei schottische Spezialitäten hergestellt: Malt Whisky in der gleichnamigen Brennerei und das typische Backwerk Shortbread. Die Firma Walkers backt seit über 100 Jahren ihre gern etwas krümelnden Kekse.

**E** Nordwestlich von Aberlour liegt die **Cardhu Distillery**, die eng mit dem Namen Johnnie Walker verbunden ist. Dort wo das Flüsschen Fiddich – Namensgeber für den berühmten Glenfiddich Malt

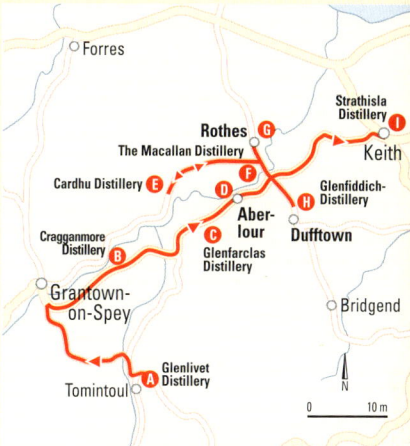

Johnnie Walker, der Klassiker des Blended Whisky, stammt überwiegend aus der Cardhu-Destillerie.

Whisky – in den Spey mündet, kuschelt sich Craigellachie heimelig in die Talmulde.

**F** Das Örtchen verfügt über eine sehr bekannte **Destillerie (The Macallan)** sowie eine Küferei (Speyside Cooperage), in der Eichenfässer hergestellt werden. Besucher können sich hier über dieses Handwerk informieren. In der legendären Quaich Bar im Craigellachie Hotel haben Whiskyfreunde bei 700 Whiskysorten die Qual der Wahl.

**G** Das nördlich von Craigellachie gelegene **Rothes** hat gleich fünf Whiskybrennereien zu bieten, von denen Glen Grant die Bekannteste ist.

**H** Südöstlich von Craigellachie lockt Dufftown mit dem attraktiven Besucherzentrum der **Glenfiddich-Destillerie**. Einmal jährlich im Mai findet in Dufftown das »Spirit of Speyside Whisky Festival« statt, ein mehrtägiges Event zu Ehren des Nationalgetränks.

**I** Die **Strathisla Distillery** wurde 1786 gegründet und gehört zu den ältesten und schönsten Destillerien des Landes. Sie ist eine weitere Station auf dem Whisky Trail in Keith am Rande der Speyside.

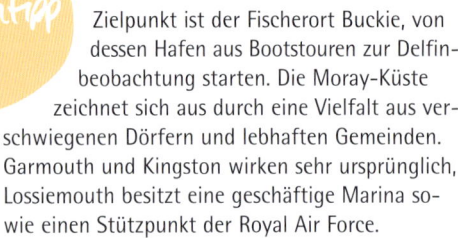

### COYNACHIE GUEST-HOUSE, HUNTLY

Wer unberührte Natur und ländlichen Frieden liebt, ist hier genau richtig. Dieses ungewöhnliche Bed&Breakfast ist in einem ehemaligen Farmhaus, gut versteckt am Ende einer schmalen Landstraße, untergebracht. Die Anfahrt führt durch ein Tal mit Feldern und Wiesen. Trotz seiner Abgeschiedenheit liegt »Coynachie Guest House« nur eine kurze Autofahrt von dem Städtchen Huntly und der A96, der Hauptverkehrsverbindung nach Aberdeen City und zum Aberdeen Airport, entfernt. Huntly verfügt über günstige Einkaufsmöglichkeiten und eignet sich als Ausgangspunkt für Ausflüge nach Speyside und den Whisky Trail, aber auch an die Moray-Küste sowie in die südlichen und östlichen Regionen Aberdeenshires.

www.coynachieguesthouse.com

Zielpunkt ist der Fischerort Buckie, von dessen Hafen aus Bootstouren zur Delfinbeobachtung starten. Die Moray-Küste zeichnet sich aus durch eine Vielfalt aus verschwiegenen Dörfern und lebhaften Gemeinden. Garmouth und Kingston wirken sehr ursprünglich, Lossiemouth besitzt eine geschäftige Marina sowie einen Stützpunkt der Royal Air Force.

Westlich liegt Burghead auf einer Landzunge, an deren Ende sich Überreste eines piktischen Forts befindet und tolle Aussichten über den Moray Firth bietet. Parallel zur Küste verläuft die A96 als Hauptverkehrsader zwischen Aberdeen und Inverness. Sie führt durch Elgin, dem Verwaltungszentrum Morayshires. Weicher, gelber Sandstein prägt das Stadtbild wie auch die Ruine der prächtigen Elgin Cathedral aus dem 13. Jahrhundert, ein wertvolles, mittelalterliches Baudenkmal. Mit der »Glenmoray Destillerie« liegt hier ebenfalls eine Station des Whisky Trails. Feine Wollwaren auf den Ausstellungsflächen von »Johnstons of Elgin« bilden eine gute Alternative zum vermeintlichen Whisky-Überfluss. Seit dem 18. Jahrhundert wird feinste Kaschmir-Wolle zu wohlig-warmen Textilien verarbeitet.

Das Städtchen Forres beherbergt neben der historischen Destillerie »Dallas Dhu« und der Brennerei »Benromach« eine weitere schottische Attraktion: der für seine Gravuren berühmte 6,5 Meter hohe, piktische Suenos' Stone. Jenseits des Whiskys empfiehlt sich aber auch ein Spaziergang rund um Brodie Castle außerhalb von Forres. Jahrhundertelang war es Residenz des Clanchiefs des Clans Brodie und ging dann im Jahr 2003 in den Besitz des National Trust for Scotland über. Den Laird's Wing dieses Schlosses mit seinen sieben Zimmern kann man komplett zur Übernachtung buchen und sich wie ein Schlossherr fühlen.

# Infos und Adressen

### SEHENSWÜRDIGKEITEN

**Elgin Cathedral.** King Street, Elgin, Moray IV30 1HU, Tel. 01343 54 71 71, www.hist-scot.de

**Speyside Cooperage.** Geöffnet Mo–Fr 9–16 Uhr. Dufftown Road, Craigellachie, Banffshire AB38 9RS, Tel. 01340 87 11 08, ww.speysidecooperage.co.uk

**Balvenie Castle.** Geöffnet April–Sept. tägl. 9.30–17.30 Uhr. Dufftown, Banffshire AB55 4GH, Tel. 01340 82 01 21, www.hist-scot.de

### ESSEN UND TRINKEN

**Cardhu Distillery.** Knockando, Aberlour, Banffshire AB38 7RY, Tel. 01479 87 46 35, www.discovering-distilleries.com/ cardhu

**Cragganmore Distillery.** Ballindalloch, Banffshire AB37 9AB, Tel. 01479 87 47 15, www.discovering-distilleries.com/ cragganmore

**The Glenlivet Distillery.** 4 Castleton of Blairfindy, Ballindalloch, Banffshire AB37 9DB, Tel. 01340 82 17 20, www.theglenlivet.com

**Glenfiddich Distillery.** Geöffnet 9.30–16.30 Uhr. Dufftown Banffshire, AB55 4DH , Tel. 01340 82 03 73, www.glenfiddich.com/uk

**Dallas Dhu Historic Whisky Distillery.** Geöffnet April–Sept. tägl. 9.30–17.30, Okt.–März Sa–Mi 10–16 Uhr. Mannachie Road, Forres IV36 2RR, Tel. 01309 67 65 48, www.hist-scot.de

**Walkers Shortbread.** Aberlour House, Aberlour on Spey, Speyside AB38 9LD, Tel. 01340 87 15 55, www.walkersshortbread.com/uk

### ÜBERNACHTEN

**Laird's Wing, Brodie Castle.** Brodie, Forres IV36 2TE, Tel. 0131 243 93 31, www.nts.org.uk/Holidays/Accommodation/The-Lairds-Wing-Brodie-Castle

**Ardconnel House B&B.** Woodlands Terrace, Grantown on Spey, Speyside PH26 3JU, Tel. 01479 87 36 17, www.ardconnelhou se.co.uk

### AKTIVITÄTEN

**Reisekultouren.** Veranstalter von Whiskyreisen. www.reisekultouren.de

**Speyside Way.** www.speysideway.org

### INFORMATION
www.maltwhiskytrail.com
www.spiritofspeyside.com

Die Pagodendächer der Strathisla-Destillerie in Keith

# WHISKY –
## das Wasser des Lebens

Allein schon die bernsteingelbe Farbe adelt einen wahren schottischen Single Malt.

Ein Single Malt Whisky besteht aus drei Zutaten: Gerste, Wasser und Hefe. Zuerst wird die Gerste gemälzt, also bis zur Keimung in Wasser eingeweicht, und dann auf einer Darre getrocknet. Danach wird die Gerste zunächst grob gemahlen und mit heißem Wasser vermischt. Die Flüssigkeit wird nach einer gewissen Zeit abgefiltert, mit Hefe vergoren und zweimal destilliert oder »gebrannt«. Zur Reifung füllt man sie schließlich in gebrauchte Eichenfässer ab.

Nachdem Whisky jahrelang in Eichenfässern ruht, wird aus ihm ein echter Single Malt. Lagerte im Fass zuvor Bourbon, Sherry oder Portwein, steuern diese ihren charakteristischen Beitrag zum Geschmack bei. Dabei verdunstet im Laufe der mindestens drei Jahre Lagerungszeit im Warehouse etwas Flüssigkeit. Diesen Teil des Whiskys, etwa ein Prozent pro Jahr, nennen die Schotten liebevoll *angel's share*. So dürfen auch die Engel etwas vom *Uisge beatha*, dem »Wasser des Lebens« genießen!

Das verwendete Wasser stammt meist aus der nahen Umgebung des Herstellungsorts. Beim Genuss des Whiskys scheiden sich indes die Geister. Verächtlich blickt mancher auf jenen, der es wagt, das Getränk mit schnödem Wasser zu verdünnen. Andere schwören gerade darauf. Jede Philosophie mag ihre Berechtigung haben. Manche Whiskybar macht daraus sogar ein eigenständiges Konzept, indem man exakt das passende regionale Wasser zum *dram* serviert.

Nur Malt Whisky aus schottischer Produktion darf als Scotch bezeichnet werden. Da Whiskyproduzenten mittlerweile auf der ganzen Welt zu finden sind, legen die Schotten gerade darauf besonderes Augenmerk. Gleichwohl müssen sie eingestehen, dass nicht nur schottisches Gold von hervorragender Qualität ist. Unabhängige Whiskyexperten bestätigen dies in ihren regelmäßig Bewertungen und Ranglisten. Um dem wachsenden Konkurrenzdruck entgegenzuwirken, offerieren viele Destillerien limitierte Sonderabfüllungen. Gleichzeitig zeichnet sich ein ähnlicher Trend wie in der Bierherstellung ab: neue kleine, sehr ambitionierte Destillerien sorgen mit ungewöhnlichen Kreationen und Editionen für eine Marktbelebung und frischen Wind auch für die Engel.

Fünf Single Malt Regionen unterscheidet man in Schottland, die jede für sich ihren eigenen Charakter hat. Am bekanntesten ist die Speyside, aus der die ausgewogensten Whiskys stammen, die sich gut für den Whisky-Neuling eignen. Als Gegenpol gilt die Insel Islay mit derzeit acht Brennereien. Von hier kommt Whisky mit vornehmlich torfiger und rauchiger Note. Whisky aus den Highlands, wie Arran, Oban, Jura bis Old Pulteney und Orkney, liegt geschmacklich höchst variantenreich in der Mitte. Den Erzeugnissen von den Inseln wird ein merklicher Salzgehalt nachgesagt. Campbeltown war in früheren Zeiten bedeutender als Speyside oder Islay. Aber nur noch drei Brennereien sind inzwischen hier aktiv, jedoch mit sehr hochwertigen Erzeugnissen. Whisky aus den Lowlands ist traditionell eher mild und wird sehr gern für Mischungen, sogenannte *Blends*, verwendet. Nach schwierigen Jahren boomt aber auch diese Region wieder in den einschlägigen Kreisen.

# 37 Die Küste von Banffshire
## Eine Telefonzelle als Denkmal

**Wo eine Telefonzelle Filmruhm erlangt hat, ein Dorf ohne Straße auskommt und das Herz einer Königin begraben liegt, schlängelt sich der Coastal Trail West des Ostküsten-Wanderwegs entlang der Küste von Banffshire. Dieser facettenreiche Winkel Schottlands ist wie geschaffen, um mit Zeit und Muße touristische Kleinode, malerische Orte und Küstenlandschaften zu entdecken.**

Von Fraserburgh aus führt die B9031 (Coastal Trail West) entlang der zerklüfteten Küste nach Pennan. Eine sehr schmale, sehr kurvige und extrem steile Straße führt hinunter ins Dorf mit den gepflegten weißen Cottages und einem winzigen Hafen im Schatten hoher Klippen. Die Szenerie war Kulisse für den Film *Local Hero* (1983) des schottischen Regisseurs Bill Forsyth (1946*), in dem das Münztelefon am Kai als einziges Kommunikationsmittel zwischen einem Geschäftsmann und seinem Arbeitgeber in den USA diente. Die rote Telefonzelle stahl den Stars wie Burt Lancaster die Show und steht heute unter Denkmalschutz.

Ein paar Kilometer außerhalb Pennans ist das Naturschutzgebiet von Troup Head ein Muss für Vogelfreunde. In den Nischen und auf den Vorsprüngen der schroffen Klippen nisten im Sommer Tausende von arktischen Seevögeln. Nicht nur Trottellummen und Papageitaucher finden sich ein, sondern auch eine unübersehbare Zahl an Basstölpeln. Von einem Aussichtspunkt aus lässt sich das Kommen und Gehen dieser eleganten Segler bequem beobachten. Mit etwas Glück er-

**Mitte:** Sie spielte nicht die Hauptrolle im Hollywood-Streifen Local Hero, doch die Popularität der Telefonzelle von Pennan übertraf sogar die eines Burt Lancaster.
**Unten:** Gasse im verwinkelten Küstendorf Gardenstown

# Die Küste von Banffshire

hascht man auch einen Blick auf Delfine oder Tümmler.

## Die Dörfer

Als menschliche Ansiedlung ist das Dorf Crovie (sprich: »Crivie«) zweifellos eine Kuriosität. Nur wenige Meter vom Wellensaum der Nordsee entfernt reihen sich etwas mehr als zwei Dutzend Cottages aneinander. Gardenstown wurde im 18. Jahrhundert als Fischerdorf im Bereich des heutigen Hafens unter dem damaligen Namen Gamrie gegründet. Im Laufe der Zeit wuchs das verwinkelte Örtchen buchstäblich in die Höhe, und immer mehr Häuser wurden in die Steilhänge oberhalb des Hafens gebaut. Im Gegensatz zum abgeschiedenen Crovie verfügt Gardenstown über einige Geschäfte, Gastronomie und andere Dienstleistungen. Ein oft von Gischt umtoster schmaler Pfad am Fuße der Klippen verbindet die beiden Dörfer.

In Macduff, am östlichen Mündungsufer des Deveron gelegen, hat das Fischereigewerbe eine lange Tradition. Auch heute noch wird hier kommerziell gefischt, und in der Werft im Hafen werden Boote repariert oder gebaut. Eine private Werft stellt noch immer traditionelle Holzboote her. Das Macduff Marine Aquarium vermittelt einen Einblick in die Unterwasserwelt der heimischen Nordsee. Es verfügt über ein lebendiges Riff ebenso wie eine einzigartige Wellenmaschine, die das Leben unter Wasser authentisch nachstellt.

Das Städtchen Banff liegt nur einen Katzensprung von Macduff entfernt auf der anderen Seite der Mündung des Deveron. Banff erhielt im 14. Jahrhundert Stadtrechte. Neben der Fischerei gab es einen blühenden Handel mit heimischen Produkten, der Hafen dient nun vornehmlich Freizeitskippern. Viele elegante Häuser aus dem 17. und

*Nicht verpassen*

**HARBOUR HOUSE PENNAN (COTTAGE)**

Malerisch, authentisch und dennoch komfortabel – so die Kurzbeschreibung dieses traditionellen Cottages direkt am kleinen Hafen des Fischerdörfchens Pennan, umgeben von urigen Wohnhäusern und den Klippen der Steilküste. Pennan bietet einen idealen Standort, um die Banffshire-Küste zu erkunden. Pennan, das sich noch gern mit dem Flair des Hollywood-Ruhms von »Local Hero« umgibt, bietet eine einzigartige Aussicht auf das Meer und die steilen Klippen. Hier kann man sich fernab aller Alltagshektik den Seewind um die Nase wehen lassen. Sollte der Wind gelegentlich etwas Kälte oder Regen bringen, sorgt der gusseiserne Ofen für wohlige Gemütlichkeit beim Beobachten des Flammenspiels und beim Lauschen der Brandung vor der Haustür.

www.harbourhousepennan.com

Malerisches Crovie an der Küste des Moray Firth

## CROVIE

Das Dorf an der Nord-
küste Aberdeenshires
besteht lediglich aus einer
langen Reihe von kleinen Häusern unterhalb der Klippen – so
schmal angelegt, dass keine Straße
bis zum Ende führt. Vom südwestlich
gelegenen Parkplatz muss der Ort
per pedes erkundet werden, den eine
friedvolle Atmosphäre am Auslauf
der Brandung umgibt.

Crovie ist ein malerisch verklärtes
Resultat der *Highland Clearances.*
Großgrundbesitzer, die die Schafzucht favorisierten, siedelten enteig-
nete Kleinbauern hierhin um, die
fortan der Fischerei zum Broterwerb
frönten. Nach einer verheerenden
Sturmflut im Jahr 1953 verließen die
Bewohner Crovie, das seither zu einer idyllischen Ansammlung ruhiger
Ferienunterkünfte gedieh.

www.banffshirecoast.com/Crovie/

*Einfach gut!*

18. Jahrhundert zeugen noch immer
vom einstigen Reichtum und machen
Banff zu einem Vorzeigedorf Schottlands.
Der Brunnen Biggar Fountain sprudelt just
an der Stelle in der Ortsmitte, an der einst Hinrichtungen mittels Galgen vollzogen wurden. Pro-
minentestes Opfer dieses rüden Umgangs mit oft
vermeintlich Kriminellen war James Macpherson
(1675–1700), der als Freibeuter und schottischer
Robin Hood in die Geschichte einging. Die Prämis-
se, den Reichen etwas zu nehmen und den Armen
zu geben, gefiel der damaligen Justiz nur wenig.
Am Tag seiner Exekution verkürzte er die Warte-
zeit bis zum finalen Moment mit spontanem Spiel
auf seiner Geige. Er forderte das zahlreich versam-
melte Publikum auf, Partei für ihn zu ergreifen,
um seinen Kopf zu retten, jedoch reagierte niemand, weil man längst – erfolgreich – um seine
Begnadigung gebeten hatte und die Depesche bereits auf dem Weg war. Lord Braco, der damalige
Sheriff Banffs, sah den ungeliebten Fiddler aber
lieber am Strick und ließ die Turmuhr vorstellen,
was dem Fiddler letztlich doch den Kopf kostete.
Folkbands spielen auf ihren Konzerten gern den
*Macphersons Rant.*

# Die Küste von Banffshire

Etwas außerhalb des Ortszentrums, umgeben von Landschaftspark und einem herrlichen Golfplatz im grünen Delta des Deveron, liegt das prachtvolle Herrenhaus Duff House. Das stattliche Anwesen wurde im 18. Jahrhundert als Wohnsitz der Earls of Fife gebaut und diente im Laufe seiner wechselvollen Geschichte außerdem als Luxushotel, Privatklinik und Armeestützpunkt. Nach 1945 stand es jahrelang leer. Schließlich übernahm Historic Scotland das schwer mitgenommene Gebäude. Hohe Investitionen waren nötig, um das Haus zu restaurieren. Heute sind in ihm u. a. eine Kunstgalerie und eine Außenstelle der National Galleries of Scotland untergebracht.

## Liebreizendes Fischeridyll

Kaum jemand kann sich dem Charme von Portsoy entziehen. Der malerische Hafen, umgeben von historischen Wohn- und Lagerhäusern, wurde im 17. Jahrhundert angelegt und ist der älteste in der Region. Die Kais wurden aus Naturstein gefügt und geben dem Hafen seinen besonderen Charakter. Marmor von den Steinbrüchen aus Portsoy genoss einst weltweite Berühmtheit. Auch der legendäre Franzosenkönig Ludwig XIV. bekam als Baumaterial für einige seiner Kamine in Versailles das grünlich und pink schimmernde Gestein.

Zumeist geht es ruhig und beschaulich zu in den Straßen und Gassen aus dem 17. und 18. Jahrhundert. Alljährlich im Juni drängen allerdings riesige Besuchermassen in die historische Kulisse. Dann nämlich findet das Scottish Traditional Boat Festival statt, eines der größten regionalen Events der Saison. Die Besucher können Vintage-Boote bestaunen, bei Oldtimer-Regatten ihre Favoriten anfeuern, Folkmusik lauschen, Leckereien genießen und im Angebot der Kunstgewerbestände stöbern.

**Oben:** Duff House im Delta des River Deveron
**Mitte:** Yachthafen von Banff
**Unten:** Portsoy ist alljährlich Schauplatz des Traditional Boat Festivals mit historischen Wasserfahrzeugen.

Von Portsoy aus erreicht man das alte Fischer-
dörfchen Sandend mit dem Auto oder auf dem
Wanderweg entlang der Steilküste. Die kleine
Siedlung am Ende einer geschützten Sandbucht,
die sich unter Surfern großer Beliebtheit erfreut,
wurde im 16. Jahrhundert gegründet. 300 Jahre
jünger ist der winzige Hafen. Ein Gang vorbei an
den liebevoll gepflegten Cottages und Räucher-
häusern erweckt den Eindruck, als sei hier die Zeit
stehen geblieben. In der nahen »Glenglassaugh
Distillery«, die nach mehr als zwei Jahrzehnten
Dornröschenschlaf 2008 ihre Produktion wieder-
aufnahm, werden geführte Besichtigungen angeboten. Ein kurzes Stück landeinwärts liegt das Bil-
derbuchdorf Fordyce. Herausgeputzte Häuschen,
eine trutzige Wohnburg im Kleinformat, ein Netz
gewundener Gässchen ringsherum, eine kleine
Parkanlage und ein Heimatmuseum – der denkmalgeschützte, mittelalterliche Ort hat etwas
Verwunschenes und lädt zum Bummeln und Verweilen ein.

Cullen, das im Mittelalter Stadtrechte erhielt, ist
ein zweigeteilter Ort. Die Seatown mit ihren pitto-
resken Fischer-Cottages liegt an Strand und Hafen.
Bei einem Strandspaziergang kann man den »Drei
Königen« – drei einzeln aufragende Felsformationen – einen Besuch abstatten. Die elegante Oberstadt mit Marktplatz, weiten Straßen und noblen
Villen scheint von oben herab auf die Bucht von
Cullen zu blicken. Bereits im 13. Jahrhundert wurde die Kirche am Rand der Oberstadt, die Old Kirk
of Cullen, gegründet und ist letztes, historisches
Überbleibsel im Ort, dessen geplante Anlage aus
der Zeit um 1820 stammt. 1327 verstarb die Ehefrau des Schottenkönigs Robert the Bruce in Cullen. Ihre inneren Organe wurden in der Kirche
beigesetzt. Fortan zahlte der König einen kleinen
Obolus an die Gemeinde – eine Tradition, die auch
von den demokratischen Regierungen bis heute

**Oben:** Die Fischer aus Cullen er-
fanden die gleichnamige sämige
Fischsuppe.
**Mitte:** Ausflug an den Strand von
Sandend
**Unten:** Schreinerwerkstatt im
Dörfchen Fordyce

Ökologie und individuelle Freiheit in Findhorn

beibehalten wird. Oberstadt und Seatown trennt die ehemalige Bahnlinie der Great North of Scotland Railway von 1886 und das imposante Sandsteinviadukt unterhalb des Marktplatzes. Der Bahnverkehr wurde in den 1960er-Jahren eingestellt. Cullen, der Herkunftsort der Fischsuppe Cullen Skink, ist durch einen Wanderweg entlang der Steilküste mit dem malerischen Portknockie, das Fischer des Nachbarortes 1677 gründeten, verbunden. Am Weg passiert man den »Bow Fiddle Rock«, ein natürliches Felsportal mitten in der Nordseebrandung.

Der Ort Fraserburgh, am äußersten Ostzipfel der Küste von Banffshire gelegen, ist durch das sehr sehenswerte Lighthouse Museum direkt neben dem weiß getünchten Leuchtturm weithin bekannt. Die Geschichte des Leuchtturmbaus in Schottland wiederum ist untrennbar mit der berühmten Familie Stevenson verknüpft, zu der nicht nur geniale Ingenieure gehören, sondern auch der Schriftsteller Robert Louis Stevenson. Fraserburgh besitzt eine lange und reiche Fischereitradition. Riesige Trawler machen die heutige Flotte aus. Eine mit großem Ehrgeiz im Jahr 1592 gegründete Universität existierte indes nur rekordverdächtige zehn Jahre.

*Geheimtipp*

## ALTERNATIVE GESELLSCHAFT

Als Spinner wurden die Gründer der Findhorn Foundation bezeichnet, als sie im November 1962 in unmittelbarer Nachbarschaft des britischen Luftwaffenstützpunktes Kinloss ihre Zelte aufschlugen. Die Aussteiger hatten ihre Arbeitsstelle im Ciuny Hotel verloren, sie glaubten an die Existenz von UFOs und bezogen mit ihren Kindern ein paar Campingwagen. Sie starteten eine zunächst belächelte, neue Art zu leben. Sie versuchten, autark zu sein, und erregten durch die Kultivierung ungewöhnlich großen Gemüses die Anteilnahme der Öffentlichkeit. Heute besteht Findhorn aus dem *Ecovillage* mit 61 Häusern und einer Universal Hall. Alles in moderner Holzhausarchitektur, errichtet nach den neuesten ökologischen Erkenntnissen hinsichtlich Energieverbrauch und Umweltschutz. Man predigt Frieden auf der Welt und etwas abgedrehte spirituelle Philosophien, Besucher sind willkommen.

www.findhorn.org

183

# Infos und Adressen

SEHENSWÜRDIGKEITEN

**Duff House.** Geöffnet April–Okt. tägl. 11–17, Nov.–März Do–So 11–16 Uhr. Barnyards, Banff AB45 3SX, Tel. 01261 81 81 81, www.duffhouse.org.uk

Traditionelle Schaufenstergestaltung bei Baxter's in Fochabers

**Macduff Marine Aquarium.** Geöffnet April–Okt. Mo–Fr 10–17, Sa–So 11–17, Nov.–März Sa–Mi 11–16 Uhr. 11 High Shore, Macduff AB44 1SL, Tel. 01261 83 33 69, www.macduff-aquarium.org.uk

**Old Kirk of Cullen.** Old Cullen, Moray AB56 4XW, www.cullen-deskford-church.org.uk/cullen-auld-kirk-history.php

**RSPB Troup Head Reserve.** Zwischen Crovie und Pennan liegt die einzige Basstölpel-Kolonie auf dem schottischen Festland. Tel. 01346 53 20 17, www.rspb.org.uk/reserves/guide/t/trouphead/index.aspx

**RSPB Loch of Strathbeg Nature Reserve.** Ein in Großbritannien einzigartiger Meeresarm mit Sanddünen und dem Anblick von seltenen Gänsen mit pinkfarbenen Füßen! Bei Fraserburgh, Aberdeenshire AB43 8QN, Tel. 01346 53 20 17, www.rspb.org.uk/reserves/guide/l/lochofstrathbeg

**The Museum of Scottish Lighthouses.** Geöffnet April–Okt. tägl. 10–17, Nov.–März Mi–So 11–16 Uhr. Kinnaird Head, Castle Terrace, Fraserburgh, Aberdeenshire AB43 9DU, Tel. 01346 51 10 22, www.lighthousemuseum.org.uk

**Banffshire Coast.** Für das National Geographic Magazin gehört die Banffshire Coast zu den schönsten Küsten der Welt. www.banffshirecoast.com

**Pennan.** Nicht nur der Telefonzelle wegen! www.banffshirecoast.com/Pennan/

**Gardenstown.** Etwas größer als Pennan und Crovie und besser zugänglich für Besucher, www.banffshirecoast.com/Gardenstown/

ESSEN UND TRINKEN

**Glenglassaugh Distillery.** Geöffnet Mai–Sept. tägl. 10–16.30, Okt.–April Mo–Fr 10–16.30 Uhr. Portsoy, Banffshire AB45 2SQ, Tel. 0131 335 51 30, www.glenglassaugh.com

**Boyndie Visitor Centre & Coffee Shop.** Unbedingt die *Cullen-skink*-Suppe zum Lunch probieren! Geöffnet tägl. 10–16 Uhr. The Old School, Boyndie, Banff AB45 2JT, Tel. 01261 84 32 49, www.boyndievisitorcentre.co.uk

**anCnoc Distillery.** Ehemals Knockdhu. Main Road, Knock, Huntly AB54 7LJ, Tel. 01466 77 12 23, www.ancnoc.com

**The Galley Whitehills.** Waterfront Café & Fisch Restaurant, Harbour Place, Whitehills, Aberdeenshire AB45 2NQ, Tel. 01261 86 11 16, www.thegalleywhitehills.co.uk

**The Deans.** Feinste Backwaren. Steven Road, Huntly AB54 8SX, Tel. 01466 79 20 86, www.deans.co.uk

## ÜBERNACHTEN

**Tufted Duck Hotel.** Ein Top-Hotel mit Restaurant und Meerblick. Corsekelly Place, St. Combs, Fraserburgh, Aberdeenshire AB43 8ZS, Tel. 01346 58 24 81, www.tuftedduckhotel.co.uk

**Banff Springs Hotel.** Mit 36 Zimmern das größte Hotel an der gesamten Banffshire Coast. Golden Knowes Road, Banff AB45 2JE, Tel. 01261 81 28 81, www.thebanffsprings.co.uk

**Station Hotel.** Familiengeführtes Hotel mit Golf-, Wander- und Whisky-Angeboten. Seafield Street, Portsoy, Banff AB45 2QT, Tel. 01261 84 23 27, www.stationhotelportsoy.co.uk

Reklametafel für gepflegten Genuss in Banff

**Castle of Park.** Tolles kleines Schlosshotel und Location für Hochzeiten und Feiern. Cornhill, Banff, AB45 2AX, Tel. 01466 75 15 95, www.castleofpark.co.uk

**Mill of Nethermill.** Stilvolle Selbstversorgerunterkünfte an der Küste. Pennan, Fraserburgh AB43 6JA, Tel. 01346 56 14 82, www.nethermillholidays.co.uk

**Craigston Castle.** Eine ganz besondere Unterkunft nur 15 km von der Banffshire-Küste entfernt, ist dieses Schloss mit Lord und Lady Feeling, bei dem allerdings alle 6 Schlafzimmer auf Selbstversorgerbasis oder mit Frühstück zusammen zu mieten sind. Bei Turriff, Aberdeenshire AB53 5PX, Tel. 01888 55 17 07, www.craigston-castle.co.uk

## AKTIVITÄTEN

**Scottish Traditional Boat Festival.** The Salmon Bothy, Links Road, Portsoy, Banff AB45 2SS, Tel. 01261 84 29 51, www.stbfportsoy.com

**Banffshire Coastal Trail.** Insgesamt 13 Detailkarten des Banffshire-Teils vom Aberdeenshire Coastal Trail, der wiederum ein Teil des nationalen North Sea Trails ist. www.banffshirecoast.com/WalkingExplore/

**Walk Highlands.** 24 verschiedene Wanderstrecken zur Auswahl in der Banffshire-Region – mit Angabe des Schwierigkeitsgrades, der Entfernung und der Dauer. www.walkhighlands.co.uk/aberdeenshire/banff.shtml

**Cullen Golf Club.** Ein 18-Loch Links Course mit Meeresblick, Klippenhindernissen und etwas Glück Delfinsicht. The Links, The Royal Burgh Of Cullen, Moray AB56 4WB, Tel. 01542 84 06 85, www.cullengolfclub.co.uk

## INFORMATION

www.banffshirecoast.com
www.discovergardenstown.co.uk
www.aberdeen-shire.de

# SCHOTTLANDS WESTEN

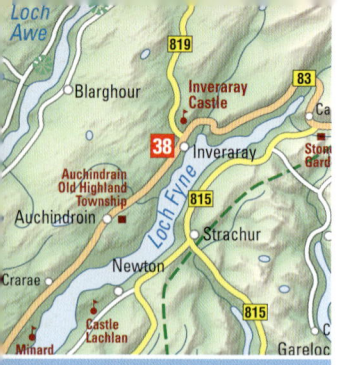

# 38 Loch Fyne
## Der wilde Westen

**Schon der Blick auf die Landkarte macht deutlich, dass die Westküste Schottlands im Gegensatz zu ihrem östlichen Pendant ein außerordentlich raues Terrain ist. Durchzogen von unzähligen fjordähnlichen Einschnitten und den vorgelagerten Inseln zeigt Schottland hier nicht nur seine wildromantische Seite, sondern auch sein Hafen- und Seefahrer-Flair.**

Der südliche Teil dieser Küstenregion ist der Verwaltungsbezirk Argyll and Bute mit seiner beschaulichen Hauptstadt Lochgilphead. Der mächtige Fjord Loch Fyne ragt mit einer Länge von 65 Kilometern bis in das Landesinnere hinein und hütet edelste Schätze unter der glitzernden Oberfläche. Aufgrund seiner nährstoffreichen Kombination aus Süßwasser von den umliegenden Hügeln sowie dem salzigen Meerwasser ist Loch Fyne voller Plankton, was bei der Austernzucht von elementarer Wichtigkeit und vor allem verantwortlich für den guten Geschmack ist. Die kostbaren Meeresfrüchte gedeihen prächtig und gelten nicht nur im britischen Königshaus als begehrte Delikatesse.

**Seite 186/187:** Spektakulär ragt die Ruine von Kilchurn Castle aus dem 15. Jahrhundert am Nordufer des Loch Awe in die Höhe.
**Mitte:** Kilchattan Bay auf der Isle of Bute
**Unten:** Victorian Toilets am Hafen von Rothesay

Am nördlichen Ufer des gewaltigen Meeresarmes liegt die idyllische Kleinstadt Inveraray, die zurecht ein beliebtes Ausflugsziel ist. Folgt man der Hafenstraße in südlicher Richtung, führt die A83, eine der wichtigsten Verbindungswege im Westen, stets parallel, aber an etlichen Stellen auch direkt entlang des Loch Fyne bis nach Tarbert. Der Hafenort verbindet den nördlichen Teil mit der Halbinsel Kintyre, allerdings ohne den nördlichen Teil Knapdale, und hat aufgrund seiner außergewöhnlichen Lage zwischen zwei Gewässern sowohl Zu-

## Loch Fyne

*Einfach gut !*

gang zu den Inneren Hebriden im Westen als auch zum Osten nach Bute. Daher war die Stadt mit drei umliegenden Festungen im Mittelalter strategisch wichtig. Bis auf die Ruine von Tarbert Castle, von der Robert the Bruce einst die Umgebung und ungebetene Besucher ins Visier nahm, ist keine der Befestigungen erhalten. Im Laufe der Zeit wandelte sich Tarbert zu einem Zentrum der Heringsfischerei, heute gilt die Hafenstadt als Tor zur Halbinsel Kintyre und Ausgangsort für Überfahrten zu den umliegenden Inseln.

## Isle of Bute

Von Tarbert aus ist es nur ein kurzes Stück mit der Fähre, die in 25 Minuten Portavadie auf der Halbinsel Bute erreicht. Bute gehört zu den traditionellen Grafschaften und besteht hauptsächlich aus den drei größeren Inseln Bute, Arran und Great Cumbrae. Dank der guten Anbindung über den Firth of Clyde nutzten schon im 19. Jahrhundert die Glaswegians die Halbinsel im Sommer gern für einen Kurzurlaub, sie reisten *doon the watter*. Landschaftlich ist Bute sehr abwechslungsreich und ein Muss für alle Naturliebhaber, vereint sie doch die unterschiedlichsten Landschaftsbilder in sich: Sanfte Hügel und satte Wiesen im Süden, der eher raue Norden und wunderschöne Küstenabschnitte mit traumhaften Stränden machen es zum Paradies für Angler, Radfahrer und Wanderer.

Der Hauptort Rothesay liegt in einer geschützten Bucht. Aufgrund des milden Klimas gedeihen sogar Palmen entlang der Promenade, was dieser Region den Spitznamen »Schottlands Madeira« eingebracht hat! Zentrum der Stadt ist die Burgruine Rothesay Castle aus dem 13. Jahrhundert mit einem äußerst ungewöhnlichen Grundriss. Wegen ihrer kreisförmigen Bauweise gilt diese

### PORTAVADIE MARINA

Nördlich der Insel Arran liegt die wohl modernste Marina Großbritanniens. Geschützte Liegeplätze, tiefes Wasser für Boote und Yachten unterschiedlichen Tiefgangs sowie viele Annehmlichkeiten und Serviceeinrichtungen haben diesem Yachthafen schon etliche Auszeichnungen eingebracht. Mit dem Crinan Canal im Westen und der abwechslungsreichen Inselwelt vor der Küste bewegt man sich hier in einem der besten Segelreviere Schottlands. Aber auch an Land stehen in dem neu entstandenen Areal rund um die Lagune exquisite Einrichtungen zur Verfügung. Luxuriöse Appartements für bis zu sechs Personen rund um die Marina bestechen durch ihre moderne Einrichtung und erzeugen mit lichtdurchfluteten, großzügig gestalteten Räumen und dem Einsatz warmer Holzelemente einen zeitlosen Stil mit mediterranen Akzenten.

www.portavadiemarina.com

## CRARAE GARDENS

*Nicht verpassen*

Unweit des Loch Fyne liegt eine wundervolle Gartenanlage, die aufgrund ihrer scheinbar zufälligen, aber doch ausgeklügelten Anordnung verschiedener Gehölze entlang eines Wasserlaufs an einen Himalaja-Baumgarten erinnert. Die Pflanzung verschiedenster Blumen, Stauden und Büsche ist ein ganzjähriger Publikumsmagnet. Im Frühjahr beginnt die Blüte unzähliger Rhododendren, Azaleen und Magnolien, die dann ab Ende April bis teilweise in den Sommer hinein eine wahre Farbpracht entwickeln. Im Herbst präsentieren die Laubbäume zusammen mit den Beeren ein beeindruckendes Farbenspiel, und auch in der kalten Jahreszeit verliert der Garten nicht an Reiz. Viele Künstler lassen sich von den exotischen und seltenen Pflanzen inspirieren und halten den Zauber in ihren Bildern fest.

www.nts.org.uk/Property/ Crarae-Garden/

Burg architektonisch als Paradebeispiel für den Festungsbau damaliger Zeit. In den Sommermonaten legt im Hafen von Rothesay der historische Schaufelraddampfer »Waverley« an, mit dem Ausflüge zu den Inseln sowie Rundfahrten auf dem Firth of Clyde angeboten werden.

Das imposante Herrenhaus Mount Stuart liegt nur wenige Kilometer südlich von Rothesay und dient seit Generationen der Familie Stuart als Stammsitz. Der neogotische Prachtbau ist ein Meisterwerk seiner Zeit und Vorreiter in Sachen Technik. So war es das erste Gebäude weltweit, das einen beheizten Innenpool besaß und mit elektrischem Licht, Zentralheizung und einem Anschluss an das im Bau befindliche Telefonnetz ausgestattet war. Das meiste davon funktioniert noch heute. Viele Räume sowie das beeindruckende Treppenhaus im Innern des Anwesens sind mit feinstem Marmor und Alabaster gestaltet.

Die Gärten rund um Mount Stuart zeigen ein ähnliches Bild und sind ebenso üppig, aber dennoch gut durchdacht und jeder für sich eine farbenfrohe Augenweide wie der Rock Garden mit seinen Bäumen und Büschen, die zum Teil von Expeditionen in den Nahen und Fernen Osten stammen. Der berühmte Landschaftsgärtner Thomas H. Mawson (1861–1933) hat diesen Garten entworfen. Wee Garden, der kleine Garten, ist eigentlich die falsche Bezeichnung für den Abschnitt mit den exotischen Pflanzen, die hier auf einem Areal von mehr als zwei Hektar gedeihen. Am besten besorgt man sich am Eingang bereits die Übersichtskarte mit allen Highlights, um den Überblick nicht zu verlieren. Wer sich intensiver mit der Flora rund um Mount Stuart beschäftigen möchte, kann bei dem Gartenteam auch eine Führung durch die Anlagen buchen.

# Spaziergang Inveraray

Ein Bummel auf den Spuren der Clans Campbell
von einem der schönsten Schlösser zu einem der
ungewöhnlichsten Orte Schottlands ist etwas für
jede Jahreszeit.

**Ⓐ Inveraray Castle** – Das Haus des Dukes und
der Duchess of Argyll präsentiert im Eingangsbereich eine ebenso umfangreiche wie Furcht einflö-
ßende Waffensammlung, doch die weiteren Räumlichkeiten, die bei einer Rundtour zu sehen sind,
spiegeln eine faszinierende Grandesse und stilvolle Opulenz wider. Insbesondere der Tapestry
Drawing Room ist ein wahres Kleinod mit original
Beauvais-Wandteppichen.

**Ⓑ Castle Garden** – Im formalen Garten des
Schlosses blühen Narzissen, Rhododendren und
Azaleen. Berühmte Persönlichkeiten, allen voran
Queen Victoria und der Forscher David Livingstone,
verewigten ihre jeweiligen Besuche durch das
Pflanzen eines Baumes.

**Ⓒ Duke's Tower** – Der gewichtige Klang des
weltweit zweitschwersten Ringes aus zehn Kir-
chenglocken ist weithin zu vernehmen. Nach
Bewältigung der 176 Stufen bietet der Turm aus
38 Metern Höhe eine herrliche Aussicht über Loch
Fyne, die Stadt und das Bergland der Umgebung.

**Ⓓ Parish Church** – Zwei Kirchen vereinigt das
erst 1802 vollendete Gotteshaus. Getrennt durch
eine Mauer gab es je einen Teil für die gälischen
und die englischen Anwohner. Es bildet den Mittelpunkt der geometrischen Ortsanlage.

**Ⓔ Crombies Land** – Die Häuserreihe entstand
zwischen 1825 und 1828. Hier wurde Neil Munro,
Autor der *Para-Handy*-Geschichten, 1863 geboren.

**Ⓕ Inveraray Jail** – Das interaktive Gefängnismu-
seum vermittelt einen lebensechten Eindruck des
Lebens hinter Gittern vor 200 Jahren. Eine – virtuelle – Unterhaltung mit den Wärtern ist ebenso
möglich wie der Blick in eine Gerichtsverhandlung.

**Ⓖ First House** – Das erste Gebäude der neuen
Ortschaft ist heute Teil des »George Hotels«.

**Ⓗ Inveraray Pier** – Seit 1759 war hier die große
Fischfangflotte Inverarays beheimatet. Das umge-
baute Feuerschiff »Arctic Penguin« beherbergt das
Maritime Museum, gleich daneben liegt die legendäre »Vital Spark« von Para Handy. Das urige Schiff,
heimlicher Star der schottischen TV-Serie um den
exzentrischen Seemann und seine Crew, ist häufig
auf maritimen Veranstaltungen im Land zu sehen.

**Ⓘ Market Cross** – eines der wenigen Relikte aus
dem alten Inveraray

www.inveraray-argyll.com

## Inveraray

(Siehe auch Karte auf S. 191)

Nur knapp 600 Menschen leben in dem kleinen Ort am Westende des für seine hervorragenden Meeresfrüchte bekannten Loch Fyne. Trotz der schon damals geringen Größe erhielt das Fischerdorf als Erstes in Argyll im Jahr 1648 Stadtrechte und blieb bis heute kleinstes Verwaltungszentrum des Landes. Der 3. Duke von Argyll entschied im Jahr 1744, dass sein Stammhaus, die mittelalterliche Burg Inveraray Castle, seinen repräsentativen Ansprüchen nicht mehr entsprach. Er ließ es abreißen und in 40-jähriger Bauzeit von den renommierten Architekten William Adam und Roger Morris als Schloss im neugotischen Stil wiederherstellen. Dasselbe Schicksal ereilte zeitgleich auch die Ortschaft. Komplett am Reißbrett von John Adam geplant, entstand ein schottisches Unikat. Ein stimmiges Ensemble aus zwei- und dreigeschossigen Häusern, zunächst für die Bediensteten des Fürstenhauses, mit Textilmanufaktur, Rathaus, Kirche, breitem Boulevard und Anleger für die Fischerboote.

## GUT ZU WISSEN

### DER ETWAS ANDERE THRON

Sehenswert und notfalls nützlich: Verschnörkeltes Eisendekor auf dem Dach, weißgelb verklinkert, dunkle Holztüren, Texte in alter Typografie: Victorian Toilets. Erbaut 1899 präsentiert sich das Häuschen am Hafen Rothesays noch immer im eleganten viktorianischen Originalzustand. Kacheln und Kupferrohre glänzen frisch poliert, der schwarze Marmor der 20 weißen Porzellanurinale blinkt edel. Selbst HRH Prinz Charles war schon auf diesem stillen Örtchen. Ob der Titel »Loo of the Year« aber ein geeignetes Aushängeschild ist?

**Oben:** Museumsschiff und TV-Star Vital Spark im Hafen von Inveraray
**Mitte:** Inveraray Castle ist Stammsitz des Dukes of Argyle.
**Unten:** Rast und Lektüre am Market Cross

# Infos und Adressen

### SEHENSWÜRDIGKEITEN

**Mount Stuart**. Isle of Bute, PA20 9LR, Tel. 01700 50 38 77, www.mountstuart.com

**Inveraray Castle.** Inveraray, Argyll, PA32 8XE, Tel. 01499 30 22 03, www.inveraray-castle.com

### ESSEN UND TRINKEN

**Harry Haw's.** Im Zentrum Rothesays liegt das familienfreundliche Lokal mit einer Mischung internationaler und heimischer Küche. 23–25 High Street, Rothesay PA20 0AS, Tel. 01700 50 58 57, www.harryhawsbute.com

**Loch Fyne Oyster Bar.** Die Meeresfrüchte vom Loch Fyne stehen ganz oben in der Gunst der Gourmets. In der einfachen Gaststätte am nordöstlichen Seeufer sind sie zu genießen oder käuflich zu erwerben. Clachan, Cairndow, PA26 8BL, Tel. 01499 60 02 64, www.lochfyne.com

**Fyne Ales.** Der Name verheißt Gutes, und der Freund eines handwerklich gut gemachten Bieres

Das Gefängnis wird zur Sehenswürdigkeit.

wird hier nicht enttäuscht. Achadunan, Cairndow, PA26 8BJ, Tel. 01499 60 01 20, enquiries@fyneales.com, www.fyneales.com

### ÜBERNACHTEN

**The Paymaster's House.** Bürgermeister James Campbell war 1780 erster Bewohner des Hauses mitten im Zentrum Inverarays, das auch im Mittelpunkt eines Romans des Literaten Neil Munro steht. Fünf gemütliche Ferienwohnungen sind daraus entstanden, die vom Brambles Hotel vermietet werden. 2 Main Street East, Inveraray, PA32 8TS, Tel. 01499 30 20 03, www.inverarayhotel.com

**Chandlers Hotel & Restaurant.** Aus der ehemaligen Mädchenschule Agnes Patrick House wurde eine gemütliche Hotelunterkunft mit schöner Aussicht über den Clyde. Die Zimmer sind nach schottischen Clans benannt und das Restaurant ist hervorragend. Ascog Bay, Isle of Bute, PA20 9ET, Tel. 01700 50 55 77, info@visitchandlers.com, www.visitchandlers.com

### INFORMATION

**VisitBUTEoverhere.** Academy Road, Rothesay, Isle of Bute, PA20 0BG, www.visitbute.com

Verkaufstheke der Loch Fyne Oyster Bar

Kilchenzie
Kinty...
39 Campbeltown
Machrihanish
Stewarton
Feochai...
Beinn
na Lice
428
Southend
St. Columba's Footsteps
Mull of Kintyre
Sanda Island

# 39 Campbeltown/Kintyre
## Sir Paul sorgte für Bekanntheit

**Ab Tarbert beginnt das Gebiet von Kintyre. Die längliche Halbinsel berührt mit ihrer Spitze fast die Küste Nordirlands, die nur 21 Kilometer entfernt ist und bei gutem Wetter in Sichtweite liegt. Unvergessen ist bis heute das Lied von Paul McCartney, der seine Heimatgefühle in dem Song »Mull of Kintyre« so wunderschön intonierte. Lange Zeit pilgerten Fans des Ex-Beatles zu dem Kap und bis zu dem zentralen Ort Campbeltown.**

Auf einem herrlichen Küstenabschnitt führt die A83 bis zu einer Dünenlandschaft in der Machrihanish Bucht mit dem angrenzenden Golfplatz. Die Werbung verspricht den »ursprünglichsten Golfplatz«, denn es handelt sich um einen sogenannten Links Course. Nur ein Teil der Anlage wurde bearbeitet, die Fairways aber sind unberührt geblieben, so wie die Natur sie geschaffen hat. Es gibt einen weiteren alteingesessenen Golfclub am Ort, der speziell wegen des ersten Abschlags und der Gefahr, den Ball im Atlantik zu verlieren, berühmt geworden ist. Beide Plätze liegen nahe dem Machrihanish Village, einem kleinen, aber feinen Feriendorf.

## Vergessene Stadt

Folgt man der A83 noch ein Stück bis zu ihrem Ende, so landet man in Campbeltown. Von dem einstigen Whiskyzentrum mit fast 40 Destillerien sind nur noch drei herstellende Betriebe übrig. Ein Besuch bei der Springbank Distillery, der ältesten, unabhängigen und familiengeführten Brennerei Schottlands, gleicht einer Reise in die Vergangen-

**Mitte:** Karibik-Flair am Kinerarach-Strand im Norden von Gigha
**Unten:** Fischer im Hafen von Tarbert am Loch Fyne

heit, denn hier wird noch großer Wert auf Handarbeit gelegt.

Die eher spärlich besiedelte Halbinsel Kintyre ist Inbegriff für ein besonderes Naturerlebnis. Wer diesen Teil Schottlands eingehender erkunden will, macht sich auf den KintyreWay, ein Entdeckungspfad, der sich von Tarbert bis Southend kreuz und quer über die Halbinsel erstreckt.

Westlich von Kintyre liegt Gigha, die südlichste bewohnte Insel der Inneren Hebriden. Trotz seiner überschaubaren Größe hat das Eiland eigentlich alles: eine Straße, einen wunderschönen Garten und einen Golfplatz. Von Tayinloan setzt man in nur 20 Minuten mit der Fähre über. Im Jahr 2002 beschlossen die Einwohner, die Insel für 4 Millionen Pfund zu erwerben. Die rund 150 Inselbewohner leben hauptsächlich von der Viehwirtschaft, Windkraftanlagen und, dank der Achamore Gardens, dem Tourismus.

Die Achamore Gardens erstrecken sich über 20 Hektar und bieten ideale Bedingungen für viele Pflanzenarten. Zahlreiche farbenfrohe Rhododendron-Arten prägen das Bild, was einem der berühmten Vorbesitzer der Insel, Sir James Horlick, zu verdanken ist. Der passionierte Blumenfreund kaufte das Anwesen 1944 und kreierte durch die stete Veredelung der Gehölze und Rhododendren über viele Jahre hinweg ein Gesamtkunstwerk, das bis heute Gartenliebhaber aus aller Welt anzieht.

## Crinan Canal

Als in der zweiten Hälfte des 18. Jahrhunderts der Bedarf nach geeigneten Verkehrswegen immer größer wurde, begann man in Großbritannien mit dem Bau von Kanälen. Diese sollten den Gütertransport vom häufig sehr gefahrvollen Seeweg ins sichere

*Geheimtipp*

### ACHAMORE HOUSE

Eingebettet in die satten Grünanlagen von Achamore Gardens liegt das B&B Achamore House mit insgesamt 12 Zimmern. Wohlklingende Namen wie *Yellow Room*, *Owl Room* oder *Room Eight* lassen erahnen, dass sich die Gastgeber mit ihrer B&B weit entfernt haben von dem Einerlei anderer Unterkünfte und mit viel Liebe zum Detail ihre Gäste willkommen heißen. Das stattliche Herrenhaus wurde 1884 erbaut, und sogar Charles Rennie Mackintosh, der damals noch seine Ausbildung absolvierte, war an der Planung dieses Schmuckstücks beteiligt. Das Ambiente strahlt eine angenehme Wärme aus und bietet auch an Regentagen – ja, die soll es tatsächlich geben – genügend Abwechslung. Die Bibliothek ist bestens bestückt mit Literatur aller Genres und lädt in gemütlicher Atmosphäre zum Schmökern ein.

www.achamorehouse.com

## GEOCACHING AUF DER KINTYRE-HALBINSEL

Geocaching ist die moderne Form der Schatzsuche. Bei diesem Spiel werden irgendwo auf der Welt kleine Schätze versteckt, die von anderen Mitspielern anhand der im Internet hinterlassenen Koordinaten gesucht werden. Ist der Schatz entdeckt, wird der Inhalt herausgenommen und durch eine andere nette Aufmerksamkeit ersetzt, damit der Nächste ebenfalls über ein Erfolgserlebnis berichten kann. In einem sogenannten Logbuch werden alle Funde registriert und bewertet. Teilweise sind die *caches* mit einem Rätsel verbunden oder erfordern sogar spezielle Ausrüstung, wenn sich der Zielpunkt in unwegsamem Gelände befindet oder schwer zugänglich ist. Geocaching ist eine tolle Freizeitbeschäftigung, zumal alle Aktivitäten draußen stattfinden und die Bewegung in der Natur ein wunderbarer und gern hingenommener Nebeneffekt ist.

Felsen am Sound of Jura

Landesinnere verlegen. Insbesondere die Umfahrung der Kintyre-Halbinsel zum Erreichen der wirtschaftlich wichtigen Regionen am Firth of Clyde und der Stadt Glasgow galt als sehr riskant. So feierte man 1801 die Einweihung des Crinan Canals. Er verband Loch Gilp und Loch Fyne mit Loch Crinan am Sound of Jura und schuf damit die gewünschte, abkürzende Wasserstraße zwischen Loch Fyne und dem Atlantik. Queen Victoria brachte 1847, wie in so vielen anderen Gebieten Schottlands, den Tourismus an den mit 15 Schleusen verteilt auf 16 Kilometer relativ kurzen Kanal. Kleine Passagierdampfer, zunächst von Pferden gezogen, und Frachtschiffe sorgten für reichlich Betrieb. Heute nutzen vorwiegend Freizeitsegler den Kanal.

## Islay

Bei Liebhabern schottischen Whiskys ist die Insel bekannt für ihren intensiv schmeckenden Malt, der seine besonders rauchige Note aus den Meeresaromen und dem Torf entwickelt. Das freut die Inselbewohner, denn die Produktion des »Lebenswassers« bringt viele Touristen auf die Insel. Immerhin acht Destillerien verteilen sich über das nur 620 km² große Eiland und bilden eine eigenständige Whiskyregion. Die Reederei Caledonian MacBrayne hat diesem Besucherstrom Rechnung getragen und setzt auf der Route Kennacraig – Islay seit Mai 2013 ein Schiff mit höherer Kapazität ein. Technisch auf dem neuesten Stand, können bis zu 550 Passagiere in 50 Minuten die Insel im äußersten Süden der Inneren Hebriden erreichen.

Das meiste Leben spielt sich in Bowmore ab, und der Beinn Bheiger ist mit 491 m die höchste Erhebung. Die Halbinsel Oa markiert den südlichsten, meist felsigen Teil von Islay und wird von bis zu 220 m hohen Klippen abgegrenzt. Wer Seeadler

# Fahrradtour entlang des Crinan Canal

Die Fahrt entlang des Treidelpfads am Kanal ist ein entspannter Trip ohne große Höhenunterschiede für die ganze Familie und eine Tour durch schottische Landschaft und Industriegeschichte.

Beste Zeit: April bis Ende September

**Ⓐ Ardrishaig Parish Church** – Ein gotischer Turm prägt die Fassade der Kirche von 1860, die Kirchenfenster sind im Art-Nouveau-Stil der edwardianischen Zeit gehalten.

**Ⓑ Oakfield Bridge** – Die am Haus des Schleusenwärters angelieferte Kohle wurde von hier aus durch den zuständigen Beamten in die Orte der Region, so ins nahe Lochgilphead, verkauft.

**Ⓒ Cairnbaan** – Der Ort verweist mit seinem Namen auf die reiche archäologische Bronzezeit-Vergangenheit des Gebietes. Übersetzt aus dem Gälischen bedeutet es »Weißer Berg«. Auf diesem findet man Steine mit Ringen und tellerförmigen Markierungen. Das »Hotel Cairnbaan«, als Rastplatz für Kanalreisende um 1800 gebaut, diente als Filmkulisse für die Fernsehserie »Para Handy« nach den Geschichten von Neil Munro. Die vier Schleusen markieren den höchsten Punkt des Kanals.

**Ⓓ Dunardry Bridge** – einzige fahrbare Brücke am Kanal aus dem Jahr 1900

**Ⓔ Bellanoch** – Hier zweigt die Straße B8025 ab, die über die reizvolle, mit Wollgras übersäte Landschaft des Moine Moors in Richtung der historischen Stätten von Kilmartin führt. Eine tolle Aussicht bietet der Pfad hier, oft sind Hochlandrinder beim Bad in den Fluten des wild mäandrierenden Flusses Add zu beobachten.

**Ⓕ Crinan** – Im großen Oval des Schleusenbeckens vor dem letzten Wehr und Zugang zum Atlantik liegt ein altes Frachtschiff vom Clyde vor Anker, am Ufer liegt ein schwarzer Kohlehaufen als Reminiszenz an die ökonomische Vergangenheit. Ein Café offeriert kleine Mahlzeiten im früheren Heim des Schleusenwärters.

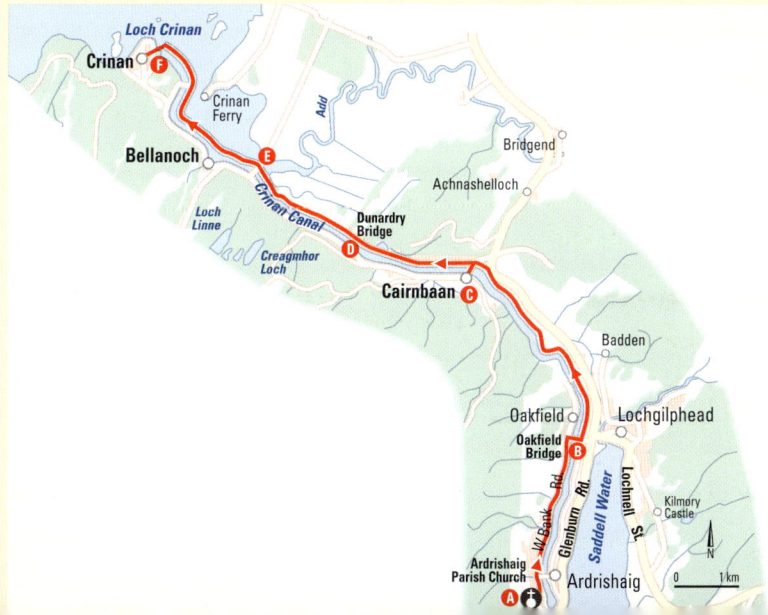

und Austernfischer betrachten möchte, unternimmt einen Abstecher zum Loch Gruinart Nature Reserve mit seinen vielen Brutplätzen. Historische Sehenswürdigkeiten findet man in Form keltischer Kreuze in Kildaton und Kilnave. Auch die Ruine von Finlaggan Castle, einstiger Sitz der Lords of the Isles, die die Insel vom 14. bis 16. Jahrhundert regierten, erzählt einen Teil der langen Geschichte dieser Insel. Die Stromerzeugung wird durch das älteste Wellenkraftwerk der Welt unterstützt.

## Jura

Nordöstlich von Islay liegt Jura, mit rund 367 km² nur etwa halb so groß wie die Nachbarin und wesentlich dünner besiedelt. Um nach Jura zu kommen, geht der Weg immer über Islay, da es nur eine Fähre von Port Askaig nach Feolin gibt. Alternativ verbindet ein Speedboat in weniger als einer Stunde Tayvallich auf der Knapdale-Halbinsel mit Craighouse, dem Hauptort Juras, wo sich die einzige Whisky-Brennerei, die »Jura Distillery«, befindet, deren Logo mit dem Anch-Kreuz, einem Glücksbringer auf den westlichen Inseln, versehen ist. Wanderfreunde lieben die »Paps of Jura«, eine markante Bergformation mit drei Gipfeln, die im Süden die Inselsilhouette dominiert. Die Besucher Juras schätzen ihre Ruhe und Abgeschiedenheit, ganz so wie George Orwell, der im Norden der Insel seinen Roman *1984* verfasst hat.

**Oben:** Reihenhaus in Cairnbaan am Crinan Canal
**Mitte:** Dorfjugend in Bowmore auf Islay
**Unten:** Galloway-Rinder genießen das kühle Nass des River Add.

# Infos und Adressen

## SEHENSWÜRDIGKEITEN

**Achamore Gardens.** Ganzjährig geöffnet, Isle of Gigha, Argyll, PA41 7AA, Tel. 01583 50 53 90, www.gigha.org.uk

**Picture House**. Das kultige Kino in Jugendstilarchitektur ist bereits über 100 Jahre in Betrieb. Hall Street, Campbeltown, PA28 6BU, Tel. 01586 55 21 01, www.campbeltownpicturehouse.co.uk

**Lindas Garten.** Der kleine Park hinter der Bibliothek ist der Künstlerin Linda McCartney gewidmet. 28 Shore Street, Campbeltown. www.lindasgarden.co.uk

**Skipness Castle.** Wahrscheinlich errichtete der Norwegerkönig Sven der Rote die Burg im 13. Jahrhundert, die im Laufe der Geschichte sowohl in den Besitz der MacDonalds als auch der Campbells gelangte. Skipness, PA29 6UX, www.historicenvironment.scot

## ESSEN UND TRINKEN

**Springbank Distillers Ltd.** 9 Bolgam Street, Campbeltown, Argyll, PA28 6HZ, Tel. 01586 55 20 09, www.springbankwhisky.com

## ÜBERNACHTEN

**Jura Hotel.** Craighouse, Isle of Jura PA60 7XU, Tel. 01496 82 02 43, www.jurahotel.co.uk

**Crinan Hotel.** Crinan by Lochgilphead, Argyll PA31 8SR, Tel. 01546 83 02 61, www.crinanhotel.com

**The Village at Machrihanish Dunes.** Hotel und Cottages am Südende Kintyres, Machrihanish, Argyll PA28 6PT, Tel. 01586 81 00 00, www.machdunes.com

**Torrisdale Castle.** Selberversorgerunterkünfte in historischem Herrenhaus, Carradale, Campbeltown, Argyll, PA28 6QT, Tel. 01583 43 12 33, www.torrisdalecastle.com

## AKTIVITÄTEN

**The Machrihanish Golf Club.** Campbeltown, Argyll, PA28 6PT, Tel. 01586 81 02 13, www.machgolf.com

**Kintyre Way.** Guter markierter Fernwanderweg, www.kintyreway.com

**Reisekultouren.** Veranstalter von Whiskyreisen, www.reisekultouren.de

## ANREISE

**Caledonian MacBrayne**. Tel. 0800 066 50 00, www.calmac.co.uk, www.cal-mac.de

**The Jura Passenger Ferry.** Mitte April–Ende September, Abfahrten ab Tayvallich 10.00/16.30/18.00 Uhr; ab Craighouse 8.45/15.15/17.00 Uhr, nicht mittwochs, Reservierung notwendig. Informieren Sie sich auf der Internetseite über mögliche Änderungen bei Zeiten und Terminen. Tel. 07768 45 00 00, www.jurapassengerferry.com

## INFORMATION

www.kintyre.org
www.islayinfo.com
www.isleofjura.scot

Blütenpracht in den Achamore Gardens auf Gigha

# 40 Oban und Umgebung
## Vielfalt in Kultur und Natur

**Die zweitgrößte Stadt an der Westküste ist Oban mit seiner gebogenen und lang gezogenen Promenade entlang der Oban Bay, der die kleine Insel Kerrera vorgelagert ist. Die lebendige Hafenstadt liegt in einer geschützten Bucht und gilt als inoffizielle Hauptstadt der Western Highlands.**

Es gab wenig Industrie in Form von Schiffsbau und Steinbrüchen, doch der Alkohol ließ die Stadt wachsen. Nachdem 1794 die »Oban Distillery« gegründet wurde und die Nachfrage stetig stieg, verschiffte man das schottische Lebenswasser zusammen mit Wolle und Schiefer in die großen Häfen nach Liverpool und Glasgow. Das war der Beginn einer rasanten Stadtentwicklung. Der Anschluss an die Eisenbahnlinie West Highland Line im Jahr 1880 tat sein Übriges und machte aus Oban ein florierendes Handelszentrum an der Westküste. Bekannt als *Gateway to the Isles* ist Oban heute Ausgangspunkt zur Erkundung der Inselwelt der Inneren und Äußeren Hebriden.

Auffallend zwischen all den hübschen Häusern an der Hafenstraße ist die neugotische Kirche, die mit ihren geraden Linien eher statisch und steif wirkt. Die St. Columba's Cathedral, Hauptkirche des Bistums Argyll and the Isles, wurde erst nach 30 Jahren Bauzeit 1959 vollendet und nach Plänen von Giles Gilbert Scott (1880–1960) gebaut, der auch die kultigen roten Telefonzellen entwarf.

**Mitte:** Der Nachbau des Kolosseums überragt das Hafenstädtchen Oban.
**Unten:** Am North Pier von Oban liegen während des Sommers häufig stolze Segelschiffe.

## Ein Stück Rom in den Highlands

Von Seeseite ist ein weiteres Objekt nicht zu übersehen: der Mc Caig's Tower, ein dem Kolosseum

An der Küste sorgen Wind und Wolken immer wieder für zauberhafte Lichtstimmungen.

nachempfundener Bau (kein Turm!), der über den Dächern von Oban steht. Mit diesem Monument wollte der gut betuchte Bankier Stuart McCaig sich und seiner Familie ein Denkmal setzen. Sein Tod und die Verarmung der Familie verhinderten letzten Endes die Fertigstellung des monumentalen Gebäudes, dessen Innenraum heute als öffentliche Parkanlage dient.

Überreste aus der Bronzezeit entdeckt man heute noch bei dem Besuch des ältesten Gebäudes von Oban, der efeubewachsenen Ruine von Dunnollie Castle, die man nach steilem Aufstieg erreicht. Von hier aus regierten die mächtigen Inselfürsten *Lords of the Isles*. Die einflussreichen Regenten beherrschten im Mittelalter große Seegebiete an der Westküste und waren trotz der zeitweise gleichzeitigen Zugehörigkeit zu zwei Königshäusern, dem von Norwegen und von Schottland, über Jahrhunderte unabhängig. Bis zu seinem Untergang 1493 umfasste das Herrschaftsgebiet die Hebriden, seit 1438 Skye und Ross, Knoydart, Ardnamurchan und Kintyre. Der Titel *Lord of the Isles*, Herrscher der Inseln, existiert noch heute als schottischer Adelstitel, dessen Träger derzeitig der britische Thronfolger, HRH Prince Charles, ist.

*Nicht verpassen*

### INVERLOCHY CASTLE

Ein Hotel wie aus dem Märchenbuch ist das luxuriöse Inverlochy Castle. Das viktorianische Herrenhaus aus dem 18. Jahrhundert liegt nur wenige Minuten außerhalb von Fort William, entführt die Gäste aber in eine Welt der Eleganz und Extravaganz. Exklusive Räumlichkeiten wie die Bibliothek und zwei Salons verströmen viktorianischen Charme. Alle Zimmer und Suiten wurden individuell eingerichtet und bekamen dadurch einen ganz eigenen Charakter. Schottische Berühmtheiten standen Pate bei der Gestaltung, und so ist Robert the Bruce genauso Teil des Hotels wie der gefeierte James-Bond-Darsteller Sean Connery. Selbstverständlich gehört ein eigener Helikopterlandeplatz zur Ausstattung, der solventen Gästen eine Anreise aus der Luft ermöglicht. Wer lieber mit der Bahn anreist, kann sich standesgemäß mit einem Rolls Royce Phantom vom Bahnhof abholen lassen.

www.inverlochycastlehotel.com

## BEN NEVIS

*Einfach gut!*

Der Ben Nevis ist mit 1344 Metern der höchste Berg Großbritanniens. Er gehört zu den *Munros*, also Bergen mit einer Mindesthöhe von 914 Metern und einer gewissen Eigenständigkeit. Diese besitzt der *Ben* (gälisch für »Gipfel« oder »Berg«) durchaus mit seiner imposanten Erscheinung und der steilen Nordwand (300 Meter), die einigen Wanderern trotz etlicher Warnschilder schon zum Verhängnis wurde. Der Aufstieg ist dennoch beliebt und mit einem Höhenunterschied von 1300 Metern auch für durchschnittlich Konditionsstarke mit einer gewissen Erfahrung zu meistern, wobei immer mit plötzlichen Wetterumschwüngen gerechnet werden muss. Bei klarem Wetter reicht die Sicht sogar bis nach Irland. Am einfachsten folgt man vom Visitor Centre aus dem Mountain Track, der früheren Tourist Route. Am ersten Samstag im September findet das beliebte Nevis Race über die 16 Kilometer lange Strecke statt.

www.ben-nevis.com

Weitere archäologische Funde und antike Monumente findet man im Kilmartin Museum etwa 50 Kilometer südlich von Oban. Über 800 historische Artefakte, die laut Schätzungen von Experten teilweise bis zu 5000 Jahre alt sind, wurden in dieser Umgebung gefunden, konserviert und ausgestellt.

## Juwel im Firth of Lorne

Die kleine vorgelagerte Insel Kerrera vis-á-vis von Oban wird auf einer Fläche von 12 Quadratkilometern von nicht mehr als 30 ständigen Bewohnern besiedelt und eignet sich gut für Tagesausflüge. Eine Personenfähre verkehrt regelmäßig und bringt maximal zwölf Gäste in wenigen Minuten auf die leicht hügelige Insel, Autotransporte sind Einheimischen vorbehalten! Besonders beliebt ist das nahezu unberührte Eiland für Wandertouren, da sich die Höhenunterschiede in Grenzen halten. Der eigens angelegte Rundwanderweg mit einer Länge von ungefähr 10–12 Kilometern führt auch zur Horseshoe Bay, früher eine wichtige Hummer-Umschlagstation. Aber bekannt geworden ist die Bucht vor allem durch König Alexander II., der von hier aus eine Invasion der Insel plante, jedoch vor dem Erfolg an den Folgen einer Fiebererkrankung 1249 verstarb. Auch König Haakon aus Norwegen hielt seine Versammlungen auf Kerrera ab, und im 16. Jahrhundert machte der Clan MacDougall Gylen Castle zu ihren Stammsitz auf der Insel. 1647 wurde die Burg belagert, von religiösen Freiheitskämpfern, den *Coventanters*, angezündet und verfiel anschließend zusehends. Nach Renovierungs- und Restaurierungsmaßnahmen ist die Burgruine seit 2002 wieder für Besucher geöffnet.

Nach Norden führt die A828 entlang des Loch Linnhe, dessen Name von dem gälischen Wort *linne* stammt und »Wasserbecken« bedeutet. Ei-

gentlich ist es aber kein *Loch* im Sinne von See, sondern eine Meeresbucht von rund 50 Kilometer Länge. Im südwestlichen Bereich verschmilzt er mit dem Firth of Lorne und verjüngt sich in seinem weiteren Verlauf bis in den Norden nach Fort William, wo er in den Fluss Lochy mündet und in westlicher Richtung nach einem extravaganten Knick endet und dort in den Loch Eilt übergeht.

## Tal der Tränen

Zwischen Oban und Fort William liegt eines der schönsten, aber auch geschichtsträchtigsten Täler (*glen* = »Tal«) ganz Schottlands. Die Entstehung der beeindruckenden Bergformationen ist auf vulkanische Tätigkeiten zurückzuführen sowie die darauffolgenden Witterungseinflüsse, die, erodierend, das heutige Bild geschaffen haben. Am Buachaille Etive Beag (958 Meter), einem der gewaltigen Berge am Eingang des Glen Coe, entspringt der River Coe und fließt unterbrochen von den Wasserfällen am Pass of Glencoe durch das Bergmassiv. Eine teilweise sehr kurvenreiche Passstraße (A82) führt mitten durch dieses Gebiet und ist unbedingt einen Abstecher wert. Entlang der Strecke findet man immer wieder gut ausgeschilderte Haltebuchten, um ein schönes Erinnerungsfoto zu machen oder auch um andere vorbeizulassen, die es eiliger haben. Ein beliebtes Fotomotiv sind die Three Sisters, eine der markantesten Erhebungen, die allerdings den mit 1150 Meter höchsten Berg Bidean nam Bian verdecken. Zu Recht ist diese Berglandschaft ein Eldorado für Wanderer und Kletterfreunde.

Diese faszinierende Bergwelt ging als Schauplatz des »Massakers von Glencoe« in die Geschichte ein. Eine Verschwörung ging dem voraus, in die König Wilhelm III. verwickelt war. Nach der Vertreibung des Jakobitenkönigs forderte er einen

**Oben:** Das Tal von Glen Coe gehört zu den eindrucksvollsten Regionen des Hochlands.
**Mitte:** Rotwild genießt in den Highlands sehr viele Freiheiten.
**Unten:** Am nördlichen Ende des Loch Linnhe liegen Loch Leven und das Tal von Glen Coe.

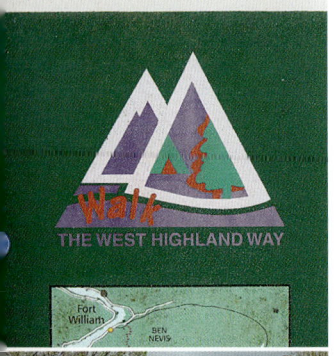

Treueeid von den Highland-Clans und setzte ihnen eine Frist bis 1. Januar 1692. Die MacDonalds waren zwar bereit zu dem Treueschwur, wollten sich dennoch die Erlaubnis ihres im Exil lebenden Königs Jakob II. einholen. Widrige Umstände und schlechte Wetterverhältnisse verhinderten die rechtzeitige Eidesablegung, und so nahm das blutige Schicksal seinen Lauf. Wilhelm von Oranien fand in Robert Campbell einen willigen Mann für seine Rache, da dieser noch eine Rechnung mit den MacDonalds offen hatte. Er nahm den Tötungsbefehl entgegen und brachte am 13. Februar 1692 alle MacDonalds von Glencoe unter 70 Jahren in einer Nacht-und-Nebel-Aktion um. Die Bevölkerung Schottlands empfand es als ein hinterlistiges und feiges Unternehmen, das dem Clan noch bis heute mancherorts nachhängt. Im Westen des Tals liegt der kleine Ort Glen Coe mit einem Informationszentrum zur Geschichte und Geologie.

## Im Schatten des höchsten Berges Großbritanniens

Fort William (gälisch An Gearasdan, »Festung«) ist lebendiges Touristenzentrum an der Westküste und größter Ort der westlichen Highlands. Loch Linnhe mit den Mündungen der Flüsse Nevis und Lochy auf der einen und der Ben Nevis auf der anderen Seite machen die Stadt zum beliebten Reiseziel vor allem für Wanderer. Hier endet der West Highland Way, einer der populärsten Fernwanderwege des Landes, und setzt sich im Great Glen Way fort, der über Loch Ness bis Inverness führt. Mountainbiker, Ski- und Snowboardfahrer bevölkern an Wintertagen den Ort, der einige Pisten und Abfahrten bietet. Von Torlundy startet eine Bergbahn und bringt Wintersportler und Touristen auf die Nordseite des Aonach Mor, einen von Großbritanniens acht höchsten Bergen. In 15 Minuten erreicht sie eine Höhe von 655 Metern. Die

**Oben:** Auch Harry Potter überquerte schon das berühmte Eisenbahnviadukt von Glenfinnan.
**Mitte:** Der West Highland Way: Schottlands Wanderweg Nr. 1
**Unten:** Moderne Kommunikation in aller Abgeschiedenheit der Ardnamurchan-Halbinsel

Aussicht auf den Great Glen, den Ben Nevis sowie die schottischen Highlands ist schlicht beeindruckend.

Historisch gibt Fort William nicht sehr viel her, nur das West Highland Museum erzählt die Geschichte der Jakobiten und beschäftigt sich mit der Region. Die »Ben Nevis Distillery« kann ebenfalls besucht werden. Sehenswert ist Neptun's Staircase am Caledonian Canal, eine achtstufige Schleusenanlage mit einem Hub von 20 Metern. Westwärts liegt die Halbinsel Ardnamurchan, deren Ort Corrachadh Mòr den westlichsten Punkt des britischen Festlands darstellt. Der Landstrich ist für die singing sands in der Kentra Bay berühmt, bei deren Betreten sind weinerliche Melodien zu hören. Die Ruine von Mingary Castle ist ebenso zu besichtigen wie – bei Niedrigwasser und nur von außen - Castle Tioram.

In Fort William beginnt die Road to the Isles (A830), eine der schönsten Panoramastraßen Schottlands mit gut 70 Kilometern Länge. Zahlreiche Kinofilme wurden hier gedreht, speziell der Glenfinnan-Viadukt ist häufig Kulisse, so dampft in drei Harry-Potter-Filmen der Hogwarts Express hinüber. Die Road to the Isles endet im Hafenort Mallaig, dem Fährhafen nach Skye.

*Nicht verpassen*

**JACOBITE STEAM TRAIN**

Zu einer der weltweit schönsten Bahnstrecken wurde die Strecke der Road to the Isles zwischen Fort William und Mallaig gekürt. Die Fahrt mit dem Jacobite Steam Train gleicht angesichts des plüschigen Ambientes einer Reise in die Vergangenheit. Einsteigen und genießen – das ist das Motto für diese gemütliche Fahrt. Kurz nachdem der Zug Fort William verlässt, rollt er vorbei am Neptun's Staircase, um wenig später in eine grandiose Landschaft der westlichen Highlands einzutauchen. Die schwarze Dampflok passiert das Glenfinnan Monument am Loch Shiel, das 1815 in Erinnerung an Bonnie Prince Charlie erbaut wurde, der hier 1745 seine Standarte hisste. Ein Highlight der Tour ist die Überquerung des Meisterwerks der damaligen Baukunst (1897–1898), des 380 Meter langen Glenfinnan-Viadukts mit 21 Pfeilern von bis zu 30 Metern Höhe.

www.westcoastrailways.co.uk/jacobite.html

# Infos und Adressen

## SEHENSWÜRDIGKEITEN

**Oban Distillery.** Etwas versteckt residiert die traditionsreiche Whisky-Brennerei mitten im Zentrum Obans. Geöffnet tägl. Jan./Feb. 12.30–16.30, März–Juni 9.30–17, Juli–Sept. Mo–Fr 9.30–19.30, Sa–So 9.30–17, Okt.–Nov. 9.30–17, Dez. Mo–Fr 12–16.30 Uhr, Stafford Street, Oban, Argyll, PA34 5NH, Tel. 01631 57 20 04, www.discovering-distilleries.com/oban

**Dunnollie Museum.** Im Museum wird die Familiengeschichte des Clans der MacDougalls präsentiert, deren Vorfahren Argyll und die Inseln vor der Küste Schottlands von hier aus regierten. Geöffnet April–Okt. Mo–Sa 10–16, So 13–16 Uhr, Oban, Argyll PA34 5TT, Tel. 01631 57 05 50, www.dunollie.org

**Glencoe Visitor Centre.** Die großartige Natur, die eigentümliche Geologie und die dramatische Geschichte des Tals werden im modernen Besucherzentrum dargestellt. Daneben gibt es einen Laden und ein Café. Geöffnet Jan.–März Do–So 10–16, April–Okt. tägl. 9.30–17.30, Nov./Dez. Do–So 10–16 Uhr, Glencoe PH49 4HX, Tel. 01855 81 13 07, www.glencoe-nts.org.uk

**Ben Nevis Distillery.** Führungen sind durch die älteste lizenzierte Destillerie Schottlands am Fuße des gleichnamigen höchsten Berges des Landes möglich. Geöffnet tägl. Mo–Fr 9–17, Ostern–Sept. Sa 10–16, Juli/Aug. Mo–Fr 9–18, Sa 10–16, So 12–16 Uhr, Lochy Bridge, Fort William PH33 6TJ, Tel. 01397 70 02 00, www.bennevisdistillery.com

**Glenfinnan Viaduct & Monument.** Visitor Centre am Loch Shiel, geöffnet April–Okt. tägl. 10–17 Uhr, Lochaber, PH37 4LT, Tel. 01397 72 22 50, www.nts.org.uk

**Knoydart Halbinsel.** Der vielleicht abgelegenste Teil des schottischen Festlands, ohne Straßenverbindung, ist ein Paradies für Wanderer und Outdoorfreaks. Erreichbar nur mit dem Boot von Mallaig aus. Knoydart by Mallaig, Invernessshire, PH41 4PL, Tel. 01687 46 22 42, www.knoydart-foundation.com

**Arduaine Gardens.** Farbenprächtige Blumen und Blüten aus aller Welt sind in der klimatisch begünstigten Gartenanlage unmittelbar an der Küste zu bestaunen. Geöffnet tägl. 9.30 Uhr bis Sonnenuntergang. Arduaine, Oban, Argyll, PA34 4XQ, Tel. 01852 20 03 66, www.nts.org.uk

**Kilmartin House Museum.** Umfangreiche Sammlung archäologischer Fundstücke aus dem Gebiet Mid Argyll. In der Umgebung zahlreiche neolithische Steinkreise und Standing Stones. Geöffnet März–Okt. tägl. 10–17.30 Uhr, Kilmartin, Argyll, PA31 8RQ, Tel. 01546 51 02 78, www.kilmartin.org

**Dunadd Fort.** Der gut erhaltene Siedlungsplatz aus der Eisenzeit war eine Burg der *Dalriada*, des Königreichs der *Scotti*. Bemerkenswert ist der gemeißelte Fußabdruck im Felsgestein des markanten Hügels oberhalb des Moine Mhors. An der A816, Lochgilphead, PA31 8SU, www.historic-scotland.gov.uk

**Castle Stalker.** Das typische Towerhouse aus dem Beginn des 14. Jahrhunderts thront majestätisch auf einer Schäre an den Gestaden des Loch Linnhe vor der Kulisse der Isle of Mull. Nur nach Absprache zu besuchen. Appin, Argyll, PA38 4BL, Tel. 01631 74 03 15, www.castlestalker.com

## ESSEN UND TRINKEN

**Lochleven Seafood Café.** Das nüchtern-moderne Restaurant am Loch Leven serviert Meeresfrüchte auf allerhöchstem kulinarischem Niveau. Empfehlenswert die Shellfish-Platte für zwei Personen. Geöffnet von Ostern bis Oktober. Onich, Fort William, Inverness-shire, PH33 6SA, Tel. 01855 82 10 48, www.lochlevenseafoodcafe.co.uk

**Pierhouse Hotel.** Am Anleger der kleinen Passagierfähre (Caledonian MacBrayne) hinüber zur Insel Lismore befindet sich das rustikale Lokal, das bekannt ist für seine ausgezeichneten Fischgerichte. Port Appin, Appin, Argyll, PA38 4DE, Tel. 01631 73 03 02, www.pierhousehotel.co.uk

## ÜBERNACHTEN

**The Airds Hotel & Restaurant.** Das kleine, aber feine Luxushotel liegt romantisch-ruhig am Loch Linnhe unweit des malerischen Castle Stalker. Port Appin, Appin, Argyll PA38 4DF, Tel. 01631 73 02 36, www.airds-hotel.com

**Crolinnhe B&B.** Luxuriöse B&B-Pension mit drei stilvollen Suiten etwas außerhalb von Fort William. Grange Road, Fort William PH33 6JF, Tel. 01397 70 37 95, www.crolinnhe.co.uk

## AKTIVITÄTEN

**Ice Factor, National Ice Climbing Centre.** Die größte überdachte Eiskletterwand lockt Abenteuerlustige in luftige Höhen auf glattem Terrain. Geöffnet tägl. 9–18, Di und Do 9–22 Uhr, Leven Road, Kinlochleven, Argyll, PH50 4SF, Tel. 01855 83 11 00, www.ice-factor.co.uk

## TRANSPORT

**Caledonian MacBrayne Ferries.** Die Fähren verkehren zur Inselwelt der Hebriden. Tel. 01475 65 01 00, www.cal-mac.de

**Kerrera Ferry.** 12 Personen finden auf dem kleinen Zubringerboot nach Kerrera Platz. Das Rückfahrticket kostet GBP 4,50. Tel. 01631 56 36 65, www.kerrera-ferry.co.uk

**Corran Ferry.** Stetig pendelt die Fähre zwischen Nether Lochaber und Ardgour auf der Ardnamurchan-Halbinsel über den hier recht schmalen Loch Linnhe. Tägl. ab 6.30–21.30 Uhr. Ardgour, Tel. 01855 84 12 43, www.lochabertransport.org.uk

**Knoydart Sea Bridge Ferry.** Tägliche Verbindung, nur Fußpassagiere, von Mallaig nach Inverie, Tel. 01687 46 29 16, www.knoydartferry.com

**Hebridean Princess.** Eine der luxuriösesten Kreuzfahrterlebnisse der Welt vermittelt eine Reise durch die Inseln der Hebriden an Bord dieses traditionsreichen Schiffes. www.hebridean.co.uk

Die Corran Ferry überquert die schmalste Stelle des Loch Linnhe bei Ardgour.

# 41 Isle of Mull
## Hier regierten einst Vulkane

**Eigentlich ist Mull nur die Nummer zwei im Größenvergleich der Inseln der Inneren Hebriden, doch seit Skye eine feste Landverbindung besitzt, verlor es für Puristen den Inselstatus. Schroffe Klippen, weite Strände, imposante Berge vulkanischen Ursprungs und viel Grün in Wald und Flur bestimmen den Charakter Mulls. Die erhabene Naturlandschaft wird nur unterbrochen von wenigen Dörfern und vielen Kilometern »Single Track Roads«.**

Die bunten Häuser im Hafen des Städtchens Tobermory im Norden von Mull, mit 1000 Einwohnern Hauptort der Insel, werden oft als typisch schottisch angesehen. Jedoch stellt das malerische Bild eher eine Ausnahme dar, es entsprang einer zufälligen Laune, um das triste Einheitsgrau an der von der British Fisheries Society 1788 angelegten Hafenpromenade optisch aufzuwerten. Die geschützte Position prädestinierte die Bucht als natürlichen Hafen für Heringsfischer. Geschäfte und Restaurants wechseln ab mit kleinen Hotels und Pensionen. Am Kai wartet ein mehrfach prämierter Fish'n'Chips Shop auf Kunden. Gegenüber mutierte eine Kirche zum Supermarkt. Am anderen Ende der Bucht liegt die einzige Whisky-Destillerie der Insel, gegründet 1798. Etwas oberhalb steht das traditionsreiche »Western Isles Hotel«.

**Mitte:** Über der Hafenpromenade Tobermorys nestelt das Western Isles Hotel.
**Unten:** Souvenirs und Farbe spielen im größten Ort auf Mull eine große Rolle.

Hinter dem Ortsausgangsschild werden die Straßen schmal, übernimmt die Natur das Zepter. Die Wege winden sich durch Wälder und fruchtbare, wildromantische Ländereien, durch endloses Grün immer im Schatten der Berge, unter denen der Ben More mit 996 Metern der höchste ist. See-

# Isle of Mull

adler umkreisen elegant den Gipfel. Die majestätischen Greifvögel konnten vor einigen Jahren wieder erfolgreich angesiedelt werden.

Dervaig im Nordwesten besteht im Prinzip nur aus einer langen Dorfstraße mit Post, Gasthaus und B&B. Das »Mull Little Theatre« war eines der kleinsten professionellen Theater der Welt. 47 Zuschauerplätze standen im umgebauten Kuhstall zur Verfügung. Die Kilmore Parish Church fällt auf durch ihren weißen, schlanken Glockenturm.

Calgary Bay mit dem silbrig glänzenden Strand in einer weiten Bucht stand Pate für die gleichnamige Stadt in Kanada, in welche viele Emigranten von Mull auswanderten. Ein sehenswerter Skulpturenpfad mit Arbeiten lokaler Künstler und Bildhauer, der Calgary Art in Nature Trail, führt durch das angrenzende Waldgebiete und offeriert neben ansprechender Kunst tolle Aussichten.

Ungewöhnlich große Bestände an Rotwild tummeln sich in der Einsamkeit auf der abgelegenen Ardmeanach-Halbinsel im Südwesten Mulls. Vom »Tiroran House Hotel«, dem einzigen Viersternehaus Mulls, geht ein langer Wanderweg zur Burg Farm, eine der ersten Attraktionen im Besitz des National Trust for Scotland. An Wasserfällen und dramatischer Küstenkulisse vorbeigehend, erreicht man MacCulloch's Tree, die 12 Meter hohe Versteinerung eines Nadelbaums.

Die Fähre von Oban legt in Craignure an. Kurz davor thront Duart Castle am östlichen Zipfel Mulls und grüßt zu den Passagieren herüber. Die Historie der Burg reicht zurück bis ins 13. Jahrhundert als Stammsitz des Clan Maclean, in dessen Besitz sie sich heute wieder befindet und für die Öffentlichkeit zugänglich ist. Zwischen Duart Castle, das

*Geheimtipp*

**NONNENVERSTECK**
Der kleine Hafen von Carsaig spielte eine gewichtige Rolle im Filmklassiker *I know where I'm going* (1945), ebenso wie der gewaltige Meeresstrudel Corryvreckan vor Jura, das Western Isles Hotel über Tobermory, Moy Castle am Loch Buie und die rote Telefonzelle am Wasserfall kurz vor der Hafenmole von Carsaig. Eine recht anspruchsvolle Wandertour, nur bei trockenem Wetter zu empfehlen, nimmt hier ihren Ausgangspunkt. Immer entlang der Küste, teils am Wasser, teils am Klippenrand, kommt zunächst Nun's Cave in den Blick. Klosterfrauen von Iona sollen in der unwirtlichen Grotte während der Reformation Zuflucht gefunden haben. Neben religiös inspirierten Felszeichnungen aus dem 6. Jahrhundert finden sich leider auch unschöne Graffiti. Nach etwa zwei Stunden sind dann die Carsaig Arches erreicht, spektakuläre natürliche Felsentore.

www.isle-of-mull.net/attractions/walking/carsaig-arches/

mehrfach als Filmlocation im Einsatz war, und dem Fähranleger liegt mit Torosay Castle ein weiteres Beispiel der Baronie-Architektur. Hier lag die Endstation der Schmalspurbahn Mull Railway, die nach Schließung Torosays für das Publikum ebenfalls aufgegeben wurde.

## Iona

Lange bevor der Heilige Columban (521–597) gemeinsam mit zwölf Gefolgsleuten aus Irland kommend auf Iona landete, 563 eine Abtei gründete und von dort aus die Christianisierung der Pikten vorantrieb, galt die seit der Eisenzeit besiedelte Insel schon als religiöses Zentrum, war als Siedlungsplatz der Druiden bekannt. Da er seine missionarische Arbeit erfolgreich durchführen konnte, ließen sich alle schottischen, norwegischen und irischen Könige bis ins 11. Jahrhundert hinein dort bestatten, um Gott näher sein zu können. Zu den illustren Namen auf dem St.-Oran's-Grabfeld zählt der durch Shakespeare bekannte Macbeth (1005–1057), der als letzter schottischer Herrscher beigesetzt wurde.

Die heutige Abteikirche steht exakt dort, wo Columban das hölzerne Fundament seines ursprünglichen Bauwerks anlegte. Sie war 1203 als Benedik-

**Oben:** Dervaig im Nordwesten Mulls
**Mitte:** Torosay Castle
**Unten:** Der Kreuzgang im Innenhof von Iona Abbey

## Isle of Mull

tiner-Abtei neu gebaut und im 16. Jahrhundert umfassend restauriert worden. Mit dem niedrigen Turm wirkt sie fast bescheiden. Gleichwohl ist Iona Abbey ein sehr populäres, christliches Pilgerziel. Im Jahr 750 entstand auf Iona das erste keltische Kreuz *St. John's Cross,* das im Heritage Centre zu sehen ist. Der typische Steinring in der Mitte dieses traditionsreichen Kreuzes war ursprünglich nur als Verstärkung für die weit ausgebreiteten Arme gedacht.

Etwa 120 Menschen bilden die funktionierende Lebensgemeinschaft auf Iona, die täglich Besuch bekommen, wenn die Fähre von Fionnphort auf Mull nach kurzer Überfahrt etliche Tagesbesucher herüberbringt. Es ist zu hoffen, dass diese die landschaftlichen Schönheiten, die weiten feinsandigen Strände, die tolle Aussicht vom Dun I über die gesamte Insel und nach Mull nicht übersehen. Iona ist ein feines Wanderparadies. Francis Cadell (1883–1937) und Samuel Peploe (1871-1935), Vertreter des schottischen Kolorismus, malten in den 1920er-Jahren hier viele ihrer Bilder.

## Staffa

Seine eigenwillige Geologie beschert dem unbewohnten Eiland Staffa, der »Insel der Säulen« im Sound of Mull, nun seit über drei Jahrhunderten einen regen Besucherverkehr. Bis zu 40 Meter ragt das fast schwarze Basaltgestein in die Höhe, Resultat vulkanischer Aktivitäten und eines langsamen Abkühlens von Lava während des Tertiärs. Die Lava bildete sechs-, manchmal auch fünfeckige vertikale, bisweilen in sich verdrehte Säulenformationen aus, die in ihrer Präzision wie von Menschenhand erschaffen erscheinen. Mit der Zeit wusch das Meer Höhlen aus dem Basalt heraus, die größte davon ist Fingal's Cave – benannt nach dem irischen Volkshelden, der der Legende nach die Hebriden

*Geheimtipp*

**SCHAFE IN GEFAHR**

Der Name *Ulva* verheißt nichts Gutes für die allgegenwärtigen Schafe auf der Insel im Loch Na Keal, denn Ulva steht im nordischen Sprachraum für den Wolf. Doch der räuberische Vierbeiner gehört längst nicht mehr zur Population des verträumten Inselchens. Gut ein Dutzend Menschen leben hier noch permanent. Botaniker schätzen die großen Vorkommen unterschiedlichster Pflanzenarten, Urlauber die entspannende Ruhe und Abgeschiedenheit. Ulva, das schon zur Jungsteinzeit besiedelt war, ist Mull im Kleinformat. Einige Hausruinen zeugen von der Ära vor 200 Jahren, als Seetang ein wichtiges Wirtschaftsgut war. Zu den Relikten aus der Wikingerzeit gehören die verfallenen Mauern von Glackindaline Castle auf dem winzigen Nachbareiland Dun Ban, das bei Ebbe zu erreichen ist.

www.isleofulva.com

## Schottlands Westen

vor den Attacken der Wikinger beschützt haben soll, jedoch selbst wohl nie hier war. Wie eine komplexe gotische Kathedrale wirkt die 75 Meter tiefe und bis zu 20 Meter hohe Höhle. Mit einer Taschenlampe und gutem Schuhwerk ausgerüstet, kann man über einen schmalen Pfad das Innere erkunden.

In Wogen eindringendes Meerwasser erzeugt eine mystische Geräuschkulisse, der sie ihren gälischen Namen *Ab Uamh Binh* verdankt – die »Grotte der Melodien«. Diese ganz besondere Eigenschaft veranlasste den deutschen Komponisten Felix Mendelssohn-Bartholdy (1809–1847) nach seinem Besuch 1829 zur Hebriden-Ouvertüre. Romantiker schwören darauf, die Musik Mendelssohn-Bartholdys im Höhleninneren abzuspielen und anschließend dem Gesang des Meeres zu lauschen.

Ein ewiges Gästebuch auf Staffa läse sich wie ein Who's who der Zeitgeschichte: Queen Victoria und ihr Gemahl Prince Albert, Sir Walter Scott, Robert Louis Stevenson, Dr. David Livingstone, William Turner, William Wordsworth, Jules Verne und Theodor Fontane machten Staffa ihre Aufwartung.

## GUT ZU WISSEN

### SINGLE TRACK ROADS

Schmale Straßen sind gerade auf Mull weit verbreitet. Das Befahren der *Single Track Roads* stellt eine Herausforderung dar. Die markierten *Passing Places* sollten wirklich nur für das Passieren entgegenkommender Fahrzeuge genutzt werden. Gegenseitige Rücksichtnahme und defensives Fahrverhalten sind oberstes Gebot. Andererseits: Ist der Anblick dieser Straßen in der schönen Landschaft nicht traumhaft und romantisch?

**Oben:** Eine eiszeitliche Laune der Natur: die sechseckigen Basaltsäulen auf Staffa
**Mitte:** Die Felseninsel in Loch na Keal im Westen Mulls erwies sich als höchst inspirativer Ort.
**Unten:** An der Hafenpromenade von Tobermory

# Infos und Adressen

## SEHENSWÜRDIGKEITEN

**Duart Castle.** War auch schon Filmkulisse, etwa für *Verlockende Falle* mit Catherine Zeta-Jones und Sean Connery. Isle of Mull, PA64 6AP, Tel. 01680 81 23 09, www.duartcastle.com

**Tobermory Distillery.** Einzige Whiskybrennerei der Insel. Ledaig,Tobermory, PA75 6NR, Tel. 01688 30 26 47, www.tobermorydistillery.com

## ESSEN UND TRINKEN

**The Boathouse.** Rustikales Hausgemachtes kredenzen Rebecca und Emma in ihrem kleinen Lokal auf Ulva. Dazu gehören Selbstgebackenes und frische Meeresfrüchte. Ulva Ferry, Isle of Mull, PA73 6LZ, Tel. 1688 50 02 41, www.isleofulva.com/the-boathouse

## ÜBERNACHTEN

**Western Isles Hotel.** Sehr schön oberhalb des malerischen Tobermory gelegen, verzaubert das Hotel noch immer mit dem Charme glamouröser Tradition. Tobermory, PA75 6PR, Tel. 01688 30 20 12, www.westernisleshotel.co.uk

**Tiroran House Hotel.** Mehrfach ausgezeichnetes Country House Hotel im ruhigen Inselwesten mit Blick auf Ben More und fantastischem Restaurant. Isle of Mull, PA69 6ES, Tel. 01681 70 52 32, www.tiroran.com

## ANREISE

**Caledonian MacBrayne.** Fähren der Reederei verkehren in 45 Minuten von Oban nach Craignure auf Mull, dabei unbedingt an Deck bleiben und die tolle Aussicht genießen. Kürzere Überfahrten führen von Lochaline nach Fishnish sowie von Kilchoan nach Tobermory. Innerhalb von 10 Minuten ist mit der Fähre von Fionnphort aus Iona erreicht, PKW dürfen nicht mitgenommen werden. Tel. 01688 30 20 17, www.calmac.co.uk, www.cal-mac.de

**Staffatours.** Fährt mehrmals täglich zwischen April und Oktober von Fionnphort nach Staffa, Aufenthalt dort eine Stunde. Zudem gibt es Ausflüge nach Lunga zu den Seevogelkolonien. Tel. 07831 88 59 85

## INFORMATION

**Explore Mull.** Ledaig Car Park, Main Street, Tobermory, PA75 6NR, Tel. 01688 30 28 75, www.isle-of-mull.net

**Iona und Staffa.** www.isle-of-iona.net

Neolithischer Steinkreis am Loch Buie

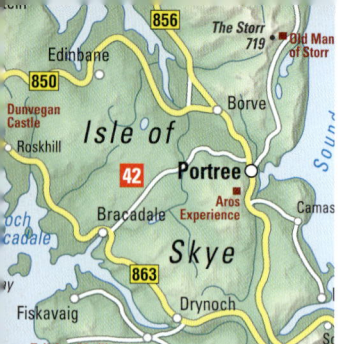

# 42 Isle of Skye – Raasay – Coll – Tiree – The Small Isles
## Inseln mit viel Geschichte

**Die Isle of Skye ist mit rund 1600 Quadratkilometern Fläche die größte Insel der Inneren Hebriden und durch den Inner Sound im Norden und den Sound of Sleat im Süden vom schottischen Festland getrennt. Die natürliche Grenze von den Inneren zu den Äußeren Hebriden bildet der Little Minch. Von den 10 000 Einwohnern spricht heute noch etwa jeder Fünfte Gälisch auf der Insel des Nebels »Eilean a' Cheò«. Tiefe Einschnitte prägen die mehr als 500 Kilometer lange Küstenlinie mit wunderschönen Buchten, jedoch wenig Sandstränden.**

Durch die eigentümliche Geografie entstehen im Wesentlichen fünf Halbinseln: Sleat im Süden mit seinen sanften Hügeln und der größten Population gälisch sprechender Insulaner, Minginish im Südwesten mit den spektakulären Bergen der Cuillins, Duirinish im Nordwesten mit dem tollen Aussichtspunkt über teilweise senkrechten Klippen (Neist Point), Waternish als kleinster Teil im Nordwesten und Trotternish im Nordosten mit der berühmten Felsnadel The Old Man of Storr, die rund 50 Meter in den Himmel ragt.

**Mitte:** Der Leuchtturm am Neist Point im abgeschiedenen Westen der Isle of Skye ist nur nach einem längeren Fußmarsch zu erreichen. **Unten:** Auf dem Marktplatz von Portree

Seit 1995 ist Skye im Norden über eine Brücke zu erreichen. Diese ersetzte den Fährverkehr zwischen Kyleakin und Kyle of Lochalsh. Der Flugplatz Broadford auf Skye wird seit Ende der 1980er-Jahre nicht mehr regulär angeflogen. Bahnstrecken führen bis zu den Fährhäfen auf dem Festland, sind aber gleichzeitig auch Endpunkt des Schienenverkehrs. Mit dem Bus geht es auf den Inseln weiter.

*Einfach gut!*

## Mächtige Clans

Der Hauptort der Insel Portree, gälisch Port Righ, der »Hafen des Königs«, besitzt trotz der geringen Größe Stadtstatus und wurde nach dem Besuch von König Jakob V. umbenannt. Der wollte die rebellischen Schotten 1540 zähmen und verschaffte sich durch Geiselnahmen entsprechenden Respekt. Aus Kiltraglan wurde fortan Portree. Im Sommer bevölkern nun Urlauber den idyllischen Hafen mit dem pyramidenförmigen Berg Ben Tainavaig im Hintergrund und bummeln entlang der Quay Street mit Shops, Pubs und Restaurants.

Die Besiedlung der Insel wurde im 6. Jahrhundert durch Columban begonnen, dem zwei Jahrhunderte später die Wikinger und norwegische Siedler folgten. Wüste Plünderungen waren an der Tagesordnung, bis 1090 der norwegischstämmige Clan MacLeod die Macht übernahm. Aber schon 1156 musste er sich dem verfeindeten Clan MacDonald geschlagen geben, der die Herrschaft über die Insel und einen Teil der Hebriden als Lord of the Isles für sich beanspruchte. Das Ende dieser Regierung wurde 1493 mit der Entmachtung durch König Jakob VI. markiert. Die Stammsitze der verfeindeten Clans, Armadale Castle (MacLeods) und Dunvegan Castle (MacDonalds), sind nun beliebte Ausflugsziele.

## Das Los der Kleinbauern

Die gescheiterten Jakobitenaufstände im 18. Jahrhundert zwangen Bonnie Prince Charlie, den damaligen Thronanwärter der Stuarts, zur Flucht nach Skye, die ohne Flora MacDonald (1722–1790), heute eine schottische Nationalheldin, wohl ge-

Geheimtipp

## MYTHOS DER FAHNE

Der Stammsitz des Clans der MacLeods seit nunmehr schon über 800 Jahren, Dunvegan Castle, liegt malerisch etwas nördlich des gleichnamigen Dorfes am Loch Dunvegan. Der Weg zum Hauptportal des Anwesens führt durch einen üppigen Themengarten mit Wasserfällen und Baumgiganten. Beim Spaziergang durch die Ausstellung und die verschiedenen Räume des Schlosses lässt sich die wechselhafte Familiengeschichte der Herren von Skye nachvollziehen. An einer Wand hängt, hinter einem Glasrahmen, ein etwas unscheinbarer Stofffetzen, die legendäre *Fairy Flag*, ein Sarazenenbanner, das auf einem Kreuzzug erobert wurde. Seine mythische Kraft soll schon zweimal dem Clan trotz aussichtsloser Lage zum Sieg verholfen haben. Sein Zauber hält, so die Sage, noch für eine weitere Kampfeshandlung.

www.dunvegancastle.com

scheitert wäre. Auch die *Highland Clearances*, die gewaltsame Vertreibung der Kleinbauern zwecks Ausweitung der Schafzucht, hinterließ Spuren. Die Einwohnerzahl schrumpfte zwischen 1820 und 1883 auf die Hälfte. Die Bauern litten unter den schlechten Bedingungen und ungerechten Gesetzen, sodass ihr Unmut 1882 in der *battle of braes* (»Schlacht der Hügel«) gipfelte. Aus dem erfolgreichen Aufstand resultierte der *Crofters Act*, der den Farmern faire Konditionen zusicherte. Eine typische Siedlung der *Crofters* (Bauern/Pächter) mit den reetgedeckten, dunklen *blackhouses* kann man im Museum of Island Life besuchen.

Eine der vorgelagerten Inseln ist Raasay mit dem Hauptort Inverarish. Die Gesamtfläche von ungefähr 64 Quadratkilometern teilen sich ungefähr 200 Menschen, die ihren Lebensunterhalt mit Fischerei verdienen oder bei der Fährgesellschaft angestellt sind. Die Insel ist über die 15-minütige Fährverbindung von Sconser auf Skye nach Inverarish zu erreichen.

## Die kleinen Inseln

Im Süden von Skye liegen die Small Isles, bestehend aus Rum, Eigg, Canna und Muck. Der Archi-

pel gehört ebenfalls zu den unter der Hand gehandelten Geheimtipps der Inneren Hebriden. Alle vier eint die nahezu unberührte Natur mit idyllischen Plätzchen, menschenleeren Sandstränden und spektakulären Küstengebieten. Dennoch besitzt jede ihre besonderen Eigenheiten, die den einzigartigen Charakter ausmachen.

Mit 105 Quadratkilometern ist Rum die größte der Kleinen mit knapp 30 Einwohnern im Dorf Kinloch an der Ostküste. Es gibt weder Kirche noch Pub, dafür eine Stadthalle und eine Grundschule, eine kleine Poststelle und einen Shop. Sehenswert ist das imposante Kinloch Castle, das von dem damaligen Besitzer Sir George Bullough, einem Industriellen, 1897 gebaut wurde. Wildhüter bieten interessante Rundgänge und Informationsveranstaltungen zur artenreichen Flora und Fauna an.

Das Eiland Eigg mit seinen 31 Quadratkilometern liegt als zweitgrößte der Small Isles östlich von Rum. Markantestes Merkmal Eiggs ist der langgezogene Bergrücken An Sgurr (393 Meter) im Zentrum der Insel, dessen Aufstieg zu den leichteren Aufgaben gehört und eine wunderbare Panoramasicht auf die umliegende Inselwelt bereithält. Die knapp 80 Bewohner leben vorwiegend in Cleadale an der fruchtbaren Nordwestküste, deren Strände aus Quarzsand bei Trockenheit quietschende Geräusche von sich geben – *singing sands*. Nur etliche hundert Meter südlich findet man den traumhaften Sandstrand Laig Bay. Eigg schaffte es als erste schottische Insel, sich autark mit Energie zu versorgen – durch Wasser- und Windturbinen sowie Fotovoltaik.

Auf der Insel geht es sehr ruhig zu. Fahrradfahrerfreundliche Routen ohne nennenswerten Gegenverkehr sind für Wanderer und Spaziergänger gleichermaßen geeignet. Die Abgeschiedenheit

**Oben:** Wanderweg zu den ungewöhnlichen Felsformationen in den Höhen von Trotternish auf Skye
**Mitte:** Flora und Fauna bieten einiges an Abwechslung
**Unten:** Atlantische Hasenglöckchen auf Eigg

und die vielfältige Tier- und Pflanzenwelt gehören zum natürlichen Reichtum. Geradezu geschäftige Betriebsamkeit herrscht im »Galmisdale Bay«, dem zentralen Anlaufpunkt der Insel, denn unter dem Dach des Restaurants sind auch die zwei einzigen Geschäfte der Insel untergebracht und öffentliche Duschen.

Muck ist mit sechs Quadratkilometern Größe die kleinste der Inselgruppe. Der gälische Name *Eilean nam Muc* heißt übersetzt »Insel der Wale«, und tatsächlich gibt es hier große Robbenkolonien zu sehen und Schweinswale, die rund um die Insel ihren Lebensraum gefunden haben. Es geht sowieso sehr tierisch zu um Port Mòr, den Hauptort der Insel, da hier rund 40 Vogelarten regelmäßig brüten. Mit lediglich 138 Metern Höhe eignet sich der Beinn Airein eher zum genussvollen Wandern, aber auch die fruchtbare Hügellandschaft der Insel und die weißen Sandstrände sind optimal für ausgedehnte Spaziergänge. Übernachtungsgästen stehen Ferienhäuser zur Verfügung, ein kleines Hotel oder die *yurts*, runde Zelte nach mongolischem Vorbild.

Canna ist die westlichste Insel der »Kleinen Inseln« und wird seit dem Jahr 1981 vom National Trust for Scotland als Farm betrieben. Der Vorbesitzer, der gälische Wissenschaftler John Lorne Campbell (1906–1996), hat zu Lebzeiten eine Sammlung historischer Dokumente, gälischer Literatur sowie Fotos angehäuft, die in seinem ehemaligen Domizil Canna House zu besichtigen ist. Schon vor 9000 Jahren kamen erste Siedler nach Canna, heute leben hier nicht mehr als ein Dutzend Menschen. Bei Seglern ist die Insel dank des geschützten Hafens und der Liegeplätze ein beliebtes Ziel. Geführte Wanderungen leiten zu historischen und archäologischen Sehenswürdigkeiten. Ornithologen bekommen auf Canna einiges zu sehen, denn

**Oben:** Felsen am Strand von Elgol auf Skye
**Mitte:** Cruilin Cottage auf Eigg
**Unten:** Hafenidyll in Arinagour auf Coll

## Isle of Skye ...

hier krächzen Papageitaucher, Tordalke und Sturmtaucher um die Wette, und See- und Steinadler ziehen ihre Kreise über dem Compass Hill. Es gibt Nachtlager in Form von Bunkhouses, aber auch ein Guesthouse und ein kleines B&B.

# Eldorado für Wassersportler

Noch weiter südlich liegen die Inseln Coll und Tiree. Sie gehören beide zu den Inneren Hebriden und dank des günstigen Einflusses des Golfstroms zu den Orten mit den meisten Sonnenstunden. Tiree ist aber gleichzeitig die Westlichste der Hebrideninseln und durch die Lage im Atlantik den Winden direkt ausgesetzt, was es zu einem ausgesprochenen Mekka für Surfer aus aller Welt macht. Bei ungefähr 19 Kilometern Länge und fünf Kilometern Breite macht sie vor allem aufgrund der vielen vorzeitlichen Monumente nachdrücklich auf sich aufmerksam. So auch der »klingende Stein«, ein ovaler Felsblock, der beim Anschlagen metallische Töne von sich gibt. Scarinish stellt mit dem Fährhafen das Zentrum der Insel. Fast 750 Bewohner kümmern sich um Landwirtschaft, Fischerei und Tourismus.

Die Nachbarinsel Coll hat bei nahezu identischer Größe nur ungefähr 100 Einwohner, die hauptsächlich in der Siedlung Arinagour leben. Coll trägt seit Ende 2013 die offizielle Auszeichnung *Dark Sky Island*, die Orte erhalten, deren Lichtverschmutzung auf ein Minimum reduziert wird und daher den Nachthimmel in seiner natürlichen Dunkelheit zeigen. Hierzu wurden drei ausgewiesene Beobachtungsposten eingerichtet. Eine reiche Flora und Fauna, nahezu unberührte Sandstrände und gute Wanderbedingungen bieten ideale Voraussetzungen für einen entspannten Aufenthalt.

*Nicht verpassen*

## WEISSER STRAND

Die Wanderung beginnt am Parkplatz beim Örtchen Claigan, nachdem man Dunvegan und das altehrwürdige Dunvegan Castle passiert hat. Gut 45 Minuten dauert der auch für Familien leicht zu bewältigende Weg längs der Ostküste des Lochs Dunvegan, bis man einem für Skye ungewöhnlichen Phänomen ansichtig wird: ein nahezu strahlend weißer Strand. Weithin leuchten die Coral Beaches aus dem umgebenden Grün und Blau heraus. Verkalktes und getrocknetes Seegras, sogenannter Mergel, sowie unzählige kleinste Schneckenhäuser und Muscheln aufs Feinste zermahlen, die sich wohl aufgrund besonderer Strömungen hier angesammelt haben, sorgen für die extraordinäre Farbe. Muschelsammler finden hier einen berauschenden Tummelplatz, während Sonnenbad und Entspannung in eindrucksvoller Kulisse und traumhaften Panorama angesagt sind. Das Wasser ist leider meist etwas zu kühl.

# Infos und Adressen

## SEHENSWÜRDIGKEITEN

**Aros Experience Centre.** Neues Veranstaltungszentrum mit Kino, wechselnden Ausstellungen über Flora, Fauna und Geschichte von Skye, Events, Live Musik. Viewfield Road, Portree IV51 9EU, Tel. 01478 61 37 50, www.aros.co.uk

**The Skye Museum of Island Life.** Typische Bauernsiedlung mit *Black Houses*, Schmiede, Stall und Weberei, in der Nähe das Grabmal von Flora MacDonald. Geöffnet Ostern–Okt., Mo–Sa 9.30–17 Uhr, Kilmuir, By Portree, Isle of Skye IV51 9UE, Tel. 01470 55 22 06, www.skyemuseum.co.uk

Aufmarsch der Pipe-Bands in Portree

**Armadale Castle, Clan Donald Skye.** Familiensitz der MacDonalds mit romantischer Ruine, weitreichenden Gärten und Besucherzentrum, das anhand historischer Dokumente und Relikte die Geschichte der schottischen Herrscher erzählt. Weitläufige Parkanlage mit seltenen Baumarten. Geöffnet April–Okt. tägl. 9.30–17.30 Uhr, Armadale, Isle of Skye IV45 8RS, Tel. 01471 84 43 05, www.clandonald.com

**Eilean Donan Castle**. Die schottische Vorzeigeburg in traumhafter Lage (auf dem Festland) zwischen Loch Alsh, Loch Duich und Loch Long diente als Kulisse u.a. für den Film *The Highlander*. Geöffnet Feb.–Dez. tägl. 10–18 Uhr, Dornie, by Kyle of Lochalsh, Scotland, IV40 8DX, Tel. 01599 55 52 02, www.eileandonancastle.com

**Kinloch Castle.** Einstündige Führungen sind während des ganzen Jahres möglich. Die Startzeiten variieren entsprechend der Ankunft der CalMac-Fähren, Isle of Rum PH43 4RR, Tel. 01687 46 20 37, www.snh.gov.uk

## ESSEN UND TRINKEN

**Three Chimneys.** Bei der feinsten Adresse der Hebriden für fantastische Meeresprodukte ist Vorausbuchung obligatorisch. Colbost, Dunvegan, Isle of Skye, IV55 8ZT, Tel. 01470 51 15 28, www.threechimneys.co.uk

**Talisker Distillery.** Die derzeit einzige Whiskybrennerei auf Skye gehört zu den *Classic Malts*. Carbost, Isle of Skye, IV47 8SR, Tel. 01478 61 43 08, www.discovering-distilleries.com/talisker

## ÜBERNACHTEN

**Portree Independent Hostel.** Das ehemalige Postgebäude wurde zu einem Gästehaus umfunktioniert. Zentral gelegen, insgesamt 60 Betten, Selbstverpflegung. Old Post Office, The Green, Portree IV51 9BT, Tel. 01478 61 37 37, www.hostelskye.co.uk

**The Royal Hotel.** Zentral gelegenes Hotel, eng mit der Geschichte Schottlands verbunden, denn hier sind sich Bonnie Prince Charlie und seine Fluchthelferin, Flora MacDonald, das letzte Mal begegnet. Bank Street, Isle of Skye IV51 9BU, Tel. 01478 61 25 25, www.royalhotel.scot

**Duisdale House & Toravaig House Hotel.** Beide Hotels verfügen über moderne Ausstattung mit hohem Komfort und wunderbaren Aussichten auf die Sleat-Halbinsel. Auf Wunsch bietet der Besitzer für die Gäste Tagesausflüge auf seiner Yacht an. Isleornsay, Sleat, Isle of Skye IV43 8QW, Tel. 01471 83 32 02, www.duisdale.com

**Coll Hotel.** Einziges Hotel auf der Insel Coll mit toller Aussicht auf die umliegenden Inseln, gemütliche Bar und Restaurant. Arinagour, Isle of Coll PA78 6SZ, Tel. 01879 23 03 34, www.collhotel.com

**Ivy Cottage Guesthouse.** Familiengeführte Pension auf Rum an der Küstenstraße. Tel. 01687 46 27 44, www.isleofrum.com

**Gallanach Lodge.** Kleines Hotel auf Muck mit hohem Standard, 8 individuell gestaltete Zimmer. Tel. 01687 46 23 65, www.gallanachlodge.co.uk

**Yurts auf der Insel Muck.** Buchbar von Mai–Sept. im Norden der Insel in der Bucht Cairidh mit kleinem Strand. Tel. 01687 46 23 62, www.isleofmuck.com

**Tighard Guest House.** Kleines Gästehaus auf der Insel Canna mit 3 Zimmern nahe Canna House. Tel. 01687 46 24 74, www.tighard.co.uk

## ANREISE:

**Caledonian MacBrayne.** Die traditionsreiche Reederei sorgt für die Verbindungen zu allen Inseln der Inneren und Äußeren Hebriden. Tel. 01475 65 01 00, www.cal-mac.de

**Glenelg-Skye Ferry.** Die einzigartige Drehscheiben-Fähre MF Glenachulish pendelt zwischen Ostern und Mitte Okt. tägl. 10–18 Uhr auf der historischen Route zwischen Glenelg und Kylerhea. Tel. 07881 63 47 26, www.skyeferry.co.uk

**Hebridean Air.** Regelmäßige Flugverbindung zwischen April und Okt. von Connell, nahe Oban, nach Coll und Tiree, Flugtage Mo und Do, Tel. 0845 805 74 65, www.hebrideanair.co.uk

**Arisaig Marine Ltd.** Überfahrten zu den The Small Isles, The Harbour, Arisaig, Inverness-shire PH39 4NH, Tel. 01687 45 02 24, www.arisaig.co.uk

## INFORMATIONEN

**Isle of Skye** www.skye.co.uk

**Coll** www.visitcoll.co.uk

**Tiree** www.isleoftiree.co.uk

**Rum** www.isleofrum.com

**Eigg** www.isleofeigg.net

**Canna** www.theisleofcanna.com

**Muck** www.isleofmuck.com

Traditionelle Black Houses im Skye Museum of Island Life

# 43 Die Äußeren Hebriden
## Am Rand Europas

**Über 200 bewohnte und unbewohnte Inseln ergeben zusammen die 280 Kilometer lange Inselkette der Äußeren Hebriden im Atlantischen Ozean, die sich vom Butt of Lewis im Norden bis zum Barra Head im äußersten Süden erstrecken. Diese »Western Isles« sind ursprünglich, wild und sehr schön. Aber wer hier am Rande Europas lebt, hat sich auch dem Kampf mit den Elementen verschrieben und sich mit der Abgeschiedenheit abgefunden.**

Die bevölkerungsreichsten Inseln Lewis, Harris, South und North Uist, Barra sowie Benbecula liegen westlich des Minchs, einer breiten Wasserstraße, die den Außenposten Schottlands vom *Mainland* trennt. Sie bilden einen eigenen kommunalen Verwaltungsbezirk, zu dem fast 28 000 Bewohner zählen, davon rund 9000 in der Hauptstadt Stornoway auf Lewis. In der sehr langen Geschichte der Inseln hinterließen sowohl die Wikinger als auch die Lords of the Isles tiefe Spuren, wovon viele steinerne Zeugnisse auf den Inseln berichten.

Ob im Norden oder Süden, Fähren bilden den Lebensnerv zwischen dem Festland, den westlichen Inseln und den Hebrideninseln selbst. Teilweise dienen Straßendämme als Verbindung. Alternativ kann man die Hebriden auch mit dem Flugzeug erreichen. Als wichtigste Wirtschaftsfaktoren gelten in der Region in erster Linie der Tourismus, die Fischerei sowie die Produktion von *Harris Tweed*. Ein Großteil der Bevölkerung – dreiviertel davon sprechen Gälisch – verdient sich das Leben als Kleinpächter oder Schafzüchter.

**Unten:** Traumhafte Sandstrände finden sich rings um die Insel Lewis.

# Die doppelte Insel

*Geheimtipp*

**BAGH ALLUIN, ISLE OF BALESHARE**

Die nördlichste der Western Isles ist Lewis (»die lange Insel«). Sie bildet den größeren, nördlichen Teil der Lewis- und-Harris-Insel, die ein Gebirge verbindet. Diese natürliche Grenze zwischen Loch Rèasort und Loch Seaforth war Grund genug, die Insel kurzerhand zu halbieren. Lewis besteht vorrangig aus Torfmoorlandschaften bis hoch zum Kap Butt of Lewis mit dem gleichnamigen Leuchtturm. Rein äußerlich eher schmucklos, reizt er aufgrund seiner geografischen Lage an der Nordspitze der Inselkette.

Neben der Hebriden-Hauptstadt Stornoway finden sich entlang der Küste kleine Ortschaften und Weiler. Die Bevölkerung ist überwiegend protestantisch. Neben dem Naturerlebnis gibt es attraktive Sehenswürdigkeiten. Hierzu gehören Steinkreise und *cairns* (Steinmale) sowie die recht gut erhaltene Ruine des Brochs Dun Carloway. Unbestrittenes Highlight aber sind die Standing Stones von Callanish. Die scheinbar willkürliche, geometrische Formation aus unbehandelten Steinen aus der Zeit um 3000 v.Chr. läuft in der Mitte zu einem fast viereinhalb Meter hohen Monolithen zusammen. Ihr Sinn ist nicht eindeutig geklärt. Theorien vermuten, dass von hier die Mondphasen beobachtet wurden. Das blaugraue Wasser des Loch Roag und die braunen Hügeln des Great Bernera bilden einen perfekten, mystischen Ort.

In dem kleinen Freilichtmuseum »The Gearrannan Blackhouses«, direkt am Atlantik, sind die typischen reetgedeckten Steinhäusern erhalten, die noch bis 1970 bewohnt waren. Inzwischen kann man hier sogar wieder übernachten. Vieles wurde dem heutigen Standard angepasst, und doch erlebt man einen Zeitsprung zurück in urig-traditionelle Lebensweise. Unweit gibt es herrliche Strände,

Die Äußeren Hebriden eignen sich nicht unbedingt für einen Strandurlaub, wie man ihn vom Süden Europas her kennt. Aber wen es auf die Western Isles verschlägt, der sucht und findet Ruhe, Entspannung und sein ganz persönliches Naturerlebnis. Die perfekte Unterkunft in unberührter Natur bietet das Bed & Breakfast »Bagh Alluin« (»beautiful bay«) auf der Isle of Baleshare. Die bodentiefen Fenster in den zwei Gästezimmern erlauben einen wunderbaren Blick auf den Atlantik mit den benachbarten Inseln Eaval, Ben Mhor, Hekla und bis zum Leuchtturm der Monarch Isles. Modern und einladend ist das Gästehaus gestaltet und verzichtet nicht auf den Komfort eines Flachbildfernsehers mit DVD-Player für eventuelle Wetterkapriolen, Fußbodenheizung und eine Badewanne. Der Bau des Hauses war für den Besitzer nicht ganz uneigennützig, denn der holländische Künstler ist fasziniert von der Landschaft und verewigt sie auf Leinwand. Die Bilder von Jac Volbeda wurden schon in namhaften Galerien ausgestellt.

www.jacvolbeda.co.uk

ausgezeichnete Surfreviere, wunderbare Wander- und Fahrradwege entlang kaum frequentierter Straßen. Eine Erinnerung an die skandinavische Besiedlung sind die berühmten kleinen Schachfiguren, die 1831 auf Lewis gefunden wurden.

## Traumstrände

Harris, der südliche, kleinere Teil der Doppelinsel, ist eher gebirgig und weist die höchste Erhebung mit 799 Metern Höhe (Clisham) auf. Einen weiteren Superlativ bildet der über 25 Kilometer lange Loch Seaforth, der größte Fjord im Südosten, den steile Berge umrahmen. Rund 2000 Einwohner leben in Tarbert und vereinzelt in kleinen Dörfern an der Ostküste. Eine idyllische Single Track Road führt bis nach Rodel an die Südspitze. Sie endet an der St. Clement's Church, einem Monument der Sühne, denn Alexander McLeod, Anführer des Clan MacLeod of Harris, errichtete sie im 15. Jahrhundert, um Buße für eigene Gräueltaten zu tun. Aber Harris ist auch bekannt für seine fantastischen Sandstrände wie Luskentyre oder Seilebost Beach mit türkisfarbenem Wasser und unglaublich feinem Sand.

Nicht minder eindrucksvoll präsentiert sich auf dem Weg nach North Uist an der Westküste Ber-

**Oben:** Von der Westküste der Isle of Skye bieten sich fantastische Ausblicke auf die Wetterküche über den Uists.
**Mitte:** Castlebay, der größte Ort auf Barra
**Unten:** Die geheimnisumwitterten Steinkreise von Callanish auf Lewis

## Die Äußeren Hebriden

nerays ein fünf Kilometer langer Sandstrand karibischer Anmutung. Eine Fähre
verbindet das zehn Quadratkilometer kleine Eiland mit Leverburgh auf Harris. Besonders typisch auf Berneray ist der Bodentyp
*machair*. Das gälische Wort bezeichnet einen
fruchtbaren und auf den Äußeren Hebriden weit
verbreiteten Mischboden in Küstennähe. Mineral-
reiche Muschelsedimente neutralisieren sich mit
säurehaltigem Torfboden oder Seetang und ergeben eine nährstoffreiche Basis. Daraus resultiert
eine üppige Vegetation, die zusätzlichen Lebensraum für Vögel und Insekten schafft. Der britische
Baumeister Thomas Telford baute 1827 auf der
Insel eine Kirche mit zwei Eingangstüren: eine für
die Insulaner und eine für Besucher aus Pabbay,
die mit dem Boot zum Gottesdienst kamen.

## Die Uists

Über den Damm Berneray Causeway erreicht man
bequem die nächstsüdlichere Insel North Uist, die
wiederum über weitere Dämme mit Benbecula
und South Uist verbunden ist. Hauptort auf North
Uist ist Lochmaddy, ein kleiner Fischereihafen, wo
die Fähre aus Uig (Isle of Skye) anlegt. Im Ort gibt
es ein Museum, das sich mit der Kultur der Äußeren Hebriden beschäftigt, aber auch wechselnde
Ausstellungen anbietet. Kunst zum Anfassen und
Erleben findet man auf dem Uist Sculpture Trail,
einem Skulpturenpfad.

Über Benbecula, das hauptsächlich aus landwirt-
schaftlich genutzten Flächen und Moorland mit
Seen und Meeresbuchten besteht, kommt man
entlang der Dammstraße nach South Uist, der
zweitgrößten Insel der Äußeren Hebriden. Im
Hauptort Lochboisdale, mit 1100 Einwohnern das
Inselzentrum, legt die Fähre von Oban an. Wer
sich von hier zum Kildonan Museum aufmacht,

*Nicht verpassen*

**STRANDFLIEGER**

Barra, die südlichste be-
wohnte Insel des Hebriden-
archipels, wartet mit einem
Unikum für Luftfahrtenthusiasten
auf: Der Flughafen der Insel ist nämlich nichts anderes als die sandige
Bucht North Bay bei Eoligarry. Den
Flugplan klügeln keine professionellen Logistiker aus, sondern er ist
schlicht abhängig von den Gezeiten.
Bei Ebbe können die Twin-Otter-Ma-
schinen der schottischen »Loganair«
auf dem dann weitgehend trockenen
Sand landen und nach kurzer Stand-
zeit die Reise fortsetzen. Manchmal
spritzt bei der Landung noch Gischt
in die Höhe, ansonsten ist sie sehr
angenehm. Von Glasgow aus führt
der Flug ein- bis zweimal am Tag
über Barra nach Benbecula und wieder zurück. Ihr Reisegepäck nehmen
die Passagiere in einem gläsernen
Anbau des Terminals entgegen. Bereits seit 1936 gibt es die regelmäßige Flugverbindung an den Tràigh-
Mhòr-Strand.

www.loganair.co.uk

**Oben:** Auf Regen folgt Sonnen-
schein und garantiert ein Regenbo-
gen – wie hier über dem Fährhafen
von Tarbert auf Harris.
**Mitte:** Dünengras wogt sanft im
Wind am Luskentyre Beach.
**Unten:** Traditionelle Landwirtschaft
am Gearranan Black House Village

sollte der Vollständigkeit halber auch dem Stein-
monument einen Besuch abstatten, das abgelegen auf einer Wiese steht und angeblich den Geburtsort der als Heldin verehrten Jakobitin Flora
MacDonalds markiert.

# Das Whisky-Schiff

Ein Straßendamm verbindet die Uists im Süden
mit Eriskay (»Eriks Insel«). Auf einer Fläche von
rund sieben Quadratkilometern leben gut 100 Einwohner, für die es ein Gemeindezentrum, einen
Laden und einen Pub gibt. »The Politician Lounge
Bar« erinnert an das Frachtschiff »SS Politician«,
das 1941 vor Eriskay mit über 24 000 Flaschen
Whisky sank. Da die Schotten schon damals keine
Kostverächter waren, brachten sie einen Teil der
Ladung in ihren Besitz. Der Zoll kam ihnen aber
dummerweise auf die Schliche und ließ Schiff
mitsamt der kostbaren Fracht sprengen. Zwei dieser Flaschen stehen trotzdem im Pub auf Eriskay.
Bonnie Prince Charlie verhalf dem Eiland zu weiterer Berühmtheit, betrat er doch hier erstmals
schottischen Boden, bevor er sich weiter auf den
Weg nach Glenfinnan machte, später aber mit
seiner Invasion nach Großbritannien scheiterte.

Die Letzte im Hebriden-Bunde ist Barra, neben
Vatersay die südlichste bewohnte der Western Isles, von Eriskay mit der Fähre erreichbar. Auf einer
Fläche von rund sieben Quadratkilometern gibt es
einen kleinen, nationalen Flughafen mit tidenab-
hängigem Flugplan. Der Hauptort Barras ist Castlebay. Als kulturelles Highlight ragt Kisimul Castle
heraus, der Stammsitz des Clan Mac Neill und eine
der bemerkenswertesten Burgen Schottlands. Der
MacLeods Tower liegt auf einem Felsen in der
Bucht von Castlebay und ist komplett von Wasser
umgeben, sodass man zur Besichtigung mit dem
Boot abgeholt wird.

# Infos und Adressen

### SEHENSWÜRDIGKEITEN
**The Gearrannon Blackhouse, Gearrannan Blackhouse Village.** 5a Gearrannan, Carloway, Isle of Lewis HS2 9AL, Tel. 01851 64 34 16, www.gearrannan.com

**Kildonan Museum – Taigh Tasgaidh Chill Donnain.** Kulturgeschichtliches Museum. South Uist, HS8 5RZ, Tel. 01878 71 03 43, www.kildonanmuseum.co.uk

**Kisimul Castle.** Castlebay, Barra, HS9 5UZ. Tel. 01871 81 03 13, www.hist-scot.de

### ESSEN UND TRINKEN
**Abhainn Dearg Distillery.** Westlichste Brennerei der Region von 2008. Carnish, Lewis HS2 9EX, Tel. 01851 67 24 29, www.abhainndearg.co.uk

### ÜBERNACHTEN
**The Cabarfeidh Hotel.** Manor Park, Perceval Road South, Stornoway, Lewis HS1 2EU, Tel. 01851 70 26 04, www.cabarfeidh-hotel.co.uk

**The Beach House.** 5-Sterne für Selbstversorger am Strand von Seilebost. Harris HS3 3HP, Tel. 01859 55 02 05, www.harris-holidaycottage.co.uk

**Lochmaddy Hotel.** Tolles Restaurant. Lochmaddy, North Uist, HS6 5AA, Tel. 01876 50 03 31, www.lochmaddyhotel.co.uk

### EINKAUFEN
**The Harris Tweed Company Grosebay.** Produkte der Weber-Ikone Donald J. Mackay. Grosebay, Harris HS3 3EF, Tel. 01859 51 11 08, www.harristweedco.co.uk

### AKTIVITÄTEN
**Harris Classic Campers.** VW-Wohnmobile. The Cliff, Seilebost, Harris HS3 3HP, Tel. 07920 74 88 52, www.harrisclassiccampers.co.uk

**Hebridean Hopscotch Holidays.** Reiseprogramme auf den Äußeren Hebriden. www.hebrideanhopscotch.com

### ANREISE
**Caledonian MacBrayne Ferries.** Fährverbindungen: www.cal-mac.de

**Barra Airport.** Flugplan nach den Gezeiten, www.hial.co.uk/barra-airport

### INFORMATION
**Äußere Hebriden.** www.visitouterhebrides.co.uk

Kisimul Castle liegt auf einer flachen Felseninsel unmittelbar vor Castlebay.

# TWEED –
## edler Zwirn aus Schottland

Die Marke bürgt für Qualität und hat inzwischen Einzug in die internationale Haute Couture gehalten.

In Schottland gilt der als Kilt bekannte Rock, vornehmlich getragen von den Herrn der Schöpfung, als das markanteste Kleidungsstück überhaupt. Dabei interessiert jedoch weniger der Stoff, aus dem das zumeist mindestens knielange Beinkleid gewoben ist, sondern vielmehr, was oder was nicht darunter getragen wird.

Als traditionelles Material für die Anfertigung eines Schottenrocks dient *Tweedstoff*. Dieser hat nichts mit dem gleichnamigen Fluss im schottischen Süden zu tun, vielmehr bezeichnet er eine spezielle, sehr dichte Webart mit zwei Fäden.

## Feinster Wollzwirn

Den feinen Zwirn aus der Wolle der Schafe von den Äußeren Hebriden bezeichnet man als *Harris Tweed*, der immer mehr Eingang in die große Modewelt findet. Selbst Modeikonen wie Karl Lagerfeld setzen Harris Tweed für ihre aktuellen Kollektionen ein und verbinden somit Tradition mit modernem Chic, bei dem auch das Karomuster eine Rolle spielt. Nach Absatzflauten zum Ende des 20. Jahrhunderts, als man Schlimmstes für den gesicherten Fortbestand befürchten musste, sorgte eine Rückbesinnung auf den Landhausstil neben dem durch kreative Designer initiierten Einzug in die internationale Haute Couture für eine nachhaltige Trendwende. Viele Luxushotels in Schottland setzen zudem auf Harris Tweed bei der eleganten Ausgestaltung ihrer Räumlichkeiten.

Harris Tweed ist seit 1993 per Gesetz geschützt und bezeichnet handgewebten, ausschließlich in Heimarbeit auf den Inseln der Äußeren Hebriden hergestellten Stoff, dort auch gefärbt und versponnen. Aus etwas mehr als zwei Dutzend Farben werden Vliese erstellt, aus denen wiederum die oft mehrfarbigen Garne entstehen, die dann von Hand gewebt werden. Die ebenso robuste, sie hält Wind und Wetter ausgesprochen gut ab, wie kleidsame Textilie ist aufgrund ihrer exklusiven Herkunft nicht gerade billig. Echter Harris Tweed ist aber jeden einzelnen Penny wert. Den Marken- und Produktschutz gewährleistet das markante, eingenähte Etikett mit stilisiertem Reichsapfel und Malteserkreuz. Hierüber wacht strengen Auges die eigens eingerichtete, in Stornoway angesiedelte Harris Tweed Authority. (www.harristweedco.co.uk)

Das typisch schottische Karomuster, der *Tartan*, suggeriert in der verklärten Vorstellung des Schottlandreisenden die Verbundenheit zur Romantik der Highland-Clans, die alle ihr eigenes Muster als unverwechselbares Standessymbol besitzen. Gleichwohl dies historisch nicht belegbar und die Zuordnung zu Clans und Familien erst jüngeren Datums ist, existiert das Karo in der Kleidung bereits seit über 2000 Jahren, wie das *Falkirk sett* belegt. Ein aus heller und dunkler Schafwolle gewebter Stoff aus der Römerzeit, der am Antonine Wall gefunden wurde. Das »Scottish Tartan Register« bemüht sich, alle existierenden Tartanvariationen zu katalogisieren, und genehmigt auch neu gestaltete Muster, die allenthalben zu den unterschiedlichsten Anlässen kreiert werden.

# 44 St. Kilda
## Den Unbilden der Naturgewalt trotzend

**Weit draußen vor den Äußeren Hebriden liegt mit dem St.-Kilda-Archipel ein weiterer schottischer Mythos mitten in den Unbilden des Atlantiks. 1930 werden die letzten 36 Bewohner der Inselgruppe evakuiert und ihrer Heimat entrissen. Zurück bleibt eine Inselwelt mit außergewöhnlicher Flora und Fauna, die als einziger Standort in Großbritannien doppelten UNESCO-Status besitzt, als Weltnatur- und als Weltkulturerbe.**

Hirta, die größte Insel St. Kildas, war schon seit prähistorischer Zeit bewohnt. Die Bevölkerung hatte einen ungewöhnlichen, der Natur angepassten – zudem autarken – Lebensstil entwickelt und eine eigene, entbehrungsreiche, jedoch funktionierende Welt kreiert, im Einklang mit den Tieren und der rauen Landschaft das Beste aus den gegebenen Voraussetzungen machend. Dennoch waren Ernährung und vieles andere problematisch.

Erst Mitte des 16. Jahrhunderts verzeichneten italienische Kartografen den trutzigen Atlantikvorposten grob umrissen auf Land- und Seekarten. Seither bekommen Hirta, Boreray und Soay zumeist eine gesonderte Ecke oben links auf den zeitgenössischen Schottland-Karten, noch neben den Äußeren Hebriden. Es gab nie einen Heiligen mit Namen Kilda. Historiker vermuten einen simplen Schreibfehler bei der Übertragung des altisländischen Begriffes *Skildir*. Auch die sprudelnde Quelle oberhalb des Dorfes könnte namensgebend gewesen sein, denn es bestehen Parallelen zur nordischen Sprache.

**Mitte:** An der Hauptstraße befinden sich die ehemaligen Wohngebäude der 1930 aufgegebenen Insel.
**Unten:** Die mächtigen Felsen weit draußen im Atlantik gehören wieder ganz der Natur.

# Einzigartige Natur

Zwei endemische Spezies von Mäusen, eine besonders widerstandsfähige Schafrasse, das Soay-Schaf, und unzählige Seevogelarten blieben als ständige Bewohner, die Hauptstraße des Dorfes verfiel zusehends. Sie stellt heute mit dem morbiden Niedergang der steinernen Häuser ein beliebtes Fotosujet dar, denn Menschen statten den weitgehend baumlosen Inseln in regelmäßigen Abständen Besuche ab, sofern die Wetterbedingungen die Anreise mit dem Schiff zulassen.

Historiker, Archäologen, Natur- und Landeskundler nehmen die Strapazen einer Reise auf die Inseln auf sich, um ihre Forschungen voranzutreiben. Ökologische Seminare und Workshops stehen regelmäßig auf dem Veranstaltungsprogramm. Die vom Verteidigungsministerium betriebenen militärischen Anlagen dienen nun zivilen Zwecken, sind aber nicht permanent besetzt.

St. Kilda befindet sich seit 1957 im Besitz des National Trust for Scotland, NTS. Zuvor erhob der Clan McLeod mit Stammsitz auf der Isle of Skye seine Besitzansprüche und verlangte Abgaben von den Insulanern. Die bizarre Klippe Conachair ist mit 432 Metern die höchste Meeresklippe Großbritanniens. Die nahezu gleich hohen, schroffen Felswände von Boreray flankieren mächtige Steinsäulen, Stac an Amin und Stac Lee.

In jüngster Zeit entdecken Künstler wieder die oft unwirtlichen, dafür umso inspirierenderen Reize St. Kildas. Der NTS lobt seit 2013 einen vierwöchigen Kreativaufenthalt für professionelle Kunstschaffende aus. Die entstehenden Arbeiten darstellender Kunst sind Bestandteil von Ausstellungen im Folgejahr. So bleibt die abgelegene Inselgruppe und das Schicksal seiner Bevölkerung im Fokus der Öffentlichkeit.

# Infos und Adressen

### SEHENSWÜRDIGKEITEN

Kleines **Museum** im Haus Nr. 3 mit Fotos, Bildern und Gebrauchsgegenständen. Dokumentarfilm *The Edge of the World* (1937) über die Evakuierung St. Kildas. Gedreht wurde jedoch auf Foula.

### UNTERKUNFT

Es ist maximal sechs Personen möglich, bis zu fünf Nächte auf dem kleinen **Campingplatz** zu bleiben. Sanitäre Einrichtungen und Trinkwasser sind vorhanden. Vorausbuchung unbedingt erforderlich. Strom nur nach Voranmeldung verfügbar. www.nts.org.uk

### ANREISE

**NTS Cruises** veranstaltet verschiedene, themenbezogene Kultur-Kreuzfahrten, die auch nach St. Kilda führen. www.nts.org.uk/culturalcruising.

**Diverse Charterunternehmen** bieten Tagesausflüge von den Hebriden und der schottischen Westküste an.

**Go To St Kilda.** Von Uig auf Skye aus werden auch zweitägige Touren angeboten mit Übernachtung auf dem Campingplatz. The Pier, Uig, IV51 9XX, Tel. 07789 91 41 44, www.gotostkilda.co.uk

**Sea Harris** in Leverburgh auf Harris, Aufenthalt jeweils etwa vier Stunden, www.seaharris.co.uk.

### INFORMATIONEN
www.kilda.org.uk

# SCHOTTLANDS NORDEN

# 45 Die Hauptstadt der Highlands und Umgebung
## Das Monster. Echt oder nicht?

**Als der Chefredakteur des »Inverness Courier« die vermeintliche Sichtung einer Seeschlange im Juli 1933 durch ein Londoner Ehepaar, das bei regnerischem Wetter auf einem damals neuen Straßenabschnitt am Nordufer des Loch Ness im Auto unterwegs war, mit dem magischen Wort Monster betitelte, löste er damit ein Echo aus, das sofort durch alle Medien geisterte.**

Ein undeutliches Foto eines Wesens im See tauchte ein Jahr später auf, was dem Fremdenverkehr der Region äußerst gelegen kam, Hotels und Gastronomiebetriebe erfreuten sich reger Nachfrage, Souvenirshops und touristische Zentren folgten. Damit der Zulauf nicht erlahmte, gab und gibt es stets neue Beobachtungen, Expeditionen und Expertisen. Die erste Sichtung von *Nessie* war Sankt Columban vorbehalten. Im Jahr 595, so weiß die Legende, bewahrte der Heilige einen Schwimmer vor dem Tode, indem er durch ein Gebet die Attacke des vermutlichen Plesiosaurus abwehrte. Das nördliche Hochland scheint ein Dorado für fabelhafte Wesen zu sein: die Meerjungfrau *Morag* im Loch Morar; *Lizzie*, artverwandt mit dem »Platzhirsch« *Nessie*, im Loch Lochy; *Muc-sheilch* im Loch Maree und auch im Loch Shiel bei Glenfinnan wurde 1870 ein riesiges Monster gesichtet.

Weil jeder Besucher des Sees im Prinzip nur Augen für unbekannte schwimmende Objekte hat, bleiben die Sehenswürdigkeiten ringsum oft wenig beachtet. Westlich führt die Straße A82 am Loch Ness entlang, östlich die etwas versteckten B852 und B862, die sich teilweise in die Berghän-

**Seite 232/233:** Balnakeil Bay bei Durness
**Mitte:** Einfahrt in die Schleusentreppe des Caledonian Canal bei Fort Augustus
**Unten:** Willkommen in der mystischen Welt einer fabelhaften Legende

ge hineinschrauben. Verschlafen liegen hier die Dörfer Whitebridge, Foyers, Torness, Dores, Glebe oder Errogie.

Südliches Tor zum Loch Ness ist Fort Augustus, so benannt nach der Befestigung, die William Augustus (1721–1764) in der Mitte des 18. Jahrhunderts errichten ließ. Der Duke of Cumberland erlangte später zweifelhafte Berühmtheit als »Schlächter von Culloden«. Aus dem Fort wurde ein Benediktinerkloster, heute befinden sich Wohnungen darin.

Mit etwas mehr als 800 Einwohnern ist Drumnadrochit die größte Ansiedlung und das touristische Zentrum. Oberhalb des Ortes stürzt der River Enrick bei den Divach Falls 30 Meter in die Tiefe. Die A831 führt gen Westen in die Region des Great Glen. Urquhart Castle aus dem 13. Jahrhundert liegt auf einem Landvorsprung vor dem östlichen Ortseingang.

## Caledonian Canal

Loch Ness ist mit über 36 Kilometern der längste See des Landes und verfügt über das größte Wasservolumen aller Seen. Die gestreckte Form verdankt er der Eiszeit. Die spezielle Topografie der

*Nicht verpassen*

**TRUTZBURG ÜBER NESSIES BADEWANNE**
Urquhart Castle am Loch Ness gehörte in seiner Blütezeit zu den größten und wichtigsten Burgen in Schottland. Just hier spielten sich viele entscheidende und für die Zukunft des Landes maßgebliche Dinge ab. Insbesondere während der kriegerischen Auseinandersetzungen im Kampf um die Unabhängigkeit vom übermächtigen Nachbarn und Besatzer England und nachdem Robert the Bruce zum König ausgerufen wurde und sich die trutzige Burg als Domizil und Stützpunkt auserkoren hatte. Ruinen und Mauerreste sowie der mächtige, eckige Turm aus dem 16. Jahrhundert bilden nicht nur die rustikal-romantische Dekoration für den heimischen Garten der Monsterlegende Nessie. Die Burgruine, an drei Seiten von Wasser umgeben, bietet zudem fabelhafte Aussichten und das Besucherzentrum höchst spannende Einsichten in die schottische Historie.

www.historicenvironment.scotland

# Spaziergang Cromarty

Nordöstlich von Inverness ragt die Halbinsel Black Isle in die Bucht des Moray Firth hinein. An der äußersten Spitze liegt mit Cromarty ein zauberhafter kleiner Ort – wie eine Filmkulisse.

Rundgang, Dauer ca. 1,5 Stunden

🅐 **Dolphin Centre** – Vom Hafen starten die Rundtouren zur Beobachtung von Walen, Delfinen und Seevögeln entlang der Küste.

🅑 **Cromarty Lighthouse** – Selbst vom kleinen Leuchtturm ist es möglich, Delfine zu beobachten. Bohrinseln für die Förderung von Nordseeöl werden im gegenüberliegenden Nigg gewartet.

🅒 **Emigration Stone** – Der 2002 errichtete Gedenkstein ist Kanada-Auswanderern gewidmet.

🅓 **Fishertown** – An der Shore Street stehen die typischen alten Fischerhäuser.

🅔 **Cromarty Old Brewery** – Im 18. Jahrhundert produzierte der Vorläufer der Black Isle Brewery hier den Gerstensaft.

🅕 **The Old Orchard** – Die rekonstruierte alte Gartenanlage geht zurück bis etwa ins Jahr 1690.

🅖 **Cromarty House** – entstand um 1770 aus den Ruinen der Befestigungsanlage Cromarty Castle.

🅗 **East Church Graveyard** – Auf dem Friedhof um die Kirche finden sich zahlreiche Grabmale, die von Hugh Miller gefertigt wurden.

🅘 **Miller's House** – Das strohgedeckte Haus in der Church Street ist das Geburtshaus des Geologen und Altertumsforschers Hugh Miller (1801–1856), ein Gegner der Evolutionstheorien.

🅙 **The Monument** – Die besondere Bedeutung Hugh Millers für die Bürger Cromartys zeigt die zu seinen Ehren bereits 1859 aufgestellte Statue.

🅚 **Gaelic Chapel** – Die gälische Kirche ist mittlerweile eine Ruine. Sie war eigens für die durch die Highland Clearances vertriebene gälische Bevölkerung gebaut worden.

🅛 **Cromarty Courthouse** – Im früheren Gerichtshof ist das historische Museum untergebracht.

🅜 **Forsyth House** – Einer der bedeutendsten Kaufleute und Begründer der aufstrebenden Heringsfischerei, William Forsyth, residierte im georgianischen Gebäude von 1772.

www.cromartylive.co.uk

# Hauptstadt der Highlands

Region und die Ausrichtung von Süd-
west nach Nordost machten den See zur
idealen Grundlage eines künstlichen Was-
serwegs zur Verbindung des Atlantiks mit der
Nordsee oder der jeweiligen schottischen Küsten.

Der schottische Ingenieur Thomas Telford (1757–
1934) nutzte beim Kanalbau die natürlichen Gegebenheiten der Seenkette, die vom Loch Linnhe
über Loch Lochy, Loch Oich und Loch Ness und
den River Ness reicht. Obwohl nur 30 Prozent der
Strecke ausgegraben wurden, dauerte es vom 1803
bis zur Eröffnung im Jahr 1822. Es entstand die
mit 96,5 Kilometern längste künstliche Wasserstraße Britanniens. 29 Schleusen überwinden gut
60 Meter Höhe, die acht Kammern der Schleusentreppe »Neptune's Staircase« bei Banavie allein
20 Meter davon. Wirtschaftlich blieb der Nutzen
überschaubar, zumal sich die Kosten mehr als ver-
doppelten.

## Inverness

Stolz trägt das Städtchen am Übergang von Moray
Firth zu Beauly Firth den Titel »Hauptstadt des
Hochlands«. Wegen der strategisch günstigen Lage
gehört es zu den ältesten Gemeinden im Land. Das
Castle von 1835 trägt viktorianische Züge und
überragt in erhabener Lage den Ort. An gleicher
Stelle gab es zuvor schon Burgen, eine davon steht
mit Macbeth in Verbindung. Den durch Shakespeare
(historisch nicht korrekt) geschilderten Mord beanspruchen aber auch Cawdor Castle sowie Glamis
Castle für sich.

Im neugotischen Town House (1882) tagte 1921
erstmals ein britisches Kabinett außerhalb Londons.
Beteiligt waren die Minister Winston Churchill,
Austen Chamberlain und Stanley Baldwin. Aus dem
Zusammentreffen der Riege von Premierminister

*Einfach gut!*

### BLACK ISLE BREWERY

Mikrobrauereien liegen
stark im Trend. Ein bemer-
kenswerter Vertreter dieses Genres ist die »Black Isle Brewery«, die
auf ihrer Internetseite beim Genuss
ihrer Biere den Eintritt in ein wahres
»Bierwana« verspricht. Das Wortspiel
kann leicht zu Missverständnissen
führen, denn gemäß der europäi-
schen Interpretation des Begriffs aus
dem Buddhismus würde man in eine
Leere, in ein Nichts gelangen. Tatsächlich gemeint ist jedoch eine
neue Freiheit, eine höhere Erkennt-
nis, ein Zustand höchsten Glücks.
Denn genau das erreichen die nach
vollständig ökologischen Grundsät-
zen produzierten Gerstensäfte der
kleinen Brauerei im Dörfchen Mun-
lochy. Ungekrönte Königin der Pro-
duktpalette ist das »Black Islay« mit
stattlichen 8,1 Prozent. Dieses dunkle, sehr spezielle Bier reift in Whisky-
Fässern der Bruichladdich-Destillerie
von der Insel Islay.

www.blackislebrewery.com

Lloyd George resultierte der Anglo-Irische Vertrag und die Unabhängigkeit Irlands. Die moderne Stadt besitzt beste kulturelle Einrichtungen, gute Einkaufsmöglichkeiten und Verkehrsanbindung. Dabei kontrastiert die viktorianische Shopping Arcade mit dem populären Eden Court Theatre (1976) und der Inverness Museum & Art Gallery.

## Culloden

Jäh endete das schottische Freiheitsstreben 1746 mit der vernichtenden Niederlage gegen England. Charles Edward Stuart, Bonnie Prince Charlie, unternahm im April einen letzten Versuch, mit den aufständischen Clans und den Jakobiten den Thron zurückzugewinnen. Keine Stunde dauerte das blutige Gemetzel, zu übermächtig waren englische Waffenpräsenz und kontrollierte Kampfordnung des Dukes of Cumberland auf dem Culloden Moor. Im Visitor Centre am Schlachtfeld bedient man sich moderner Präsentationstechnik zur Rekonstruktion des Kampfgeschehens. Im Außenbereich markieren Fahnen die Kampflinien. Ganz wie seinerzeit duckt sich am Rande noch immer verschreckt das Leanach Cottage, authentisch mit Heidegras gedeckt.

## GUT ZU WISSEN

### DER MONSTER-HYPE

Gleich zwei Zentren in Drumnadrochit ringen um die Gunst der Nessie-Fans, indem sie sich eine Fehde um die Richtigkeit ihrer Daten und Präsentationen liefern. Wer an Nessie glaubt, sollte um beide einen Bogen machen. Wer Zweifel hat, sieht diese nach dem Besuch bestätigt oder nicht. Wie auch immer: Auch wer »nur« wegen Nessie kommt, wird Loch Ness sehen und mit hoher Wahrscheinlichkeit sein Herz an diese Landschaft verlieren.

**Oben:** Die Bank Street am River Ness in Inverness, der Hauptstadt der Highlands
**Mitte:** Am Hafen von Cromarty starten die Boote zur Delfinbeobachtung.
**Unten:** Herbst an der Schleuse von Laggan

# Infos und Adressen

### SEHENSWÜRDIGKEITEN

**Culloden Battlefield.** Ganzjährig geöffnet, Visitor Centre, Culloden Moor, Inverness, IV2 5EU, Tel. 01463 79 60 90, www.nts.org.uk/culloden

**Inverness Museum & Art Gallery.** Eintritt frei. Castle Wynd, Inverness, IV2 3EB, Tel. 01463 23 71 14, www.highlifehighland.com

**Fort George.** Festung aus dem 18. Jahrhundert, Queen's Own Highlanders, Ardersier, Inverness, IV2 7TD, Tel. 01667 46 02 32, www.hist-scot.de

### ESSEN UND TRINKEN

**Lovat Arms Hotel.** Lokale Produkte in stilvollem Ambiente. High Street, Beauly, IV4 7BS, Tel. 01463 78 23 13, www.lovatarms.com

**Glen Ord Distillery.** Tolle Single Malt Whiskys. Muir of Ord, Ross-shire IV6 7UJ, Tel. 01463 87 20 04, www.discovering-distilleries.com/glenord/

**Home Farm.** Kochkünste der Wirtin Susan Rae. Highfield Mains, Muir of Ord, IV6 7XN, Tel. 01463 87 17 79, www.homefarmmuiroford.co.uk

### ÜBERNACHTEN

**Rocpool Reserve.** Exklusives kleines Hotel im Zentrum mit exzellentem Chez Roux Restaurant. Culduthel Road, Inverness, IV2 4AG, Tel. 01463 24 00 89, www.rocpool.com

**Sandown House.** Nettes Gästehaus in ehemaligem Bauernhof. Sandown Farm Lane, Nairn IV12 5NE, Tel. 01667 45 13 63, www.sandownhouse.com

**The Inch Hotel.** Rustikal am Loch Ness. Fort Augustus PH32 4BL, Tel. 01456 45 09 00, www.inchhotel.com

**Scottish Highlander.** Schwimmendes Landhotel. The Barn, Riding Court, Datchet, Berkshire, SL3 9JT, Tel. 01753 59 85 55, www.gobarging.com

### AKTIVITÄTEN

**Jacobite Cruises.** Kreuzfahrten auf Loch Ness. Dochgarrock Lock, Dochgarrock, IV3 8JG, Tel. 01463 23 39 99, www.jacobite.co.uk

### INFORMATION

**VisitHighlands.** Inverness Information Centre, Castle Wynd, Inverness, IV2 3BJ, Tel. 01463 25 24 01, www.visithighlands.com

Fahnen markieren die Linien der sich am Schlachtfeld von Culloden gegenübergestandenen Truppen.

# 46 Durness – Ullapool
## Die Küste der Highlands

**Unberührt erscheint die Region im Nordwesten Schottlands. Auf einer Fläche von über 5000 Quadratkilometern leben nur etwa 13 000 Menschen, so wenig wie sonst nirgendwo in Europa. Spektakuläre Landschaften mit dramatischen Bergmassiven, fjordähnliche Lochs, abgeschiedene Küstenorte und einsame Sandstrände machen den besonderen Reiz dieser Region aus. Die raue Bergwelt und die riesigen Moorflächen im Landesinneren kontrastieren mit der grünen Küstenlandschaft, in der selbst subtropische Pflanzen gedeihen.**

Das Dörfchen Durness gehört mit 400 Einwohnern zu den größten Ansiedlungen an der äußersten Nordwestküste. Verstreut liegen die Häuser der Gemeinde an der Meerenge Kyle of Durness. Nur eine einspurige Straße führt vorbei. Die Menschen leben von Landwirtschaft und vom Tourismus, der sich um die fantastischen Küstenlandschaften mit felsigen Steilküsten und traumhaften Sandstränden konzentriert. Besonders beeindruckt die lang gezogene Balnakeil Bay. In die außergewöhnliche Sandsteinhöhle Smoo Cave ermöglicht ein hölzerner Steg den Zugang und einen Blick auf den Wasserfall im Inneren.

## Am Ende des Königreichs

**Mitte:** Nach kurzer Bootspassage über den Kyle of Durness geht es auf die letzten Kilometer bis zum Cape Wrath, dem nordwestlichsten Festlandspunkt der britischen Insel. **Unten:** Der Strand der Balnakeil Bay ist einer der Schönsten an der schottischen Nordküste.

Cape Wrath, das »Kap des Zorns«, ist der nordwestlichste Punkt des britischen Festlands. Bei klarer Sicht reicht das Panorama von den Hebriden-Inseln Harris und Lewis im Westen bis zu den Orkney-Inseln im Osten. Der Leuchtturm am Kap wurde 1827 von Robert Stevenson, dem Großvater des

Schriftstellers Robert Louis Stevenson, erbaut. Die unbewohnte Gegend um Cape Wrath ist nur mit etwas Aufwand zu erreichen, nämlich nur zu Fuß von Süden aus oder mit der kleinen Fähre von Keoldale aus, die zwischen Mai und September verkehrt. Nach der 10-minütigen Fährüberfahrt warten noch 16 Kilometer per Pedes oder mit einem Minibus.

Etwa sieben Kilometer südlich liegt Sandwood Bay am Nordatlantik, im Rücken riesige Sanddünen und flankiert von Klippen. Am südlichen Ende steht imposant der steinerne Wächter *Am Buachaille*, ein über 60 Meter hoher Sandsteinpfeiler. Am Parkplatz in der Ortschaft Blairmore beginnt ein Wanderweg, der über ebenes Gelände in drei Stunden zum Strand führt. Für den Rückweg bieten sich die Klippen an. Intensiver wird das Erlebnis, wenn man ein Zelt mitnimmt und den Abend in der Natur, vielleicht mit Blick auf einen Sonnenuntergang, verbringt. Der abgelegene winzige Fischereihafen Kinlochbervie erhielt erst in den 1950er-Jahren Strom und fließendes Wasser.

Auf der A894 in Richtung Süden erreicht man das 250-Seelen-Dorf Scourie, ein Paradies für Naturkundler. Vom Anleger in Tarbet aus starten die Boote zur unbewohnten Handa Island. Dramatische Klippen ragen senkrecht aus dem Atlantik. Sie sind im Sommer die Heimat für bis zu 200 000 Seevögel, darunter Papageitaucher, Basstölpel und Sturmschwalben. Damit ist sie eine der größten Brutvogelkolonien Nordwesteuropas. Auch Seehunde und Delfine sind stets zugegen.

## Das Naturparadies Assynt

Nimmt man von Scourie die B869 in Richtung Südwesten, führt ein Abstecher zum Stoer Lighthouse, wo ein gut dreistündiger Rundwanderweg

*Nicht verpassen*

**APPLE[C]... WEG IS[T DAS ZIEL]**

Auf den gängigen Landkarten ist sie gar nicht zu finden, bei Google Maps nur als namenlose Nebenstrecke, die Straße von Torridon entlang am Loch Shieldaig und Loch Torridon nach Applecross. Dabei gehört die Strecke an der Küste der Halbinsel Applecross zu den schönsten Strecken in ganz Schottland. Kurz hinter Shieldaig folgt man nicht mehr der A896, sondern biegt rechts ab. Nach 50 Kilometern erreicht man den kleinen Ort Applecross. Der Sonnenuntergang über der Isle of Skye ist hier unvergleichlich. Noch spektakulärer gestaltet sich allerdings die Weiterreise über den Bealach na Ba, den höchsten Bergpass in Schottland, auch als Pass of the Cattle bekannt, der tunlichst nicht mit Wohnwagen befahren werden sollte.

www.applecross.uk.com

Die Fahrt über den Pass of the Cattle hat beinahe alpine Züge.

Eines der exklusiven Zimmer im Pool House

beginnt, der zum *Old Man of Stoer*, einer Felsennadel im Meer, führt. Die Route bietet herrliche Ausblicke über die Küste nach Harris und Lewis. Entlang der B869 erreicht man auch den beliebten Hafenort Lochinver, der für seinen täglichen Fischmarkt am Abend bekannt ist.

Als Hauptort der Region Assynt bietet Lochinver ein Paradies für Wanderer und Bergsteiger. Der markanteste Berg ist der Stac Pollaidh. Er ragt wie der Suilven, Canisp und Quinaig als Solitär aus der Landschaft heraus. Der Ben More Assynt stellt mit seinen 998 Metern einen der nördlichsten Munros Schottlands, der für unerfahrene Wanderer eine echte Herausforderung sein kann. In Lochinver gibt es einen Ranger Service für geführte Wanderungen.

Die Landstraße A837 führt längs des Loch Assynt ins Landesinnere. Am Ufer liegt malerisch die Ruine von Ardvreck Castle, das 1597 vom Clan Mac Leod erbaut wurde. Der legendären Marquis of Montrose James Graham (1612–1650) saß vor seiner Hinrichtung in Edinburgh hier ein. Alternativ bietet sich die Küstenstraße südwärts an, die ebenfalls nicht mit großartigen Landschaftseindrücken geizt. Sie führt in den Weiler mit dem unaussprechlichen Namen Achiltibuie. Neben unvergleichlicher Ruhe, schönen Küstenwegen und herrlicher Berglandschaft kann man von hier mit dem Boot die Summer Isles ansteuern.

## Hochland für Gipfelstürmer

Vergleichsweise lebhaft präsentiert sich Ullapool, der größte Ort im Norden, der im Jahr 1788 für die Heringsfischerei gegründet wurde und wo sich weiße Fischerhäuser am Ufer des Loch Broom aneinander reihen. Von hier legt die Fähre zu den

# Ein Spaziergang durch Inverewe Garden

Zahlreiche Gartenliebhaber kommen aus der ganzen Welt in diese entlegene Gegend, um eines der bekanntesten, schottischen Gartenparadiese zu besuchen, Inverewe Garden. Vor über 150 Jahren hatte Osgood Mackenzie die Vision eines Garten Eden an der Westküste Schottlands, und er verbrachte sein ganzes Leben damit, den Traum zu verwirklichen. Pflanzenarten aus aller Herren Länder gedeihen hier unter Einfluss des Golfstroms. Inverewe Garden ist ganzjährig geöffnet.

Rundgang, Dauer: ca. 1,5 bis 2 Stunden

**A Visitor Centre & Shop** – Hier bekommen die Besucher ihre Eintrittskarte und einen Lageplan der Gartenanlage.

**B Walled Garden** – Die meisten Besucher entdecken zunächst links den ummauerten Garten.

**C Rock Garden** – Etwas weiter auf der linken Seite und noch immer in Ufernähe des Loch Ewe kommt dann der Steingarten.

**D Inverewe House** – Dann geht es zum Inverewe House, das eine Naturkundeausstellung beherbergt und die Geschichte des Gartens dokumentiert.

**E Woodland Walk** – Als Nächstes wartet ein kleiner Waldspaziergang auf den Besucher. Die hohe Bäume des Waldes geben dem Garten Windschutz.

**F Barbatum Walk** – Auf dem Barbatumweg stehen viele von Inverewes alteingesessenen, frühen rotblühenden Barbata-Rhododrendren, und am Ende gibt es einen Aussichtspunkt.

**G Pond Garden** – Über den Teichgarten mit einem Staudamm im unteren Teil des Wassergartens geht es dann zurück ins Herz von Inverewe.

**H Rhododendron Walk** – Auf keinen Fall sollten Besucher diesen Weg mit den exotischen großblättrigen Rhododendron zur Blütezeit verpassen.

**I Bambooselem** – Hier pflanzte Osgood Mackenzie viele große Büsche und Bäume und dazu noch einen Baumkreis als zusätzlichen Windschutz an.

**J Azalea Walk** – Als letzter Höhepunkt des Gartens folgt dann noch der Azaleenweg kurz vor dem Ausgang/Shop.

**K Restaurant** – Wer sich zum Schluss des Rundgangs stärken möchte, bekommt hier leckeres Essen und Getränke.

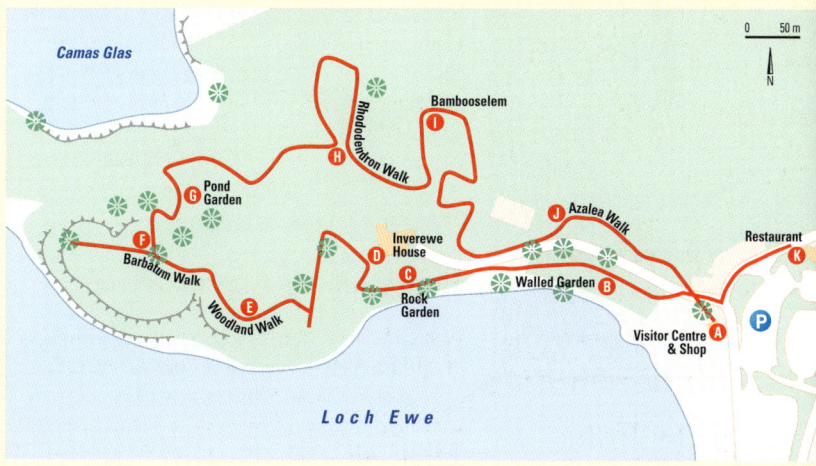

**Oben:** Cottage am Ufer des Loch Maree
**Mitte:** Auf dem Rhododendron Walk im Inverewe Garden
**Unten:** Ullapool am Loch Broom ist die größte Ortschaft im dünn besiedelten schottischen Nordwesten.

## Schottlands Norden

Western Isles ab. Wanderungen von Ullapool aus führen auf den 1062 Meter hohen Berg An Tellach mit seinen beiden charakteristischen Gipfeln.

19 Kilometer südöstlich von Ullapool formte das Schmelzwasser der letzten Eiszeit eine beeindruckende, bis zu 60 Meter tiefe Schlucht in den Felsen, die Corrieshalloch Gorge. Den mit 46 Metern zweithöchsten Wasserfall Großbritanniens bewundern vorzugsweise mutige Menschen ohne Höhenangst von einer mitunter stärker schwankenden Hängebrücke aus.

Unweit von Poolewe liegt der Ort Gairloch mit gemütlichem Pub, einer Kunstgalerie und einem Heritage Museum. Wal- und Delfinsafaris starten von hier aus in rasanter Fahrt hinaus zu den Tummelplätzen der Meeressäuger. Eine schmale Straße schlängelt sich südwärts längs dem Loch Maree. Der See bildet mit seinen kleinen Inseln und den Torridon Mountains eine beeindruckende Kulisse. Ein Schild weist den Weg zum Dorf Torridon am gleichnamigen Loch mit nicht minder fantastischer Berglandschaft. Ein Mekka für Bergsteiger und Wanderer mit einigen der anspruchsvollsten Gipfeln Schottlands.

## GUT ZU WISSEN

### QUÄLGEISTER

*Midges* können zum Fluch werden. An feuchten Sommertagen vermögen sie den Menschen aufs Äußerste zu piesacken. Aber es gibt zum Glück auch gute Nachrichten: Bis Mai und ab September gibt es sie nicht. Wenn es windig ist, schwirren sie nicht, ebenso bei Regen/Sonnenschein. Helle Kleidung lockt weniger. Die Einheimischen schwören auf Avon Skin So Soft Oil, dann landen sie zwar auf einem, beißen aber angeblich nicht.

# Infos und Adressen

### SEHENSWÜRDIGKEITEN

**Smoo Cave.** Durness IV27 4PN,
Tel. 01971 51 12 59, www.smoocave.org

**Ardvreck Castle.** www.discoversutherland.co.uk/
lochassynt.php

**Corrieshalloch Gorge National Nature Reserve.**
Braemore, Ross-shire IV23 2PJ,
Tel. 01445 71 29 52, www.nat-trust-scot.de

**Balnakeil Bay.** Toller Dünenstrand, Ferienhaus für
17 Personen. www.elliothouses.co.uk

### ESSEN UND TRINKEN

**The Old Inn.** Traditionelle Küche und Mikro-
brauerei. Gairloch, Ross-shire IV21 2BD,
Tel 01445 71 20 06, www.theoldinn.net

**Albannach.** Michelin-geadeltes Restaurant.
Baddidarroch, Lochinver, Sutherland IV24 4LP,
Tel. 01571 84 44 07, www.thealbannach.co.uk

### ÜBERNACHTEN

**Inver Lodge Hotel.** Ein Luxus-Refugium mit Chez
Roux Restaurant. Lochinver, Sutherland IV27 4LU,
Tel 01571 84 44 96, www.inverlodge.com

**The Torridon Hotel.** Boat House Cottage buchen!
Gutes Restaurant. Achnasheen, Wester Ross

IV22 2EY, Tel. 01445 79 12 42,
www.thetorridon.com

**Skyfall Cottage.** Romantisches Ferienhaus.
Poolewe, Wester Ross IV22 2LD,
Tel. 01637 88 11 83, www.uniquehomestays.com/
self-catering/uk/scotland/loch-ewe/skyfall/

**Mackay's Rooms.** Ferienhäuser, B&B. Durness,
Sutherland IV27 4PN, Tel. 01971 51 12 02,
www.visitdurness.com

### TRANSPORT

**Cape Wrath Ferry.** Keoldale Pier, Balnakeil
Craft Village, Durness, Tel. 07719 67 87 29,
www.capewrathferry.co.uk

### AKTIVITÄTEN

**Hebridean Whale Cruises.** Pier Road, Gairloch,
Wester Ross IV21 2BQ, Tel. 01445 71 24 58,
www.hebridean-whale-cruises.co.uk

**Cape Wrath Trail.** Fernwanderwege von
Fort William nach Cape Wrath.
www.capewrathtrailguide.org

### INFORMATION

www.northhighlandsscotland.com

Smoo Cave ist eine urige, begehbare Sandsteinhöhle direkt an der Küste.

# NORTH COAST 500 –
## Schottlands Traumstraße

Schmal, aber großartig präsentiert sich die NC500 am nördlichen Festlandszipfel der britischen Insel.

Die Streckenführung ist nicht neu. Im Gegenteil: Schon vor Generationen wurde der äußerste Norden Schottlands verkehrstechnisch erschlossen. Auf gewundenen, teils recht schmalen Wegen ging und geht es von Inverness entlang der Ostküste, der Nordküste und der Westküste und dann mitten durchs Land zurück in die Hauptstadt der Highlands.

Die Route war schon sehr lange bekannt, schlummerte in dieser Form jedoch im Dornröschenschlaf, bis sie 2014 als touristische Straße durch die North Highland Initiative (NHI) wachgeküsst wurde.

Innerhalb kürzester Zeit erlangte die NC 500 internationalen Ruhm und wird bereits im gleichen Atemzug mit der legendären Route 66 in den USA genannt. Die Gründung der NHI im Jahr 2005 ging auf HRH Prince Charles, den Duke of Rothesay zurück, der als Schirmherr die wirtschaftliche Entwicklung der abgelegensten Festlandsregion der britischen Insel vorantreiben wollte. Das Konzept erweist sich als durchschlagender Erfolg. Die bereits vorhandene Hotellerie und Gastronomie erwachte zu neuem Leben, und die lokalen Geschäfte in den kleinen Dörfern profitierten von Besuchern aus Nah und Fern, die den schottischen Norden erkunden wollen. Per Pedes, mit dem Fahrrad, dem Motorrad oder der eigenen oder gemieteten Luxuskarosse: Flugs wurden immer neue, populäre Reisekonzepte aufgelegt.

Ziemlich genau 516 Meilen umfasst der komplette Verlauf der NC 500, dessen offizieller Ausgangs- und Endpunkt am Inverness Castle festgelegt wurde. In welcher Richtung man die Straße dann befährt, bleibt dem eigenen Gusto überlassen. In jedem Fall bietet sie ein ebenso typisches wie ungewöhnliches Schottlanderlebnis. Besonders die Küstenstreifen im hohen Norden und Nordwesten, zwischen John o´Groats und Durness und weiter über Scourie, Poolewe und Ullapool bis nach Torridon, sind geprägt von einzigartigen Ausblicken auf karibische Strände, über das endlose Meer, imposante Felsformationen und tief ins Land eingeschnittene Fjorde. Whiskydestillerien wie »Old Pulteney« in Wick, das herrliche Dunrobin Castle, das gemütliche Castle of Mey von Queen Mum, Ardvreck Castle oder Inverewe Garden liegen am Wegesrand und repräsentieren mit den Landschaften Ross-shires und Sutherlands die Attraktivität der Highlands.

## Der Weg ist das Ziel

Einmal mehr ist hier der Weg das Ziel. Er besteht in weiten Teilen aus den bekannten, schmalen Single Track Roads und nicht selten aus überaus gemütlich passierenden Schafen, die das Verkehrsaufkommen geflissentlich zu ignorieren vermögen und Ursache für so manch einen kleinen Stau sind. Geübte Fahrer sollten indes wenig Probleme mit der Route haben, lediglich am Pass of the Cattle, der mythischen Serpentinenstrecke bei Applecross am westlichsten Punkt der NC 500, sollte man Vorsicht walten lassen und auf zuweilen unvorsichtige Wohnmobilisten achten. (www.northcoast500.com)

# 47 Dornoch – Wick – Thurso – Caithness
## Der äußerste Nordosten

**Nordöstlich von Inverness beginnt eine Region, die mit einer abwechslungsreichen Landschaft und uralten Sehenswürdigkeiten gesegnet ist. An der Küste finden sich goldene Sandstrände, von Meeresarmen gebildete Halbinseln und verträumte Fischerorte, während sanfte Hügel und Felder das Bild der Landschaft im Inland bestimmen, durchzogen von Flüssen voller Lachse. Dies war einst das Land der Plkten und Wikinger, und die alte Grafschaft Caithness im äußersten Nordosten ist ein lohnendes Ziel für Hobby-Archäologen.**

Von Inverness aus geht es über den Beauly Firth auf die Black Isle, eine so ganz und gar nicht schwarze Halbinsel. Vielmehr ist Black Isle bekannt für fruchtbare Böden und mildes Klima. Die gute Gerste wird seit alters her als Braugerste für Whisky und Bier genutzt. Der A832 nach Nordosten folgend, gelangt man bei Fortrose zum Chanonry Point, einem der besten Orte zur Delfinbeobachtung. Die großen Tümmler spielen und fressen bei einlaufender Flut unbekümmert in der Strömung des Moray Firth. Hauptort der Black Isle ist der malerische Fischerort Cromarty.

## Whisky, Lachs und Schafe

Etwas weiter nördlich liegt die 3500-Einwohner-Gemeinde Tain am Südufer des Dornoch-Firth. Tain erhielt 1066 als erster Ort Schottlands königliche Stadtrechte. Die Glenmorangie-Whisky-Destillerie hat am Ortsrand ihre Produktionsstätte eingerichtet. Eine Führung zeigt sehr anschaulich

**Mitte:** Die Balblair-Destillerie schmiegt sich in die flache weite Landschaft südlich des Dornoch Firth.
**Unten:** Schafherden bevölkern oft die Straßen in der Einsamkeit des Hochlands.

*Einfach gut !*

den magischen Wandel von Wasser zu Whisky. Zwischen Inveran und Lairg, nördlich von Bonar Bridge, liegen die wilden Stromschnellen Falls of Shin. Im Sommer versuchen hier Lachse mit abenteuerlichen Sprüngen, die natürlichen Kaskaden flussaufwärts zu überwinden, um zu ihren Laichplätzen zu gelangen. Zur besseren Beobachtung des Naturschauspiels wurden einige, durch einen Rundweg verbundene Aussichtsplattformen angelegt.

Entlang des Nordufers des Dornoch Firth geht es zurück an die Küste nach Dornoch, einem ruhigen, kleinen Städtchen mit einer prächtigen Kathedrale, deren Ursprünge bis in das 13. Jahrhundert zurückreichen. Hervorragende Steinmetzarbeiten zeugen im Inneren von der hohen Kunstfertigkeit ihrer Erbauer. Zwei Damen spielen in der Historie des nördlichsten Kathedralbaus auf britischem Festland eine Rolle: 1998 setzte das Bistum mit der Bischöfin Susan Brown erstmals ein weibliches Kirchenoberhaupt ein und 2000 ließ die Pop-Diva Madonna ihren Sohn Rocco hier taufen, nachdem sie kurz zuvor im nahen Skibo Castle ihren zweiten Ehemann Guy Ritchie ehelichte. Dornoch Castle wurde ursprünglich als Palast der Bischöfe von Caithness errichtet und ist nun ein Hotel. Bereits seit 1616 wird in Dornoch Golf gespielt, wie Aufzeichnungen belegen. Mönche aus St. Andrews brachten den Zeitvertreib mit in den Norden. So reizt der Royal Dornoch Golf Course als drittältester Golfclub und einer der schönsten Links-Kurse der Welt zum Spiel mit Aussicht.

## Historisch großartig

Nördlich von hier beginnt die Grafschaft Caithness, das Land der Pikten, Schottlands sagenumwobenem Urvolk. Zur großen Zahl an Zeugnissen aus prähistorischer Zeit gehören vor allem die

**NATURAL RETREATS**

Viel weiter nördlich auf dem schottischen Festland geht es nicht mehr. In John O'Groats erwartet den Gast nicht nur eine ungewöhnlich luxuriöse Unterkunft, sondern auch die Auswahl zwischen einer separaten Lodge-Unterbringung mit drei Schlafzimmern oder Ferienwohnungen mit 1, 2 oder 4 Schlafzimmern im »Inn at John O'Groats«. Wer Ruhe und Abgeschiedenheit sucht, sich gleichzeitig für die Natur zu Wasser und an Land interessiert, ohne auf Komfort und Service zu verzichten, findet hier den idealen Rückzugsort. Wem die äußerste Nordküste Schottlands als Ausflugsziel nicht genügt, für den stehen diverse Fährmöglichkeiten auf die Orkney-Inseln fast vor der Haustür zur Verfügung. Nicht von ungefähr lautet das Motto des Betreibers *Natural Retreats* daher auch: Erkunden – Träumen – Entdecken.

www.naturalretreats.com/uk/john-ogroats/

John o'Groats ist durch die neuen Ferienhäuser schöner geworden.

## DUNROBIN CASTLE

*Nicht verpassen*

Seit mehr als 700 Jahren bewohnen die Earls of Sutherland nahe des kleinen Ortes Golspie ein großartiges Schloss mit sechs Türmen, 189 Zimmern und Blick auf die Nordsee. Wie ein Märchenschloss erhebt sich Dunrobin Castle über den Moray Firth. Einst, in kriegerischen Zeiten, war Dunrobin Castle eine Trutzburg mit meterdicken Mauern, denn die Sutherlands gehörten zu den mächtigsten Familien des Landes und waren in viele kriegerische Auseinandersetzungen verwickelt. Die Sammlung von Gemälden, kostbaren Möbeln, Waffen und zahllosen Kunstgegenständen zeugen von der Bedeutung des Clan Sutherland. Heute geht es auf Dunrobin Castle sehr friedlich zu, und eine Besichtigung des Schlosses und der wunderbaren Gartenanlage ist ein Highlight einer jeden Schottlandreise.

www.dunrobincastle.co.uk

Der Falkner bei einer Vorführung im Park von Dunrobin Castle

Broch. Es sind runde, eisenzeitliche Türme, deren exakte Funktion bis heute nicht bestimmt werden konnte. Sie waren einerseits wehrhaft, andererseits rustikale Wohnstätte. Das Caithness Broch, ein Museum zur Erforschung der Brochs, befindet sich in der alten Schule von Auckengill, einem Dorf zwischen Wick und John O'Groats. Die beiden nebeneinanderliegenden Steingräber Grey Cairns of Camster bei Lybster sind mehrere tausend Jahre alt und gelten als besterhaltene in Großbritannien. Sie sind zu besichtigen, wenn man es sich traut, in die engen Gänge, möglichst mit Taschenlampe, zu kriechen.

Wick – der Name geht zurück auf die Wikinger – als Hauptort von Caithness war im vorletzten Jahrhundert der größte Heringshafen Europas. Man schlug hier mehr Fisch um als an allen schottischen Häfen zusammen. Thomas Telford baute von 1824–1831 die Hafenanlagen, die von den Stevensons später nochmals erheblich erweitert wurden. Fischfang ist für die knapp 7000 Einwohner noch immer von Bedeutung. Mit der Whisky-Destillerie »Old Pulteney« hat Wick die nördlichste britische Festlandsbrennerei.

## Ganz oben

Das eher unspektakuläre Hafendorf John O'Groats bildet den nordöstlichsten Punkt des Festlands, das schottische Land's End. 1405 Kilometer entfernt vom Pendant in Cornwall, ist der größte Abstand zwischen zwei Orten auf dem Festland erreicht. Es dient insbesondere als Station für die Fähren nach Orkney. Mit dem Castle of Mey befindet sich an der Küstenstraße der einstige Sitz der Earls of Caithness aus dem 16. Jahrhundert. Bekannt wurde das Schlösschen, als die lebenslustige Queen Mum das Schloss nach dem Tod ihres Mannes, König Georg VI., erwarb. Ist niemand der

# Küstenwanderung zu den Duncansby Stacks

Ein schöner Spazierweg zum Duncansby Head (Hin- und Rückweg insgesamt ca. 6–8 km je nach Strecke) beginnt am Hafen oder bei Natural Retreats (siehe S. 249) in John O'Groats und führt ostwärts zum 1924 errichteten Leuchtturm und zu den spektakulären Duncansby Stacks, zerklüfteten Felsformationen, die von abertausenden Seevögeln bevölkert sind.

**Ⓐ** Ausgangspunkt ist der **Hafenpier von John O'Groats Ferries** oder die Natural-Retreats-Unterkunft gleich nebenan.

**Ⓑ** In östlicher Richtung durch zwei Gatter gehend trifft man zunächst auf **Robert's Haven**, den ersten Küstenabschnitt.

**Ⓒ** Der folgende Teil der Nordküste wölbt sich etwas ins Meer hinaus und wird **Ness of Duncansby** genannt.

**Ⓓ** Der Weg führt den Wanderer dann zur **Sannick Bay** mit einem herrlichen und nicht zu übersehenden Sandstrand.

**Ⓔ** Von hier aus hat man die Wahl, entweder weiter entlang der Küste zu gehen oder etwas einfacher zur Straße hin abzukürzen, um auf direktem Weg zum **Duncansby Head Lighthouse** zu gehen, wo auch ein Parkplatz ist. Hier hat man den östlichsten Punkt der Wanderung erreicht.

**Ⓕ** Von hier aus folgt man nun in südlicher Richtung dem Weg zu den weithin sichtbaren **Duncansby Stacks**, surreal anmutende Felsnadeln, die aus dem Wasser ragen.

**Ⓖ** Der Weg zurück zu dem Ausgangspunkt führt noch etwas weiter südlich durch flaches Gelände zum eigentlichen Ort **John O'Groats** und von dort aus zurück zum Hafen.

**Oben:** Das Speisezimmer im Castle of Mey
**Unten:** Highland Cattle: Die widerstandsfähigen Hochland-Rinder gelten als ausgesprochen friedfertig.

königlichen Familie zugegen, steht es zur Besichtigung offen. Eine Führung dort gestaltet sich höchst anekdotenreich, wobei auch der Hausgeist, die grüne Lady, eine Rolle spielt.

Thurso, die nördlichste Stadt Schottlands, etwa um 1000 von Wikingern gegründet, war im Mittelalter wichtigster Handelshafen mit Skandinavien und im 18. Jahrhundert bedeutender Exporthafen für den extrem widerstandsfähigen *caithness flagstone*, der zuverlässig als Straßenpflaster in den Metropolen der Welt von Paris bis Bombay, von Melbourne bis Edinburgh dient. Die Küste genießt eine hohe Beliebtheit bei Surfern aus aller Welt, denn die Strände eignen sich perfekt zum Ritt auf den Wellen. Am Hafen von Scrabster legen die Fähren nach Stromness, zur Hauptinsel der Orkneys, ab.

# Infos und Adressen

Besucherzentrum der Clynelish-Destillerie

### SEHENSWÜRDIGKEITEN

**Dornoch Cathedral.** Dornoch, Highland IV25 3HN, Tel. 01862 81 02 96, www.dornoch-cathedral.com

**Falls of Shin Visitor Centre.** Achany Glen, Lairg, Highland IV27 4EE, Tel. 01863 76 61 90, www.kylesofsutherland.co.uk

**Grey Cairns Of Camster.** Bei Lybster, Tel. 01667 46 02 32, www.hist-scot.de

**Caithness Broch Centre.** Old School House, Auckengill, By Wick, KW1 4XP, Tel. 01955 63 13 77, www.caithnessbrochcentre.co.uk

**The Castle of Mey.** Thurso, Caithness KW14 8XH, Tel. 01847 85 14 73, www.castleofmey.org.uk

### ESSEN UND TRINKEN

**Glenmorangie Whisky Distillery.** Tain, Ross-shire IV19 1PZ, Tel. 01862 89 24 77, www.glenmorangie.com

**Crannag Bistro.** Preisgekrönt. Dornoch Road, Bonar Bridge, Sutherland IV24 3EB, Tel. 01863 76 61 11, www.crannag.com

**Clynelish Whisky Distillery.** Brora, Sutherland KW9 6LR, Tel. 01408 62 30 00, www.discovering-distilleries.com/clynelish

**Old Pulteney Distillery.** Huddart Street, Wick, Caithness KW1 5BA, Tel. 01955 60 23 71, www.oldpulteney.com

### ÜBERNACHTEN

**Glenmorangie House.** Stilvoll. Fearn, by Tain IV20 1XP, Tel. 01862 87 16 71

**Borgie Lodge.** Heimelig. Skerray, Tongue, Sutherland KW14 7TH, Tel. 01641 52 13 32, www.borgielodgehotel.com

### EINKAUFEN

**Jail Dornoch & Country Interiors.** Castle Street, Dornoch, Sutherland IV25 3SD, Tel. 01862 81 05 00, www.jail-dornoch.com

### AKTIVITÄTEN

**Royal Dornoch Golf Course.** Golf Road, Dornoch IV25 3LW, Tel. 01862 81 02 19, www.royaldornoch.com

### ANREISE/TRANSPORT

**John O'Groats Ferries.** Fähre nach Burwick. Tel. 01955 61 13 53, www.jogferry.co.uk

**NorthLink Ferries.** Scrabster-Stromness, Tel. 01856 88 55 00, www.northlinkferries.co.uk

**Pentland Ferries.** Gills Bay-St. Margarete's Hope, Tel. 01955 61 17 73, www.pentlandferries.co.uk

Das Märchenschloss Dunrobin Castle

# 48 Orkney-Inseln
## Fast schon Norwegen?

**Im Norden, noch in Sichtweite des schottischen Festlands, liegt jenseits der Meerenge des Pentland Firth der eigentümliche Archipel der Orkney-Inseln, geprägt von Landwirtschaft, überwältigenden Naturschönheiten und reichem prähistorischem Erbe. Jede der über 70 Inseln, 17 davon bewohnt, zeichnet sich durch individuelle Eigenheiten aus. Die Orkadier bezeichnen sich selbst als Landwirte mit Booten.**

Auf der größten Insel Orkneys ist die Hauptstadt Kirkwall das Verwaltungszentrum. Im geschäftigen Hafen verkehren die Frachtschiffe, legen kleine Fähren ab zur Fahrt in die umliegende Inselwelt. Die Shetland-Fähre macht auf dem Weg von Aberdeen nach Lerwick Station. Der Flughafen mit Verbindungen zu den entfernten Regionen des Archipels befindet sich etwas außerhalb. Zentrales Gebäude Kirkwalls ist die imposante St.-Magnus-Kathedrale aus rotem Sandstein von Eday. Ihr Ursprung geht auf das 12. Jahrhundert zurück. Erfahrene Steinmetze sorgen für den Erhalt der Kirche, die der Reformation trotzen konnte und nicht der Kirche, sondern den Bürgern Kirkwalls gehört.

Bereits im Jahr 1798 nahm die Highland-Park-Brennerei die Produktion alkoholischer Destillate auf. Die nördlichste Destillerie Schottlands erzeugt einen bei Kennern sehr geschätzten Whisky, der den torfigen Produkten von Islay ähnelt, aber über eigenständige, unverwechselbare Geschmacksnoten verfügt.

Stromness, der zweitgrößte Ort im Archipel, liegt geschützt in einer Bucht im Westen von Mainland

**Mitte:** Im Hafen von Kirkwall
**Unten:** Fast unscheinbar liegt der Grabhügel von Maes Howe inmitten üppiger Felder.

# Orkney-Inseln

und erinnert nicht nur dem Namen nach an skandinavische Äquivalente. Eine einzige, schmale gewundene Straße führt schier endlos entlang dem Hafen. Darum gruppiert sich, vermeintlich unsortiert, das gesamte Geschehen der Stadt: Die alten Steinhäuser der Seeleute, Geschäfte, Läden und Galerien, kleine Cafés, Kirche und Hotel. Die Fähre von Scrabster liegt neben Yachten, kleinen Fischerbooten und vereinzelten Frachtschiffen im Hafenbecken.

Die Grabkammer von Maes Howe (2800 v. Chr.) gilt als am besten erhaltene in Europa, sie ist zudem bei einem Durchmesser von 91 Metern die größte im Vereinigten Königreich. Um den 11 Meter hohen grünen Hügel mitten auf einem Feld grasen unbeeindruckt Schafe und Kühe. Im Inneren eröffnet sich am Ende eines langen, grob gemauerten Ganges eine große Grabkammer, von der wiederum kleinere Kammern abgehen. Am Tag der Wintersonnenwende erleuchtet die untergehende Sonne die zentrale Kammer Maes Howes.

Von den ursprünglich 60, bis zu vier Meter hohen Monolithen des Steinkreises Ring of Brodgar stehen noch 36 Stück im weiten Rund. Über Sinn und Zweck dieser knapp 5000 Jahre alten Stätte im Heidekraut auf der Landzunge zwischen Harray und Stenness Loch tappt die Wissenschaft noch heute im Dunkeln.

Im Mull Head Nature Reserve auf dem östlichen Zipfel des Mainlands befindet sich das Naturphänomen The Gloup, eine eingestürzte, nach oben offene Höhle an der Küste, die vom Meer unterspült wird. Allabendlich versammeln sich hier unzählige Stare zum eindrucksvollen Flugspektakel, bevor sie im Sturzflug in die Höhle eintauchen, um dort ihren Schlafplatz einzunehmen. Das Zwitschern der Vogelschar bildet mit dem Tosen

*Geheimtipp*

## STEINZEITLICHE FUNDGRUBE

Als wahrer Quell neolithischer Entdeckungen entpuppte sich Rousay nordöstlich von West Mainland. Die Dichte an Funden aus der Jungsteinzeit, die Forscher in den 30er-Jahren des 20. Jahrhunderts zutage förderten, ist kaum überschaubar. Eine schmale Straße führt um die felsige Insel aus rotem Sandstein herum, die nur in unmittelbarer Küstennähe bewirtschaftet wird. Die meisten Grabkammern, *Brochs* und Steinsetzungen können von hier aus besucht werden. So auch die zweigeschossige Grabanlage Taversoe Tuick. Ansonsten hinterließ David Bryce mit Trumland House und Garten auch auf Rousay seine Spuren des Baroniestils. Vom 250 Meter hohen Berg Blotchnie Fiold ist bei klarem Wetter die Insel Foula am Horizont zu erkennen. Das Nachbareiland Egilsay im Osten besitzt mit St. Magnus Church eine der wenigen Kirchenruinen mit einem noch fast vollständig intakten runden Turm.

www.aroundrousay.co.uk

Vom Broch of Gurness schweift der Blick hinüber nach Rousay.

**KURZSTRECKE**

Der kürzeste Linienflug der Welt dauert gerade einmal 90 Sekunden und legt eine Strecke zurück, die kürzer ist als die Hauptstart- und -landebahn von Edinburgh. Von Juni bis Anfang September bietet Loganair, Franchise-Partner der britischen FlyBe, dazu die Möglichkeit auf der Route von Westray nach Papa Westray. Flugtage sind Dienstag, Donnerstag und Samstag. Die ungewöhnliche Reise ist Bestandteil eines 45-minütigen Rundflugs, der in Kirkwall startet und nach dem Abstecher in die Inselwelt dorthin zurückkehrt. Die achtsitzige Maschine britischer Produktion in den Farben der Highland-Park-Destillerie bietet mit ihren großen Fenstern und niedriger Flughöhe hervorragende Ausblicke und Fotomöglichkeiten. Jeder Fluggast erhält eine Urkunde und eine Mini-Flasche des orkadischen Whiskys. Eine Vorausbuchung ist unabdingbar.

der Wellen in der Tiefe eine bezaubernde Geräuschkulisse.

# Die nördlichen Inseln

Die Villa Balfour Castle auf Shapinsay, Stammsitz der Familie Balfour, entwarf David Bryce (1803–1876) im Baronie-Baustil. Als bedeutendster Architekt dieses stilistischen »Genres« plante er das Balfour Village als Musterbeispiel moderner Stadtplanung. Neben genialer Sanitär- und Energieversorgung gab es sogar eine öffentliche Dusche.

Die Nachbarinseln Westray und Papa Westray aus rötlichem Sandstein erstaunen ob ihres landschaftlichen Variantenreichtums, der Westray zur Queen of the North Isles macht. In Pierowall gibt das Heritage Centre Auskunft über Kulturgeschichte und Prähistorie. Beeindruckend die mächtigen Mauern des unvollendeten Noltland Castle (1550). Nahe der höchsten Erhebung Fitty Hill (169 Meter) liegt das verlassene Dörfchen Netherhouse, eine Inspirationsquelle für Künstler. Prachtvoll gedeiht die rare violette Schlüsselblume (*Primula scotica*) auf den Wiesen Papa Westrays. Ornithologen begeistern auf der Priesterinsel, eine Reminiszenz an das Christentum, die immensen Seevogelbestände.

Älter als Maes Howe sind die Siedlungen Knap of Howe und die Grabkammern auf der Schäre Holm of Papay. Dem heiligen Bonifatius, »dem Apostel der Deutschen«, ist die Kirche nördlich des Flugfelds gewidmet. Das Baumaterial der Kathedrale in Kirkwall stammt aus den Steinbrüchen Edays. Stolz ragt hier der Stone of Setter, ein großer roter Monolith, fünf Meter in die Höhe.

Auf North Ronaldsay sind Schafe deutlich in der Überzahl. Um die Landwirtschaft nicht zu behindern, werden die Wollträger seit 200 Jahren zwi-

Keine zwei Minuten dauert der kürzeste Linienflug der Welt.

# Rundgang auf den Spuren der Steinzeit

Ein Sandsturm begrub das Dorf Skara Brae etwa zur gleichen Zeit, als die Pyramiden gebaut wurden. 1850 förderten heftige Winde das Dorf wieder ans Tageslicht und offenbarten geniale Gebäudekonstruktionen in perfektem Zustand. Steinerne Tische, Schränke, Betten und Feuerstellen wirkten, als wären sie gerade eben erst verlassen worden. Der Grundbesitzer William Watt of Skaill begann in Eigenregie mit Ausgrabungen, stellte dies nach 18 Jahren aber wieder ein. Als 1924 ein erneuter Sturm Teile eines der Häuser wegschwemmte, entschied man sich, den Standort zu sichern und gezielte Grabungen vorzunehmen.

Rundgang, Dauer 1 Stunde

**A** Im **Besucherzentrum** gibt es die Tickets, einen Shop und ein kleines Café sowie einige Fundstücke der Ausgrabungen zu sehen. Interaktiv kann auf Bildschirmen die Anlage erkundet werden.

**B Nachbau** – Die Replik eines neolithischen Hauses macht historisch-authentisches Wohngefühl nachvollziehbar.

**C Strandweg** – Der Spazierweg führt entlang eines zauberhaften Sandstrands zur eigentlichen Sehenswürdigkeit, die älter ist als Stonehenge oder die Pyramiden.

**D Das Dorf** – Von den Pfaden oberhalb und rings um das historische Dorf, das gern als schottisches Pompeji bezeichnet wird, bietet die Vogelperspektive einen guten Blick auf die Anordnung der Räume und des Mobiliars rund um den zentralen Feuerplatz. Die Anlage der Betten lässt auf unterschiedliche Bauzeiten schließen, Mauervertiefungen und Rinnen im Boden auf eine erste Toilettenkonstruktion. Ein Betreten der einzelnen Räume ist leider nicht möglich.

**E Cottage** – Ein kleines Info-Center sorgt für zusätzliche Details zur UNESCO-Welterbestätte.

**F Skail House** – Der Spaziergang geht nun weiter zum ehemaligen Wohnhaus William Watts, dessen Initiative maßgeblich zum Erhalt Skara Braes beitrug.

Geöffnet 1. April–30. Sept. tägl. 9.30–17.30, 1. Okt.–31. März tägl. 9.30–16.30 Uhr, Skaill, KW16 3LR, Tel. 01856 84 18 15, www.hist-scot.de

schen Ringmauer und Strand eingepfercht. So entstand eine eigene Rasse, die sich zumeist von Seetang ernährt. Ihr Fleisch ist eine Delikatesse in den Lokalen auf Orkney und Shetland.

Als Größte der nördlichen Inseln besteht Sanday vornehmlich aus feinsandigen Stränden und malerischen Buchten. Ein Ganggrab in Form eines Wikingerschiffs ist ein markanter prähistorischer Fund auf der flachen Insel, der eigenwillig vertikal gestreifte Leuchtturm Start Point beinahe die höchste Erhebung. 1806 war er der erste Signalturm, den Robert Stevenson mit rotierendem Licht ausstattete. Zweigeschossige Häuser im Hafen Whitehalls auf Stronsay zeugen von der einstigen Bedeutung der Insel als Zentrum der Heringsfischerei. Von ehemals fast 5000 Einwohnern sind noch 300 verblieben. Wichtigste Sehenswürdigkeit ist das natürliche Felsentor Vat of Kirbister.

# Hoy

Auf Hoy, der zweitgrößten Insel im Archipel, leben nur knapp 400 Menschen. Obwohl die über 400 Meter hohen Klippen von St. John zu den mächtigsten im Königreich gehören, zieht es Ausflügler,

**Oben:** Möwen umkreisen die steile Küste und die 137 Meter hohe Felsnadel des Old Man of Hoy.
**Mitte:** Die Klippen von South Ronaldsay
**Unten:** Rekonstruktion eines urzeitlichen Hauses in Skara Brae

## Orkney-Inseln

*Einfach gut!*

Wanderer und Naturfreunde zum alten Mann. Der »Old Man of Hoy« ist eine schlanke Felssäule aus rotem Felsgestein (137 Meter), eine wirkliche Herausforderung für Sportkletterer, zuerst bestiegen 1966. Etwa 90 Minuten dauert die Wanderung von Rackwick. Der Weg führt zunächst recht steil bergauf und erfordert strapazierfähiges Schuhwerk. Dann geht es wieder leicht bergab und die roten Klippen sind bald zu sehen, der »alte Mann« selbst erst kurz vor dem Ziel. Rackwick gehört zu den ursprünglichsten Ortschaften Orkneys. In der breiten, von Klippen gesäumten Sandbucht liegt eine Handvoll Häuser, drei davon sind privat als historische Museen geführt.

Das Scapa Flow Visitor Centre & Museum in Lyness erinnert an die ehemalige Basis der britischen Kriegsmarine. Am Ende der Straße B9047 wacht der Stevenson-Leuchtturm Cantick Head von 1858 über das maritime Geschehen.

## Die südlichen Inseln

Hinter St. Mary's zweigt die A961 nach Süden ab. Über Dämme und Inseln geht es bis nach Burwick am südlichsten Zipfel Orkneys. Die Dämme gehören zum atlantischen Befestigungswall Churchill Barriers, welche die Royal Navy zum Schutz gegen Angriffe auf ihre Marinebasis Scapa Flow im Jahr 1940 angelegt hatte.

Auf Lamb Holm steht die italienische Kapelle, die von Kriegsgefangenen zwischen 1942 und 1944 aus Wellblech erbaut wurde. Hinter dem prunkvollen Portal tritt man in einen gewölbten, reich ausstaffierten Raum, an dessen Ende sich der Altarraum befindet. Diverse Schiffswracks, Teile der Churchill Barriers, ragen bei Ebbe gespenstisch aus dem Wasser auf.

### GROSSER SPORT

Zweimal im Jahr mutiert das Zentrum Kirkwalls zu einem großen Spielplatz: am 25. Dezember, dem 1. Weihnachtstag, und am Neujahrstag, dem 1. Januar, tragen die Dorfbewohner das Straßenfußballspiel *The Ba* aus. Spieler aus der Oberstadt, die *Uppies*, treffen am Market Cross vor der Domkirche auf die Spieler aus der Unterstadt, die *Doonies*. Ziel der meist etwa 250 Akteure ist es, einen handgefertigten, knapp zwei Kilogramm schweren Lederball ins heimische Gefilde zu bugsieren. Für die Zuschauer ist das Spielgerät nur beim Einwurf sichtbar, danach verschwindet es in der Menge, um drei bis vier Stunden später am Ziel wieder in den Armen des letzten Mannes aufzutauchen, der den Ball berührt. Zu den Wurzeln des skurrilen Sportes kursiert die Legende, dass die Wikinger den martialischen Brauch pflegten, den Kopf eines feindlichen Kriegers durchs Dorf zu kicken.

www.bagame.com

Einwurf zum Boys Ba am Market Cross im Zentrum Kirkwalls

# Infos und Adressen

## SEHENSWÜRDIGKEITEN

**Maes Howe.** Megalithanlage, der Besuch ist nur gruppenweise möglich, eine Vorausbuchung empfehlenswert. Geführte Touren tägl. um 10, 12 und 14 Uhr mit Bus-Shuttle ab Skara Brae, Stenness, KW16 3HH, Tel. 01856 76 16 06, www.hist-scot.de

**Broch of Gurness.** Die Reste der Eisenzeitsiedlung geben ein deutliches Abbild des vorzeitlichen Lebensraums in zauberhafter Küstenlage. Geöffnet 1. April–30. Sept. tägl. 9.30–17.30 Uhr, Evie, KW17 2NH, Tel. 01856 75 14 14, www.hist-scot.de

Deckenfresko in der Italian Chapel

**Highland Park Distillery.** Eine der beliebtesten und ältesten schottischen Whiskybrennereien bietet höchst unterhaltsame Führungen, die mit wenigstens einem *wee dram* enden. Mai–Aug. Mo–Sa 10–17, So 12–17, April/Sept. Mo–Fr 10–17, Okt.–März Mo–Fr 13–17 Uhr, Holm Road, Kirkwall, KW15 1SU, Tel. 01856 87 46 19, www.highlandpark.co.uk

**Italian Chapel.** Das ungewöhnliche Gotteshaus ist das ganze Jahr über zugänglich. Geöffnet 1. April–30. Sept. 9–22, 1. Okt.–31. März 9–16.30 Uhr, c/o Dunedin, St. Mary's, Holm,

KW17 2RT, Tel. 01856 78 12 68, www.visitorkney.com

## ESSEN UND TRINKEN

**The Foveran.** Hinter dem hervorragenden Essen vornehmlich aus den frischen lokalen Spezialitäten von Lamm bis Hummer muss die tolle Aussicht über den Scapa Flow, die sanfte Landschaft und die Inselwelt Orkneys zurückstecken, eine Tischreservierung empfiehlt sich. St.Ola, KW15 1SF, Tel. 1856 87 23 89, www.thefoveran.com

**Skerries Restaurant.** Am Nordufer von Loch Harray bietet das Restaurant des »Merkister Hotels« kulinarische Glanzlichter. Das Angus Beef stammt von den umliegenden Farmen, der Heilbutt fangfrisch aus dem Meer. Die Karte wechselt täglich wie der Blick über den See in die Abenddämmerung. Harray Loch, Harray, KW17 2LF, Tel. 01856 77 13 66, www.merkister.com

**Orkney Brewery.** Neben einem Standardprogramm an Bieren gibt es so manche saisonale Produkte. Geöffnet von Ende März bis Ende September, mehrere Führungen am Tag. Quoyloo, Sandwick, Stromness, KW16 3LT, Tel. 01856 84 17 77, www.orkneybrewery.co.uk

## ÜBERNACHTEN

**Lynnfield Hotel.** Das stilvolle Landhaus befindet sich am Ortsrand von Kirkwall an der Straße zur Highland Park Distillery. In den komfortablen Zimmern sorgen Himmelbetten für erholsamen Schlaf, und auch die Speisekarte des Restaurants sowie die umfangreiche Whiskykarte an der Bar bieten erlesene Qualität. Holm Road, St.Ola, Kirkwall, KW15 1SU, Tel. 01856 87 25 05, www.lynnfield.co.uk

Das **Westend Hotel** baute vor fast 200 Jahren ein Kapitän als private Residenz, das Haus war später erstes Krankenhaus des Archipels. Mit etwas

Glück kann vom Zimmer aus das Treiben der berühmten Straßenfußballer beobachtet werden. Restaurant und Bar sind beliebte Treffpunkte der Orcadians. Main Street, Kirkwall, KW15 1BU, Tel. 01856 87 23 68, www.westendkirkwall.co.uk

**Avalon House.** Das moderne Gästehaus der Familie MacDonald befindet sich am nördlichen Ortsrand Kirkwalls. Zimmer und Ambiente sind unprätentiös komfortabel, das Frühstück ist sehr reichhaltig, und die Wirtin Jane nimmt sich gern Zeit für einen Plausch, speziell zu ihrem Lieblingsthema: The Ba. Carness Road, Kirkwall, KW15 1UE, Tel. 01856 87 66 65, www.avalon-house.co.uk

## EINKAUFEN

**Ola Gorie.** Wunderschöner handgearbeiteter Schmuck wird in der familiengeführten Manufaktur gefertigt. 7–15 Broad Street, Kirkwall, KW15 1DH, Tel. 01856 87 32 51, www.olagoriejewellery.com

**Scapa Crafts Orkney Chairs.** Die Herstellung ungewöhnlicher Korbstühle besitzt im Archipel eine lange Tradition. 12 Scapa Court, Kirkwall, KW15 1BJ, Tel. 01856 87 25 17, www.scapacraftsorkneychairs.co.uk

## VERANSTALTUNGEN

Ende Mai gastiert das **Orkney Folk Festival** mit tollen Konzerten in Kirkwall (www.orkneyfolkfestival.com), und einen Monat später steigt das mittsommerliche **St. Magnus International Festival** als eine Woche der Kunst (www.stmagnusfestival.com). Im September findet in Kirkwall zunächst das **Science Festival** (www.oisf.org) statt und am dritten Wochenende in Stromness das populäre **Blues Festival** (www.orkneyblues.co.uk).

## ANREISE

**Kirkwall Airport** bietet tägliche Verbindungern mit Loganair, Franchise-Partner der britischen FlyBe,

nach Aberdeen, Edinburgh, Glasgow und Inverness. Die Gesellschaft fliegt zudem zu den Inseln des Archipels Eday, North Ronaldsay, Papa Westray, Westray, Stronsay und Sanday sowie nach Shetland (www.loganair.co.uk). Die Fähren der **Northlink Ferries** verkehren von Aberdeen nach Kirkwall sowie von Scrabster nach Stromness (www.northlinkferries.co.uk). **Pentland Ferrie**s verbindet mit einer Katamaranfähre Gills Bay auf dem Festland mit St. Margaret's Hope auf South Ronaldsay (www.pentlandferries.co.uk). **Orkney Ferries** sorgt für den Transport zwischen den einzelnen Inseln. Speziell das Schiff hinüber nach Hoy sollte im Voraus gebucht werden. www.orkneyferries.co.uk

## INFORMATION

**Orkney Tourism, Visit Orkney, The Travel Centre.** West Castle Street, Kirkwall, Orkney KW15 1GU, Tel. 01856 23 03 00, www.visitorkney.com

Vorgarten in der Victoria Street von Stromness

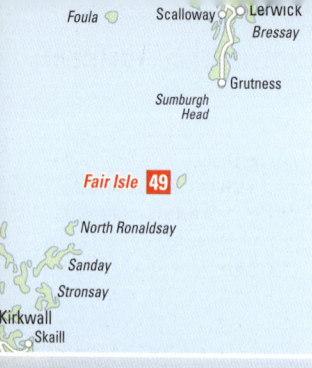

# 49 Fair Isle
## Abgelegener geht nicht

**Auf halbem Wege zwischen den Orkney-und den Shetland-Inseln liegt mit Fair Isle die wohl abgeschiedenste Gemeinde Schottlands. Die selbst gewählte atlantische Isolation schweißt die etwa 55 Bewohner des Eilands zusammen. Sie bestreiten ein einsames, ungestörtes und hoch kreatives Leben inmitten einer unberechenbaren Wetterküche und umgeben von fantastischen Naturerlebnissen, die sie mit Schafen und Vögeln teilen.**

Keine Region in Schottland kommt ohne Golfplatz aus, selbst Fair Isle besitzt Grüns und Fairways, allerdings nur sechs davon, denn Geologie und Geografie erlauben keine großzügigen Anlagen. Gleich unterhalb des South-Light-Leuchtturms legten ihn einst die Bediensteten der maritimen Landmarke an, vertrieben sich dort die Zeit bis zum Schichtwechsel. Längst automatisiert, erfüllt der schlanke Turm in Weiß und Gelb noch immer zuverlässig seine Aufgaben. So auch der kleine Golfkurs, für den die Eigentümer des »B&B The Auld Haa« (»Das alte Haus«) Schläger und Bälle gern leihweise zur Verfügung stellen.

Seit 60 Jahren ist Fridarey (das friedliche Eiland), so der alte nordische Name Fair Isles, im Besitz des National Trust for Scotland NTS. Dieser wacht über das Gleichgewicht von Natur und Menschen. Und er entscheidet, wer sich für das Leben auf der nahezu baumlosen Insel eignet, Bewerber hierfür gibt es einige, und was verändert werden darf. NTS installierte 1982 zwei Windräder auf einer Anhöhe über dem Dorf und war damit Vorreiter für die kommerzielle Erzeugung von Windenergie.

**Mitte:** North Lighthouse an der schroffen Felsküste Fair Isles
**Unten:** Stricken ist die populärste Freizeitbeschäftigung auf der 55-Einwohner-Insel.

# Maritimer Fixpunkt

Segler kennen Fair Isle aus dem Kurzwellenradio, das permanent aktuelle Wind- und Wetterberichte liefert. Diese hätten vor Jahrhunderten so manche Havarie verhindern können. In den gefährlichen Gewässern rund um die Insel liefen zahlreiche Schiffe an den Felsen auf Grund und kenterten. Die 300 Mann starke Crew der »El Gran Griffon«, einem Führungsschiff aus der Flotte der spanischen Armada, rettete sich 1588 nur mit knapper Not, sorgte aber mit zunehmender Dauer ihres Zwangsaufenthalts für Versorgungsengpässe bei den Inselbewohnern.

Ob die Spanier tatsächlich das besondere und weithin gerühmte, bunte Strickmuster Fair Isles beeinflusst haben, ist nicht sicher. Das kleine Museum im Dorf zeigt zwar eine Vielzahl an gestrickten Exponaten, doch der Ursprung bleibt rätselhaft. Er könnte genauso gut in Flandern liegen. Pullover, Schals und Mützen in Heim- und Handarbeit von fleißigen Händen gestrickt sind allenthalben das wichtigste Exportgut Fair Isles. Das typisch-engmaschige Muster besteht vornehmlich aus kleinen Kreisen und Kreuzen.

Nahe des Nordhafens, an dem das Versorgungsschiff von Shetland »The Good Shepherd« mehrmals in der Woche anlegt, befindet sich die moderne Vogelbeobachtungsstation, gleichzeitig während der Sommermonate größte Unterkunft der Insel. Gerade für Ornithologen stellt Fair Isle ein wahres Eldorado dar. Das sturmumtoste Eiland, das ansonsten Schafen und Kaninchen vorbehalten ist, bildet Heimstatt für eine ungeahnte Artenvielfalt an See- und Meeresvögeln, darunter die putzigen Papageitaucher, und ist zudem populärer Zugvogelrastplatz in Frühling und Herbst. Einige Bereiche der Insel dürfen während der Brutzeit nicht betreten werden.

# Infos und Adressen

### SEHENSWÜRDIGKEITEN

Das **Inselmuseum** bei der Kirche zeigt Interessantes aus der Geschichte und dem manchmal entbehrungsreichen Leben. Mitten im Heidegebiet liegen die Reste eines deutschen Kampfflugzeugs, das 1941 abstürzte. Drei Besatzungsmitglieder überlebten und wurden gefangen genommen.

### ÜBERNACHTEN

Gemütlich und windumtost in spektakulärer Küstenlage befindet sich das **Southlight Guest House** im früheren Wohnhaus des letzten Leuchtturmwärters Schottlands. www.southlightfairisle.co.uk

Das moderne **Vogelschutzzentrum Bird Observatory** bietet zwischen Mai und Oktober Platz für 35 Personen. (www.fairislebirdobs.co.uk) Gäste der Unterkünfte werden vom Flugfeld oder Nordhafen abgeholt, Vollpension ist immer inbegriffen, Vorausbuchung erforderlich.

### ANREISE

Flug mit **Directflight** von Tingwall, Shetland (max. 7 Personen). The **Good Shepherd IV** mehrmals in der Woche von Grutness und Lerwick (1 Auto, 12 Personen). www.fairisle.org.uk

### AKTIVITÄTEN

Wanderungen und Naturbeobachtung sind inmitten faszinierender Flora und Fauna möglich, während der Brutzeit sind einige Bereiche nicht zugänglich. Vorsicht beim Spazieren am Klippenrand. Segelschiffe und Yachten legen im Nordhafen an. Golfspiel ist am South-Light-Leuchtturm möglich.

# 50 Shetland-Inseln
## Öl seit 1971, Natur seit jeher

**Skandinavischer als das übrige Schottland in Anmutung und Landschaft, existieren auf dem Shetland-Archipel zahllose Relikte aus der Wikingerzeit und von noch wesentlich älteren Kulturen. Die Fischerei hatte von jeher mehr Bedeutung als die Landwirtschaft, inzwischen dominieren die Industrien rund um das Nordseeöl, ohne jedoch die natürlichen Schönheiten zu beeinträchtigen. Seehunde, Delfine, Wale und jede Menge Seevögel bestimmen das Ambiente auf den über 100 Inseln.**

## Lerwick

Als einzige Stadt auf Shetland und nördlichste Großbritanniens liegt Lerwick mit 7000 Einwohnern etwa in der Mitte der größten Insel Mainland. Sie bildet das wirtschaftliche Zentrum des Archipels. Das Öl der Nordsee löste 1971 einen Boom aus, der Shetland seiner provinziellen Lethargie entriss. Der im 17. Jahrhundert von niederländischen Fischern angelegte Hafen blieb von Erweiterungen jedoch weitgehend verschont. So kontrastiert am historischen Anleger das futuristische Kulturzentrum Mareel mit den alten shetländischen Booten des Museums für Lokalgeschichte.

**Mitte:** Scalloway war einst die Hauptstadt Shetlands.
**Unten:** Das Rathaus des heutigen kulturellen und wirtschaftlichen Zentrums Lerwick

Die verschachtelten Häuser um den Hafen Lerwicks stammen überwiegend aus dem 18. Jahrhundert. Danach begann ein planmäßiger Ausbau. Auf die Bronzezeit geht der Broch von Clickimin auf einem Eiland am westlichen Ortseingang zurück. Über einen Damm ist die ovale Wohnstätte, deren Blütezeit nur kurz war, gut zu erreichen. Geheimnisvoll bleibt der gemeißelte Fußabdruck in einer Steinplatte, ähnlich dem der Königsburg Dunadd Castle in Argyll.

*Einfach gut!*

## Scalloway

1708 musste Scalloway den Status als »Hauptstadt« an Lerwick abtreten. Die Festung Scalloway Castle verlor an Bedeutung und steht heute etwas deplatziert zwischen den Hafengebäuden oberhalb der Uferpromenade. Besucher bekommen im neu eingerichteten Scalloway Museum den Schlüssel fürs Castle, das fantastische Aussichten über die wild zerklüftete Westküste bietet.

## Jarlshof

Ein unbändiger Sturm legte Ende des 19. Jahrhunderts Teile der bedeutenden prähistorischen Siedlung im Süden der Hauptinsel Mainland frei. Sir Walter Scott, der 1814 hier mit Robert Stevenson zu Gast war, gab ihr den Fantasienamen Jarlshof und ließ seinen Roman The Pirate hier spielen. Die Anlage vermittelt einen Überblick über Siedlungsbau während der vergangenen 4000 Jahre. Mauern und Feuerstellen aus der Bronzezeit sind erkennbar, ein typischer Broch und unterirdische Kammern aus der Eisenzeit. Vier piktische Rundhäuser aus der Zeit um 400, Wikingerhäuser, ein mittelalterliches Bauernhaus sowie das Herrenhaus Old House of Sumburgh von 1604 komplettieren das geschichtsträchtige Heimatmuseum.

## Mainland

Der Leuchtturm Sumburgh Head überragt die Klippen am südlichen Zipfel Mainlands. Er war der Erste seiner Art auf Shetland – gestaltet 1821 von Robert Stevenson – und ist nun exponierte Selbstversorgerunterkunft und Heimat des Marine Life Centres. Richtung Norden quert die Straße die be-

### DIE WIKINGER SIND LOS

Die markanteste Veranstaltung des Jahres ist das am letzten Dienstag im Januar stattfindende *Up-Helly-Aa-Fest*. Ein ganzes Jahr lang werkeln emsige Nachfahren der Wikinger am originalgetreuen Nachbau eines traditionellen Langschiffs, das am Abend dieses Tages durch die Straßen Lerwicks in Begleitung einer imposanten Fackelprozession gezogen wird. Die kostümierten Zugteilnehmer, überwiegend im rustikalen Nordmanndress gekleidet, versammeln sich zum Ende des Umzugs um das stolze Schiff und äschern es mit ihren Fackeln ein. Die Quellen dieses heidnischen Brauchs, mittlerweile das größte Feuerfestival in Europa, deuten auf alte nordische Rituale einer feurigen Opfergabe für die Götter hin. Verlässlicher erscheint jedoch die gezielte Kanalisierung jahreszeitlich bedingten jugendlichen Übermuts im 19. Jahrhundert.

www.uphellyaa.org

Immer im Januar opfern die Wikinger spektakulär ein Schiff.

schrankte Landebahn des Flughafens. Im kleinen strohgedeckten Shetland Croft Museum kann man kleinbäuerliches Leben nachvollziehen. Die landschaftlich reizvolle Nebenstrecke (B9122) führt am flachen Binnensee Loch Spiggie vorbei und gibt freien Blick auf St. Ninian's Isle, das über einen sandigen Isthmus mit Mainland verbunden ist.

Vor Sandwick liegt im Osten die unbewohnte Insel Mousa. Ein fast 15 Meter hoher Broch, erbaut um Christi Geburt, ist bestens erhalten und nach kurzer Schiffspassage erreichbar. Bressay schirmt wie ein Schutzwall den Hafen von Lerwick ab. Eine geheimnisvolle Meeresgrotte lockt Neugierige an, die aber genauso gern zur Vogelinsel Noss übersetzen. Auf die große Zeit des Heringsfangs im 18. Jahrhundert geht Gardie House zurück.

Kaufleute aus Norddeutschland betrieben in der Hansezeit Lagerhäuser auf Whalsay. Hoch aufragende Monolithen, Menhire, weisen auf eine frühere Nutzung als Handelsplatz hin. Bemerkenswert das Symbister House aus georgianischer Zeit am Hafen. Erbaut 1823 von Nachfahren von Robert the Bruce, besitzt das zweigeschossige Gebäude eine ungewöhnliche, dreisitzige Außentoilette. In Sullom Voe liegt das größte Öl- und Flüssiggas-

**Oben:** Die urzeitliche Siedlung im Süden Mainlands erhielt ihren Namen Jarlshof von Sir Walter Scott.
**Unten:** Eine der nördlichsten Telefonzellen Schottlands im Fährhafen von Yell

Terminal Europas. Doch schon nach der nächsten Kurve ist die Industrieansicht vergessen und man taucht erneut ein in die wilde, meist baumlose Landschaft mit Fjorden, Sandbuchten und Klippen, deren Rot jeden Abend ungeahnte Farbtiefen annimmt.

# Yell

Yell, die zweitgrößte Insel Shetlands, präsentiert sich landschaftlich weniger spektakulär. Ihre Besonderheiten bleiben oft unentdeckt, obwohl praktischerweise zwei Straßen die Ost- und die Westküste erschließen. Reizvoll ist dabei speziell der Osten. West Sandwick verfügt über einen zauberhaften Strand, bestens geeignet für eine Rast oder ein wagemutiges Bad im kristallklaren Wasser. Am Yell Sound führt eine Wanderung zur eisenzeitlichen Festung Da Birrier, wobei die Aussichten mehr Aufsehen erregen als die Reste des Forts. Weitere Forts und Brochs liegen entlang der Küstenlinie, die am besten erhaltene in Burraness.

Die Insel wirkt sehr ursprünglich, da sie nur wenig kultivierte Flächen besitzt. Verlassene Dörfer zeugen von den *Highland Clearances*. Im Osten geht der Blick auf die Insel Fetlar, den Garten Shetlands, und den Colgrave Sound. Auf halbem Weg zweigt eine Sackgasse nach Otterswick ab. Sie endet bei der Galionsfigur »White Wife« des deutschen Segelschulschiffs »Bohus«, das 1924 am nahen Ness of Queyon havarierte. Einen Abstecher wert ist das Inselmuseum im historischen Gebäude Old Haa (»Das alte Haus«) in Burravoe von 1672.

# Unst

Großbritannien ist hier zu Ende. Hinter Unst geht es nicht mehr weiter, nur noch Wasser, der Nordatlantik und als Nächstes der Nordpol. Auf der In-

*Geheimtipp*

### KURZWEILIGER WARTESAAL

Überdachte Bushaltestellen bieten Schutz vor Wind und Wetter, sind jedoch eher funktional als gemütlich. Nicht so *The Unst Bus Shelter*. Diese Haltestelle an der A698 und der Abzweigung zur Little Hamar Road fällt in vielerlei Hinsicht aus dem Rahmen. Ihre hölzerne Vorgängerin fiel im Winter 1996 dem Wetter zum Opfer und wurde zunächst nicht ersetzt. Ein siebenjähriger Junge namens Bobby mahnte den Missstand bei der Lokalzeitung an und brachte einen Stein ins Rollen. Schnell und unbürokratisch installierten die Behörden am gleichen Standort eine der typischen Konstruktionen zum Schutz für wartende Fahrgäste. Nach wenigen Tagen fanden sich Sofa und Tisch im Wartehäuschen, das bald weiteres, komfortables Mobiliar erhielt, inklusive eines Fernsehers und Heizofens für den Winter sowie Vorhänge und Blumen. Die Dekoration wird regelmäßig thematisch erneuert.

www.unstbusshelter.shetland.co.uk

Eine Bushaltestelle auf Unst wird zum Wohnzimmer.

sel merkt man aber nicht, dass man sich auf der geografischen Höhe der Südspitze Grönlands befindet. Die Landschaft wirkt lieblich, sanft gewellt in saftigem Grün. Friedlich grasen dort Schafe und die frei umherlaufenden Shetland-Ponys mit den Hippie-Frisuren. Moorgebiete wechseln mit langen Sandbuchten und spektakulären Klippen, den Tummelplätzen unzähliger Seevögel.

Die Villa Belmont House von 1775 in der nüchternen Bauweise der Lowlands thront oberhalb des Hafens. Sie kann als exklusive Ferienwohnung gemietet werden. Im Sommer verkürzt das Café im englischen Doppeldeckerbus das Warten auf die Fähre. Obwohl bereits seit 300 Jahren unbewohnt, befindet sich Muness Castle noch in einem respektablen Zustand. An der Bucht vor Haroldswick liegt ein Wikingerschiff vor einem rekonstruierten Langhaus mit Grasdach. Beide gehören zum Unst Boat Haven, der die Geschichte des Schiffbaus dokumentiert.

Gäbe es Palmen, ginge Nor Wick als Karibikstrand durch. Der Legende nach soll 1700 ein Seeadler in der Bucht das Baby Mary Anderson entführt haben. Robert Nicolson rettete das Kind, das er später heiratete. Eine Wanderung durch das Naturreservat Hermaness führt zum nördlichsten per pedes erreichbaren Punkt Britanniens.

**Oben:** Bluemull Sound im Westen von Unst
**Mitte:** Belmont überblickt den Hafen an der Südspitze.
**Unten:** Shetland-Ponys trotzen Wind und Wetter.

# Infos und Adressen

## SEHENSWÜRDIGKEITEN
**Jarlshof.** Sumburgh, ZE3 9JN,
Tel. 01950 46 01 12,
www.hist-scot.de

**Shetland Museum & Archives.** Hay's Dock,
Lerwick, ZE1 0WP, Tel. 01595 69 50 57,
www.shetland-museum.org.uk

**Mareel.** Kulturzentrum, Lerwick, ZE1 0WQ,
Tel. 01595 74 55 00, www.mareel.org

**Scalloway Castle und Museum.** Castle Street,
Scalloway, ZE1 0TP, Tel. 01595 88 07 34,
www.scallowaymuseum.org

**Old Haa.** Burravoe, Yell, Tel. 01957 72 23 39,
www.bobbytulloch.com

**Unst Boat Haven.** Old School, Haroldswick,
Unst, ZE2 9EQ, Tel. 01957 71 15 28,
www.unstheritage.com

## ESSEN UND TRINKEN
**Spiggie Guest House.** Lokale Köstlichkeiten im
Hotelrestaurant vom Chefkoch Keith Massey.
Scousburgh, ZE2 9JE, Tel. 01950 46 04 09,
www.spiggie.co.uk

**Shetland Reel.** Schottlands nördlichster
Whisky und Gin, Saxa Vord Distillery, Unst,
Haroldswick ZE2 9EF, 01957 71 12 17,
www.shetlandreel.com

## ÜBERNACHTEN
**Sumburgh Hotel.** Stilvoll am Jarlshof, nettes Restaurant. Sumburgh, ZE3 9JN, Tel. 01950 46 02 01,
www.sumburghhotel.com

**Belmont House.** Für Selbstversorger, Belmont
House, Unst, ZE2 9DW, Tel. 01957 71 18 70,
www.belmontunst.co.uk

## EINKAUFEN
**Arts & Crafts Trail.** Kunstweg, Meadows Road,
Houss, East Burra ZE2 9LE, Tel. 07747 37 78 56,
www.shetlandartsandcrafts.co.uk

**Burra Bears.** Plüschbären von Wendy Inkster,
Meadows Road, Houss, East Burra, ZE2 9LE,
Tel. 01595 85 93 74, www.burrabears.co.uk

## AKTIVITÄTEN
**Wanderungen** mit dem Naturkundler James Tait,
Tel. 07880 95 02 28, www.island-trails.co.uk

## ANREISE
Vom **Flughafen Sumburgh** tägliche Verbindungen
zu den drei großen Städten des Landes
(www.loganair.co.uk). **Northlink Ferries** mit
Fähren direkt von Aberdeen oder über Orkney
(www.northlinkferries.co.uk). **Kleine Fähren**
verkehren zwischen den kleinen Inseln, Vorausbuchung im Sommer sinnvoll.
www.shetland.gov.uk/ferries

## INFORMATION
**Shetland Tourism.** Hay's Dock, Lerwick ZE1 0WP,
Tel. 01595 98 98 98, www.shetland.org

Ein Papageitaucher weist den Weg.

# REISEINFOS

Je weiter nördlich die Reise geht, desto mehr sind Single Track Roads zu finden.

## Anreise

Die schnellste und bequemste Anreise erfolgt mit dem Flugzeug über Direktverbindungen zu den internationalen Flughäfen des Landes.

Die Straßenbahn von Edinburgh sorgt für den Zubringerdienst vom Flughafen bis in die Innenstadt, Fahrzeit etwa 25 Minuten. Ähnlich lange dauert es mit dem Schnellbus oder Taxi von Glasgow bis zum George Square, etwas kürzer von Aberdeen International zur Union Street.

Von Amsterdam aus verkehren Fähren der DFDS über Nacht ins nordenglische Newcastle-upon-Tyne und erlauben die Mitnahme des eigenen PKWs, Wohnmobils oder Wohnanhängers. Edinburgh ist knapp zwei, Glasgow etwa drei Stunden entfernt, www.dfdsseaways.de.

## Autofahren

In Schottland herrscht Linksverkehr. Fahrzeuge im Kreisverkehr haben grundsätzlich Vorfahrt. Doppelte gelbe Linien am Straßenrand bedeuten innerorts absolutes Halteverbot. Die Angaben der jeweiligen Höchstgeschwindigkeit erfolgen in Meilen pro Stunde.

Im Hochland und auf den Inseln herrschen die Single Track Roads vor, einspurige Straßen mit beschilderten Ausweichplätzen. Die Promillegrenze liegt bei 0,5, jedoch ist es für den Fahrer ratsam im Sinne der Konzentration, ganz auf den Konsum von Alkohol zu verzichten. Die

Scheinwerfer der Fahrzeuge vom Kontinent müssen mit Folien als Blendschutz ausgestattet werden. Diese bekommt man auf den Fähren. Für den eigenen PKW ist das Mitführen der grünen Versicherungskarte obligatorisch. An Tankstellen, viele automatisiert, gibt es nur bleifreies Benzin und Diesel. Autogas oder andere Benzinsorten sind wenig verbreitet. Bezahlt wird fast nur mit Kreditkarte. Das Netz der Tankstellen dünnt nach Norden hin spürbar aus. Seit 2017 darf im PKW nicht mehr geraucht werden, wenn Kinder und Jugendliche unter 18 Jahren mitfahren.

## Bus und Bahn

Der öffentliche Nahverkehr ist in Schottland sehr gut geregelt, vor allem in den Städten bietet ein dichtes Busnetz optimale Möglichkeiten. In Glasgow verkehrt die U-Bahn SPT im Kreis unter der Stadt, www.spt.co.uk, in Edinburgh wurde nach fast 60 Jahren die Straßenbahn wieder

My tent is my castle gilt auch in Schottland.

zur Freude der Bewohner neu zum Leben erweckt, www.edinburghtrams.com. Größere Distanzen werden von den Bahnhöfen Queen Street und Central in Glasgow sowie Waverley in Edinburgh bewältigt, www.scotrail.co.uk. Fernbusse sorgen für das Erreichen auch der entfernteren Orte im Land. Mit Handzeichen signalisiert man dem Fahrer den Zusteigewunsch auch außerhalb gekennzeichneter Haltestellen, www.firstgroup.com. Verschiedene Pässe und Mehrfartentickets ermöglichen preiswertes Vorwärtskommen.

## Camping

Mit dem Zelt ganz nah an der Natur und dazu eine atemberaubende Aussicht, das ist durchaus möglich, allerdings sollte vor dem wilden Campen mit dem Eigentümer des Geländes Rücksprache gehalten werden. Rücksicht auf Flora und Fauna ist dabei eine Selbstverständlichkeit. Eine Auswahl an schön gelegenen Campingplätzen bieten die Thistle Holiday Parks, www.thistleparks.co.uk. Es existiert in Schottland das sogenannte »Right of Way«, das der Öffentlichkeit Zugang zu allen Orten des Landes sichern soll. Dieses Wegerecht gilt vor allem für die Verbindung von zwei »öffentlichen Plätzen« wie etwa zwischen Dörfern, Kirchen und Straßen. Mit dieser Regelung soll verhindert werden, dass neue Grundbesitzer durch Privateigentum traditionelle Verkehrswege abschneiden. Dieses Recht bildet auch die Grundlage für einen recht lockeren Umgang mit wildem Campen in Schottland. Hier gilt die Regel, dass man zunächst immer versuchen muss, einen

Der Schotte liebt sein Land und zeigt es auch.

möglichen Besitzer des Landes zu finden, um ihn um Erlaubnis zu fragen, ob man dort sein Zelt aufschlagen kann. Gelingt das nicht, ist es erlaubt, dort zu zelten, solange man am nächsten Morgen den Ort wieder quasi unberührt verlässt. www.scotways.com

## Diplomatische Vertretungen

Deutsches Generalkonsulat
16 Eglinton Crescent, Edinburgh, EH12 5DG
Tel. 0131 337 23 23.

Deutsches Honorarkonsulat
c/o MMS Glasgow, 1 George Square
Glasgow, G2 1AL, Tel. 0141 303 24 15.

Deutsches Honorarkonsulat
c/o Ledingham Chalmers LLP
Johnstone House, 52–54 Rose Street,
Aberdeen, AB10 1HA, Tel. 01224 40 84 08.

## Einreise

Notwendig ist ein noch mindestens sechs Monate gültiger Personalausweis oder Reisepass.

Haustiere benötigen einen Mikrochip und einen EU-Heimtierausweis, zudem eine aktuelle Tollwut-Impfung und eine Blutuntersuchung, ansonsten droht eine sechsmonatige Quarantäne. Vierbeiner können nicht auf allen Routen einreisen.

## Fähren

Die Fähren der Caledonian MacBrayne bilden den Lebensnerv an der schottischen Westküste mit dem Linienverkehr in die vielfältige Inselwelt der Inneren und Äußeren Hebriden. Tickets sind in den Hafenbüros der Reederei, im Internet und landesweit in den Touristenin-

formationen von Visit Scotland erhält-
lich, www.calmac.co.uk. Spezielle Island
Hopscotch und Island Rover Kombi-Ti-
kets sind verfügbar. Northlink Ferries
sorgt für die Verbindungen von Aberdeen nach Orkney und Shetland und
von Wick nach Orkney, www.northlink-
ferries.co.uk. Kleinere Fähren bedienen
ergänzende Routen.

## Fremdenverkehrsämter

In Deutschland ist VisitBritain in Berlin
Anlaufstelle für erste Anfragen, www.
visitbritain.com/de/DE. Im Land selbst
betreibt VisitScotland etwa 100 Touris-
tenbüros.

## Geld

Das britische Pfund ist die offizielle
Währung. Kredit- und Bankkarten werden mittlerweile beinahe überall akzep-
tiert. Abheben von Bargeld ist an Geld-
automaten problemlos möglich, der
Umtausch in Banken oder Wechselstu-
ben weniger empfehlenswert.

Schottische Pfundnoten werden südlich des
Hadrianswalls argwöhnisch betrachtet.

## Informationen

Fundiert, facettenreich und ausführlich
über Schottland informiert die deutsch-
sprachige Webseite:
www.schottlandberater.de

## Internet

Drahtloses Internet WLAN (WiFi) ist in
den meisten Hotels und Unterkünften,
überwiegend kostenlos, verfügbar. Auch
an öffentlichen Plätzen, an Flughäfen
und Bahnhöfen kann man sich in die
virtuelle Welt einwählen.

## Klima

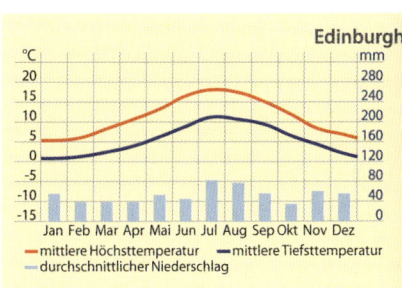

## Mietwagen

Alle großen internationalen Mietwagen-
firmen haben Dependancen in Schottland. Zentrale Punkte sind hier vornehmlich die Flughäfen. Die Firma Arnold
Clark ist der größte schottische Anbieter
und glänzt mit recht günstigen Preisen
sowie einem dichten Netz an Service-
stellen. Vorausbuchung immer empfehlenswert. www.arnoldclarkrental.com

## JANUAR

**The Ba.** Das Jahr beginnt in den Straßen Kirkwalls auf den Orkney-Inseln mit dem Straßenfußballspiel der Uppies gegen die Doonies. Ein zweiter Wettkampf findet am 1. Weihnachtstag statt.

**Loony Dook.** Am Neujahrstag springen unzählige Wagemutige in South Queensferry in die meist eiskalten Fluten des Forth of Forth unterhalb der Forth Rail Bridge.

**2. Januar.** Nach den Silvesterfeierlichkeiten ist auch der Tag nach Neujahr ein Feiertag im Land.

Uppies und Doonies rangeln um die Lederkugel beim Ba-Game in den Straßen von Kirkwall.

**The Burning of the Clavie.** In Burghead bei Elgin feiert man in der zweiten Woche des Jahres den keltischen Neujahrstag mit einem brennenden Fass, das durch den Ort gerollt wird.

**Celtic Connections.** Das internationale Folk-Festival in der zweiten Hälfte des Monats läutet das Musikjahr in Glasgow ein.

**Burns Night.** Der Geburtstag des Nationaldichters Robert Burns wird am 25. Januar überall mit einem kulinarischen Zeremoniell rund um den Haggis und Versen aus der Feder des Barden begangen.

**Big Burns Supper.** Dumfries feiert Robert Burns mit einem einwöchigen Kunst- und Kultur-Festival rund um den 25. Januar.

**Up-Helly-Aa.** Am letzten Dienstag des Monats findet in den Straßen von Lerwick auf Shetland das spektakuläre Feuerfest der Wikinger statt.

## FEBRUAR

**Snowdrop Festivals.** Während des gesamten Monats wird in den Parks und Gärten des Landes dem Schneeglöckchen gehuldigt.

**14. Februar.** Der Valentinstag wird traditionell im Kreise der Familie gefeiert und steht ganz im Zeichen der Liebe.

## MÄRZ/APRIL

**Ostern.** Karfreitag, Ootoroonntag und Ostermontag sind offizielle Feiertage.

**Scotland's Poetry Festival.** Anfang März ist St. Andrews Schauplatz eines internationalen Literaturfestivals.

**Aye Write.** In der zweiten Märzwoche ist Glasgow Austragungsort des populären Buchfestivals.

**International Science Festival.** Mit dem populärwissenschaftlichen Event läutet Edinburgh die alljährliche Festival-Saison ein.

**Beltane.** Am Abend des 30. April wird das alte Feuerfest der Druiden in einigen Gemeinden des Landes gefeiert. Besonders spektakulär dabei die Veranstaltung auf dem Calton Hill in Edinburgh.

## MAI

**Highland Games.** Ab der zweiten Woche beginnt in ganz Schottland die bis in den Herbst andauernde Saison der Hochlandspiele.

**Bank Holidays.** Der erste und letzte Montag im Mai sind landesweit arbeitsfreie Tage.

**Spirit of Speyside Whisky Festival.** Alles dreht sich am Monatsanfang um das schottische Gold.

## JUNI

**Common Riding.** Die Reiterfestspiele in Selkirk am dritten Wochenende haben eine lange Tradition.

**Traditional Boat Festival.** Ende Juni wird Portsoy zum Mekka historischer Wasserfahrzeuge mit buntem Rahmenprogramm.

## JULI

**HebCeltFest.** Mitte des Monats mutiert Stornoway auf Lewis zum HotSpot der schottischen Folkmusik-Szene.

**Merchant City Festival.** Für einen Monat glänzt Glasgow mit vielen kulturellen Veranstaltungen.

**Scottish Golf Open.** Hochkarätiges Golfturnier an wechselnden Austragungsorten.

## AUGUST

**Kirkcudbright Art Fair.** Der Künstlerort im Süden präsentiert sich Anfang August in größter künstlerischer Vielfalt.

**Royal Edinburgh Military Tattoo.** In den ersten drei Wochen des August markiert die Musikveranstaltung das ultimative Highlight der Festivalsaison.

**Festival Fringe.** Kleinkunst im öffentlichen Raum verwandelt die Innenstadt Edinburghs in einen lebenslustigen Spielplatz.

**International Festival.** Darstellende und bildende Kunst in all ihren Variationsformen wird an unterschiedlichsten Schauplätzen der Hauptstadt präsentiert.

**Pipe Band Championships.** Das zweite Wochenende steht im Zeichen eines internationalen Wettbewerbs der Dudelsackbands auf dem Glasgow Green.

## SEPTEMBER

**Braemar Highland Gathering.** Höhepunkt der Highland Games Saison ist die Veranstaltung in Braemar am ersten Samstag des Monats, wo traditionell royale Gäste unter den Anwesenden sind.

## OKTOBER

**Enchanted Forest.** Das Waldgebiet des Faskally Wood bei Pitlochry verwandelt sich in eine mystische Welt aus Lichtilluminationen.

**Halloween.** Amerikanische Einflüsse vermischen sich mit dem ursprünglichen Samhain-Fest zum Ende des keltischen Druiden-Kalenders.

## NOVEMBER

**Guy Fawkes Night.** Die Nacht des 5. November erinnert im ganzen Land mit Feuerwerken an den gescheiterten Putschversuch auf das englische Parlament im Jahr 1605.

**Christmas Market.** Ab Mitte November öffnen in vielen Städten die Weihnachtsmärkte ihre Pforten.

**St. Andrews Day.** Am Nationalfeiertag des 30. November gedenkt Schottland dem Heiligen Andreas.

## DEZEMBER

**Weihnachten.** Der 25. und der 26. Dezember sind die schottischen Weihnachtstage.

**Hogmanay.** Zum Jahresende locken die fulminanten Silvesterfeierlichkeiten, insbesondere in Edinburgh, die Menschen auf die Straßen, um Konzerten, Bühnenshows und große Feuerwerke zu erleben. Alle Glocken läuten zum Jahreswechsel. In Stonehaven begeistert die mitternächtliche Fireball Ceremony.

Highland Dancing unterliegt strengen Regeln und einer strikten Kleiderordnung.

Die Treidelpfade am Crinan Kanal erfreuen sich bei Wanderern und Radfahrern größter Beliebtheit.

## Notrufnummern

Polizei, Unfallrettung und Feuerwehr 999 oder 112. Der britische Automobilclub AA ist bei Pannen unter 0800 88 77 66 erreichbar.

## Öffnungszeiten

Läden und Geschäfte sind geöffnet: Mo–Mi und Fr–Sa 9–17.30/18 Uhr und Do 9–20 Uhr.

Supermärkte und Shopping Malls können längere Öffnungszeiten haben und sind vielfach sogar am Sonntag offen. Dies gilt auch für viele Shops und Boutiquen in den Einkaufsstraßen der größeren Städte. Auf dem Lande geht alles etwas gemächlicher zu, die Läden sind mitunter nachmittags und am Wochenende geschlossen.

Museen und Galerien haben in der Regel Mo–Fr von 10–17.30 Uhr geöffnet, oft auch an Wochenenden. Teilweise ist der Eintritt kostenfrei.

Regionale Produkte halten auch in den Supermärkten Einzug.

Pubs schließen meist nicht mehr um 23 Uhr, vorbei also die Zeiten der Last Orders mit Glockengeläut. Raucher müssen draußen bleiben.

## Post und Telefon

Poststationen befinden sich selbst im kleinsten Dorf, oft als Agentur integriert in Gemischtwarenläden. Brief oder Postkarte nach Deutschland kosten bei First Class Mail GBP 1,05. Und überall auf dem Land stehen die kleinen roten Briefkästen, die Landmarken der Kommunikation, die hoffentlich noch Generationen überdauern werden. Die kultigen roten Telefonzellen nehmen dank Mobilfunk in ihrem nutzbaren Bestand rapide ab. Noch akzeptieren sie aber Münzen ebenso wie Telefon- oder Kreditkarten. Wer mobil telefoniert, kann Kosten durch eine Prepaid-Karte sparen. Nicht überall ist ein Funknetz für *cell phones* vorhanden. Vorwahl aus Schottland nach Deutschland +49, Vorwahl nach Schottland +44.

## Sprache

Amtssprache ist Englisch mit einigen Dialekten, die je nach Region nur schwer zu verstehen sind.

## Trinkgeld

Im Endpreis der Restaurants ist zumeist eine Service Charge enthalten, diese kann nach eigenem Ermessen erhöht werden. Üblich sind etwa 10 %. Verpönt nur im Pub, wenn man sein Bier und Essen am Tresen selbst in Empfang nimmt.

## Unterkunft

Sehr weit verbreitet ist das typische Bed&Breakfast (B&B), das ein schlichtes bis luxuriöses Zimmer mit Frühstück beschreibt. Hier lässt sich authentisch die sprichwörtliche Gastfreundschaft der Schotten und eine sehr individuelle Küche erleben. Gasthöfe und Inns bieten meist nicht sehr viele Zimmer, überzeugen dafür mit heimeliger Atmosphäre. Schottische Jugendherbergen präsentieren sich als preisgünstige Unterkunftsalternative, www.hostel-scotland.co.uk, www.syha.org.uk. Hotels gibt es in großer Variationsbreite von einfach bis höchst luxuriös, komplette Burgen und Schlösser sind als noble Herbergen inklusive Service ebenfalls buchbar, www.luxuryscotland.co.uk.

Im B&B kommt man schnell in Kontakt mit den Schotten.

# SCHOTTLAND
## für Kinder und Familien

Angestaubt vielleicht, aber dafür mit Spaßgarantie: Sackhüpfen

Kaum ein anderes Land in Europa bietet Kindern ein intensiveres Erlebnis von Natur und Landschaft, Flora und Fauna. Aktivitäten wie Wanderungen, Spaziergänge oder Ausflüge zu einer einzigartigen Tierwelt stehen dabei im Fokus. Die meisten Museen halten spezielle Programme für Kinder bereit, die spielerisch und interaktiv vermeintlich trockene Kulturgeschichte und Wissenschaft spannend präsentieren.

## Kinder bis 6 Jahre

Selbst die Allerjüngsten kommen bei einem Strandspaziergang an den traumhaften schottischen Stränden auf ihre Kosten. Das Spielen im Sand ist dabei nur eine Facette, eine andere ist das Baden im Meer, dessen Temperaturen den Erwachsenen oft weniger behagen, den Kindern jedoch unbeschwertes Jauchzen entlockt. Nicht jedes Museum eignet sich für Kinderwagen. Gleiches gilt für viele Burgen und Schlösser, deren verwinkelte Treppenaufgänge und enge Räume Probleme bereiten können.

## Kinder bis 10 Jahre

Man bemüht sich besonders hier, dem Nachwuchs Kultur und Geschichte näherzubringen. Dies geschieht durch eigens eingerichtete Führungen für Familien oder mit Programmen ausschließlich für Kinder. Meist gibt es kleine Gewinnspiele, müssen versteckte Stofftiere von Maus bis Teddybär, Bilder oder Puppen in den Ausstellungen gefunden werden. Mit diesem simplen Trick gestaltet sich die präsentierte Historie für die ganze Familie kurzweilig und unterhaltsam.

## Kinder bis 14 Jahre

Eine erkleckliche Anzahl an Freizeitparks mit den unterschiedlichsten Aktivitäten, wie sie vom Kontinent hinlänglich bekannt sind, ist im Einzugsbereich der größeren Städte und dichter besiedelter Gebiete zu finden. Spannender erscheinen allerdings für Teenager die unzähligen Angebote an Outdoor-Aktivitäten. Sie reichen von Wassersportarten über Kletterparks und abenteuerliche Naturbeobachtung bis hin zum Mountain-Biking oder Golf, denn wo anders als im Mutterland des grünen Rasensports reizt es mehr, auf den Spuren von Bernhard Langer oder Tiger Woods zu wandeln.

 **Tipps für Kinder und Familien**

⊙⊙⊙ **National Museum of Scotland**
Gäbe es eine Mutter in der Szene schottischer Museen, würde das National Museum in der Edinburgher Chamber Street dafür definitiv die allerbesten Voraussetzungen mitbringen. Ausgehend von der palastartigen, lichtdurchfluteten Grand Gallery zweigt auf vier Etagen eine Vielzahl weiterer eigenständiger Galeriebereiche ab. Hier finden sich liebevoll in zeitgemäßem Stil aufbereitete Ausstellungen über nationale und internationale Geschichte, über Kunst und Wissenschaft, die in ihrer lebendigen und oft interaktiven Präsentation alle Altersgruppen ansprechen. (www.nms.ac.uk/national-museum-of-scotland/)

# Schottland für Kinder und Familien

### ●● Our Dynamic Earth

Unmittelbar neben dem Palace of Holyroodhouse und dem schottischen Parlamentsgebäude gibt »Our Dynamic Earth« tiefe Einblicke in die Erdgeschichte. In elf Galerien geht es vom Urknall und der Entstehung des Universums bis zur Neuzeit. Besonders die lebendigen visuellen Präsentationen mit virtuellen Überflügen über Gletscher, Wüsten und Polkappen sind beeindruckend. Höhepunkt ist der ereignisreiche Expeditionsflug, das 4DVenture, von der Arktis bis in die Tiefen des Regenwalds.
(www.dynamicearth.co.uk)

### ●● Science Centre

Wissenschaft zum Anfassen erlebt man in dem futuristisch anmutenden, silberglänzenden Gebäude unter dem rotierenden Aussichtsturm am Clyde in Glasgow. Spielerisch und mit einfachsten Mitteln werden physikalische und chemische Phänomene vermittelt. Überall kann man selbst Hand anlegen, erstaun-

Die Panda-Bären sind eine ganz besondere Attraktion im Edinburgher Zoo.

liche Erfahrungen machen, optischen Täuschungen erliegen und ungeahnte eigene Fähigkeiten kennerlernen.
(www.glasgowsciencecentre.org)

### ●●● Highland Wildlife Park

Die Stars des Wildparks von Kincraig bei Kingussie sind zweifellos die drei Eisbären Victoria, Walker und Arktos, die sich am nordöstlichen Ausläufer der Cairngorm Mountains ausgesprochen wohl fühlen. Das Konzept der weitläufigen Anlage ist die Bewahrung und Präsentation auch von bedrohten Tierarten aus Tundra- und Bergregionen weltweit. So finden sich auch Tiger und Schneeleopard, Yak und Wolf, Polarfuchs und Elch, Luchs und Wildkatze im Bestand.
(www.highlandwildlifepark.org.uk)

### ●●● Edinburgh Zoo

Der zauberhafte Tierpark im Stadtteil Corstophine, westlich des Edinburgher Zentrums, wurde im Jahr 1913 gegründet. Besonders beliebt bei den Besuchern ist der tägliche Aufmarsch der Pinguine, von denen einer symbolisch in den Stand eines Brigadegenerals versetzt wurde und Maskottchen der königlich-norwegischen Garde ist. Im Jahr 2011 ergänzten die Panda-Bären Tian Tian (Sweetie) und Yang Guang (Sunshine) den umfangreichen Tierbestand des Zoos.
(www.edinburghzoo.org.uk)

### ●● New Lanark

Nicht nur die Geschichte der Industrialisierung repräsentiert die UNESCO-Welterbestätte New Lanark am Oberlauf des Clyde, sondern auch ihre besondere Historie im Hinblick auf eine soziale und funktionierende Gesellschaft. Kinder und Eltern gehen auf Spurensuche in frühere Zeiten und erleben hautnah, wie Familie, Schule und Arbeit im frühen 19. Jahrhundert miteinander harmonierten. (www.newlanark.org)

### ○ Falkirk Wheel
Technikfreaks sind immer wieder fasziniert von der simplen und energieeffizienten Funktionsweise des einzigartigen Schiffshebewerks, das seine Erfindung einer LEGO-Technik-Kreation verdankt. Ganz in der Nähe befindet sich der weitläufige Freizeitpark »The Helix« mit den imposanten, stählernen Pferdeköpfen, den Kelpies, Nachbildungen mystischer Fabeltiere. (www.falkirk-wheel.com; www.thehelix.co.uk)

### ○○○ Cream o´Galloway
Ursprünglich bot Finlay´s Farm in Rainton bei Gatehouse of Fleet nur hausgemachte Eiscreme an. Mittlerweile ist der landwirtschaftliche Betrieb zu einem lebhaften Abenteuerspielplatz geworden. (www.creamogalloway.co.uk)

### ○○○ Loch Ness
Kinder mögen die Legende vom friedlichen Monster, das im großen See wohnt. Entsprechend wird ihre Fantasie in den beiden Nessie-Zentren in Drumnadrochit angeregt. Verläuft die Suche am See zumeist negativ, findet man dort das Ungeheuer variantenreich in Präsentationen, Animationen und natürlich in den diversen Souvenirshops. (www.visitinvernesslochness.com)

# Familienfreundliche Unterkünfte

## Camping
Zahlreiche Campingplätze im Land, wie die unter dem Label der »Thistle Parks« vereinigten, bieten neben kostengünstiger Übernachtung in Zelten oder Hütten oft umfangreiche Kinderspielbereiche und eigenständige Familienprogramme mit Ausflügen und Aktivitäten.

## Jugendherbergen
Als preiswerte Alternative zum Hotel haben schottische Jugendherbergen längst ihr muffiges Image abgelegt und präsentieren sich modern und aufgeschlossen, ohne jedoch ihre Tradition zu verleugnen, die sich in der heimeligen Atmosphäre historischer Gebäude widerspiegelt.

## Farmhausurlaub
Bed & Breakfast auf dem Bauernhof bringt nicht nur persönliche Kontakte mit sich, sondern zudem oft die Möglichkeit, am Farmbetrieb teilzunehmen. Hierzu gibt es Angebote zum Reiten, Ausflüge in die Natur oder zum Angeln. Wer mag, darf Hühner füttern oder mit den Lämmchen spielen.

## Universitäten
Preisgünstige Universitätsunterkünfte in Apartments in den studentischen Sommerferien (Juli und August)!

# Kleiner Sprachführer Englisch

## ALLGEMEIN

**Guten Morgen** Good morning
**Guten Tag** Good afternoon
**Guten Abend** Good evening
**Hallo** Hello
**Auf Wiedersehen** Good bye
**Wie geht es Ihnen?** How are you
**Danke, gut** I am fine, thanks
**Ja** Yes
**Nein** No
**Bitte** please, There you are
**Danke** Thank you...
**Gern** You are welcome
**Wie bitte?** Pardon?
**Ich verstehe nicht ...** I don't understand
**Ich heiße ...** My name is ...
**Ich spreche kein Englisch** I don't speak English
**Sprechen sie ...?** Do you speak ...?
**Wie viel Uhr ist es?** What is the time?

## UNTERWEGS

**Reisepass** passport
**Ankunft** arrival
**Abfahrt/Abflug** departure
**Bahnhof** station
**Zug** train
**Bus** coach
**Bushaltestelle** bus stop
**Mietwagen** hired car
**Flughafen** airport
**Fähre** ferry
**Hafen** harbour
**links** left
**rechts** right
**geradeaus** straight on
**Gibt es in der Nähe ...?** Is/Are there any ... nearby?
**Entschuldigung, wo ist ...?** Excuse me, where is ...?

**geöffnet** open
**geschlossen** closed
**Museum** museum
**Kirche** church
**Hotel** hotel
**Hilfe!** Help!
**Arzt** doctor
**Mobiltelefon** mobile phone

## ÜBERNACHTEN

**Unterkunft** accomodation
**Einzelzimmer** single room
**Doppelzimmer** double room
**Zweibettzimmer** twin room
**Bad** bathroom
**Dusche** shower
**Badewanne** bath tub
**Abendessen** dinner
**Gepäck** luggage
**Ich habe ein Zimmer für ...** I have booked rooms for ...
**Haben Sie ein Zimmer frei?** Are there any rooms vacant?
**Ich suche ein Zimmer für ...** I am looking for a room for ...

## ESSEN UND TRINKEN

**Haben Sie einen Tisch für ... Personen?** Is there a table for ... persons?
**Reservieren Sie bitte einen Tisch für vier Personen für 20 Uhr** Would you please book a table for four at 8 o'clock.
**Ober** waiter
**Kellnerin** waitress
**Die Speisekarte, bitte!** The menu, please!
**Ich möchte ...** I would like ...
**Guten Appetit!** Enjoy your meal!
**Die Rechnung, bitte!** The bill, please!

Frühstück breakfast
Mittagessen lunch
Abendessen dinner
Nachspeise dessert
Getränk drink
Weinkarte winelist
Bier beer, ale, bitter
Glas glass
Tasse cup
Flasche bottle
Teller plate
Besteck cutlery
Löffel spoon
Messer knife
Gabel fork
Stilles Mineralwasser still water
Sprudelndes Mineralwasser sparkling
    water
Essig vinegar
Öl edible oil
Butter butter
Salz salt
Pfeffer pepper
Zucker sugar
Knoblauch garlic
Zwiebel onion
Ei gekocht boiled egg
Spiegelei fried egg
Rührei scrambled egg
gegrillt grilled
gebraten fried
geräuchert smoked
Obst fruit
Gemüse vegetables
Kartoffel potato
Reis rice
Nudeln pasta
Fleisch meat
Huhn chicken
Truthahn turkey

Wild venison
Lamm lamb
Schaf sheep
Kalb veal
Rind beef
Schwein pig
Fisch fish
Meeresfrüchte seafood
Muscheln mussels
Krabben crab, shrimps, prwans
Würstchen sausage
Schinken ham
Salat salad
Käse cheese
Kuchen cake, pie

## EINKAUFEN

Bäckerei bakery
Metzgerei butcher shop
Ich hätte gerne... I would like to...
Wie viel kostet das? How much is it?
Das gefällt mir I like it
Ich nehme es I'll take it
teuer expensive
billig cheap
Größe size
bezahlen to pay
Geld money
Bargeld cash
Kreditkarte credit card
Geldautomat cash machine
Wechselkurs exchange rate

## ZAHLEN

0–13 zero (nil), one, two, three, four,
    five, six, seven, eight, nine, ten, ele-
    ven, twelve, thirteen
100 one hundred
358 three hundred and fifty-eight
1000 one thousand

# Register

# Impressum

**Verantwortlich:** Claudia Hohdorf
**Lektorat:** alpha & bet VERLAGSSERVICE
**Korrektorat:** Ute Thomsen
**Layout:** alpha & bet VERLAGSSERVICE
**Umschlaggestaltung:** ZERO Werbeagentur;
Umsetzung: Frank Duffek
**Repro:** Repro Ludwig
**Kartografie:** Kartographie Huber, Heike Block
**Herstellung:** Bettina Schippel
Printed in Slovenia by Florjancic

Sind Sie mit diesem Titel zufrieden?
Dann würden wir uns über Ihre
Weiterempfehlung freuen.

Erzählen Sie es im Freundeskreis,
berichten Sie Ihrem Buchhändler, oder
bewerten Sie bei Onlinekauf.

Und wenn Sie Kritik, Korrekturen
Aktualisierungen haben, freuen wir uns
über Ihre Nachricht an
Bruckmann Verlag,
Postfach 40 02 09,
D-80702 München
oder per E-Mail an
lektorat@verlagshaus.de.

Unser komplettes Programm finden
Sie unter

 www.bruckmann.de

Alle Angaben dieses Werkes wurden von den
Autoren sorgfältig recherchiert und auf den
neuesten Stand gebracht sowie vom Verlag
geprüft. Für die Richtigkeit der Angaben
kann jedoch keine Haftung übernommen
werden.

**Bildnachweis:**
Alle Bilder des Innenteils und des Umschlags
stammen von Udo Haafke, außer:

Alex Boden, S. 217u., 218M.; Brian & Nina
Chapple, S. 190; Dennis Hartley, S. 194M.,
195, 199, 218u.; Historic Scotland, S. 89; ROB
MCDOUGALL/Historic Scotland, S. 126M.;
Mauritius Images, S. 123; Russell Hogg, S. 179;
National Trust for Scotland, S. 169, 230u.;
Shutterstock/BokehStock, S. 23.; Shutter-
stock/Gail Johnson, S. 87o.; Shutterstock/Ste-
phen McCluskey, S. 136o.; Shutterstock/Bren-
dan Howard, S. 138; Shutterstock/Steve Allen,
S. 212o.; John Sinclair, S. 230o.; Verdant
Works, S. 150o.; www.duntrunehouse.co.uk,
S. 149; Wikimedia/Nick Sarebi, S. 211, 212M.

**Umschlag:**
Vorderseite:
Oben: Schottischer Kiltstoff (Shutterstock/
NemesisINC); Mitte rechts: Steinwerfer bei
den Carmunnock Highland Games (Mauritius
Images/Findlay/Alamy); Unten: Castle Stalker
am Loch Linnhe
Rückseite:
Links: Dudelsackspieler bei den Braemar
Highland Games in Aberdeenshire; Rechts:
Blick auf Moray, Findochty
Klappe hinten: Der Leuchtturm Neist Point
auf der Isle of Skye

**Danksagung**
Die Autoren bedanken sich für die tatkräftige
Unterstützung bei den folgenden Personen,
ohne die dieses Werk nicht möglich gewesen
wäre: Regina Erich, Florian Gränzdörffer, Gabi
Herzog, Judith Sleigh und Andrea Wallbaum.
Dank gilt auch den vielen schottischen Kon-
takten, die kollegial und unbürokratisch zum
Gelingen des Buches beigetragen haben.

Die Deutsche Nationalbibliothek verzeichnet
diese Publikation in der Deutschen National-
bibliografie; detaillierte bibliografische Daten
sind im Internet über http://dnb.d-nb.de
abrufbar.

2. überarbeitete Auflage
© 2017, 2014 Bruckmann Verlag GmbH,
München
ISBN 978-3-7343-1111-6